高等职业教育财务会计类项目化实训系列教材

Project Training Manual
of Tax Practice

纳税实务项目化实训工作手册

钱玲 朱璋龙 主编

东北财经大学出版社
Dongbei University of Finance & Economics Press

大连

图书在版编目（CIP）数据

纳税实务项目化实训工作手册 / 钱玲，朱璋龙主编. —大连：东北财经大学出版社，2023.3（2025.1重印）

（高等职业教育财务会计类项目化实训系列教材）

ISBN 978-7-5654-4627-6

Ⅰ．纳⋯ Ⅱ．①钱⋯②朱⋯ Ⅲ．纳税-税收管理-中国-手册 Ⅳ．F812.423-62

中国版本图书馆 CIP 数据核字（2022）第 147328 号

东北财经大学出版社出版

（大连市黑石礁尖山街217号 邮政编码 116025）

网 址：http://www.dufep.cn

读者信箱：dufep@dufe.edu.cn

大连天骄彩色印刷有限公司印刷 东北财经大学出版社发行

幅面尺寸：185mm×260mm 字数：468千字 印张：20.5

2023年3月第1版 2025年1月第3次印刷

责任编辑：王天华 周 慧 责任校对：慧 心

封面设计：冀贵收 版式设计：原 皓

定价：48.00元

前　言

2018年11月14日，习近平总书记主持召开的中央全面深化改革委员会第五次会议审议通过了《国家职业教育改革实施方案》，会议强调"鼓励和支持社会各界特别是企业积极支持职业教育，着力培养高素质劳动者和技术技能人才"，"遴选认定一大批职业教育在线精品课程，建设一大批校企'双元'合作开发的国家规划教材，倡导使用新型活页式、工作手册式教材并配套开发信息化资源"。这个具有纲领性的教材建设指导方案，指明了提高服务建设现代化经济体系和实现更高质量更充分就业需要的教材开发与建设方向。2019年12月16日，教育部印发的《职业院校教材管理办法》指出，教材规划要适应新时代技术技能人才培养的新要求，教材编写突出理论和实践相统一，以适应项目学习、案例学习、模块化学习等不同学习方式要求，注重以真实生产项目、典型工作任务、案例等为载体组织教学单元，倡导开发活页式、工作手册式新形态教材。

由此不难看出，充分发挥教材建设在提高人才培养质量中的基础性作用，促进现代职业教育体系建设，全面提高职业教育教学质量，具有十分重要的意义。在今后一个相当长的时期，积极推进教材建设是党和政府的政策导向，也是社会各界共同关注的热点，同时更是职业院校推进"三教改革"的重要内容。

在高等职业教育教学过程中，专业与职业岗位（群）形成的映射关系，较为清晰地阐明了人才需求与职业岗位核心技能之间的关系。伴随新技术变革、新商业模式变化以及新商业规则形成，职业岗位核心技能逐渐转向智慧型、智能型，而通过采取师生共同实施一个完整的项目工作的项目化教学，则可以使学生在项目结束后相对完整地掌握本专业的技术技能并形成系统的职业岗位（群）技能体系。因此，项目化教学被逐渐地应用到高等职业教育的技术技能掌握领域，更为重要的是，以项目化方式进行实训教学指导，可以将本专业职业岗位（群）的基础技能和核心技能有效地转化为岗位（群）服务能力。

《纳税实务项目化实训工作手册》是财务会计类专业人才培养方案中的专业核心课程实训教材，具有较强的专业性。本教材是"纳税实务"专业课程的系列教材，是财务会计类专业纳税、计算、申报的操作指导教材。通过校企双元合作开发与编写，将纳税岗位核心素能以项目制和任务分解组织课程内容和教学，为从事纳税类岗位奠定基础。本教材在开发过程中，通过梳理实训技能点，形成纳税计算与申报的实践体系。从编写体例看，本教材采取项目化工作手册式的表现方式，最终确定了以下六项典型项目：纳税准备、增值税、消费税、企业所得税、个人所得税、财产和行为税，每个项目设定相应实训任务，明确任务实训目的、实训材料、实训内容和步骤、实训注意事项、实训任务、任务解答等，将纳税核心技能通过项目驱动和任务分解给予学生实习实训指导，促使学生通过对典型案例的实践技能训练，提高其从事纳税工作的基本能力。

本教材在编写过程中，遵循如下思路：

第一步，探究新技术变化和新商业模式变革带来的纳税岗位的核心技能内涵变化。随着税收政策、法律法规不断更新与日臻完善，商业模式的不断变化，确定纳税岗位的技能需求、技能操作步骤，培养"知政策、会计算、能申报、善筹划"的专业税务人才。

第二步，依据核心技能变化确定纳税实务实训与理论的契合性。本教材是"课证融通"系列教材——《纳税实务》的配套教材，是在以"立体化教学"为载体，以"注重实效"为原则的基础上策划的，在编写体例上采用了项目制、分任务的编排形式，既考虑了教学需要，又与纳税实务教学的各个阶段相对应；既培养学生扎实的实践基本功，又考虑了学生考取相关证书的需求。整个体系结构、内容安排具有较强的合理性和针对性。

第三步，确定较高契合性背景下纳税实务实训技能训练项目内容。经过与企业专家深入、细致、系统的讨论分析，本教材最终确定了以下六个典型项目：纳税准备、增值税、消费税、企业所得税、个人所得税、财产和行为税，项目之间平行且相对独立，按每一税种的计算、申报流程编制实训项目，可以实现教材的"活页化"，便于不同学习者深层次学习，也便于在频繁变化的税法知识背景下，及时进行教材修订。

第四步，开辟思政专栏，深入挖掘课程思政元素有机融入项目内容。本教材以纳税岗位职业操守为道德指引，结合纳税课程特点、思维方法和价值理念，培养学生诚实守信、坚持准则、依法办税的职业精神，提高学生的社会责任感。

本教材开发与编写以纳税计算与申报技能培养为宗旨，以纳税岗位职业操守为道德指引，体现活页式和工作手册式教材特质，体现岗位技能同新技术变化和新商业模式变革的产业适应性，体现按照纳税岗位工作需求设置任务的逻辑性。

本次重印时对项目四中小型微利企业税收优惠政策相关内容进行更新。

本教材由无锡商业职业技术学院钱玲、朱璋龙主编并负责撰写详细的编写提纲，具体编写分工如下：项目一由朱璋龙、刘祎编写；项目二由刘芳编写；项目三由何晨编写；项目四由钱玲编写，项目五由刘祎、钱玲编写，项目六由杨丽华、何晨编写，书中税收筹划部分由孙作林编写。最后，由钱玲进行了修改和最终定稿。

在本教材的编写过程中，得到了厦门网中网股份有限公司、江苏天圣达集团有限公司、江苏无锡朝阳集团股份有限公司和无锡华洋滚动轴承有限公司等企业专家的支持和指导，以及江苏省职教同仁的帮助，在此一并表示感谢！

由于编者学识水平有限，书中不足之处在所难免，敬请读者批评指正。

编　者

2024 年 1 月

目　录

项目一

纳税准备

任务一　涉税登记

——税务备案

一、实训目的

1.能按税务备案的流程，正确办理初创公司税务备案；

2.培养学生依法办税的意识，提高社会责任感。

二、实训材料

1.经办人身份证件；

2.有关合同、章程、协议书；

3."新设企业五证合一登记申请表"。

三、实训内容和步骤

（一）"五证合一"办理

"五证合一、一照一码"登记制度是指企业分别由市场监督管理部门核发营业执照、质量技术监督管理部门核发组织机构代码证、税务部门核发税务登记证、劳动保障行政部门核发社会保险登记证和统计部门核发统计登记证，改为一次申请、由市场监督管理部门核发一个加载法人和其他组织统一社会信用代码营业执照的登记制度。

"五证合一"办证模式，采取"一表申请、一窗受理、并联审批、一份证照"的流程：

1.办证人持工商网报系统申请审核通过后打印的"新设企业五证合一登记申请表"，携带其他纸质资料，前往大厅多证合一窗口办理；

2.办证人在窗口核对信息、资料无误后，窗口专员将信息导入工商准入系统，生成工商注册号，并在"五证合一"打证平台生成各部门号码，补录相关信息，同时，窗口专员将企业材料扫描，与"工商企业注册登记联办流转申请表"——并传递至相关部门，由各部门分别完成后台信息录入；

3.打印出载有一个证号的营业执照。

办证模式的创新，大幅缩短了办证时间，大大提高了办证效率，企业只需要等待2个工作日即可办理。

（二）税务备案操作

（1）打开国家税务总局网上办税页面，鼠标点击地图上你所在省份，即可打开所在地区的电子税务局。

（2）登录电子税务局（有些地区可以不登录，直接点击"公众服务"），在左侧导航栏点击"新办企业纳税人套餐"。

（3）按照内容填写营业执照信息、法定代表人信息、会计制度信息等，填写完成后直接提交审核，一般情况下0.5个工作日可审核通过。需要提交的资料见表1-1。

表1-1 税务备案需要的资料

序号	材料名称	备注
1	营业执照	
2	有关合同、章程、协议书	
3	法定代表人（负责人）居民身份证、护照或其他证明身份的合法证件	

（4）企业法人、财务负责人和办税人员通过微信实名采集或持有效身份证件至税务窗口进行实名采集。

四、实训注意事项

（1）纳税人对报送材料的真实性和合法性承担责任；

（2）企业可以选择去往当地的办税服务厅，也可以选择网上办理，不同省份有不同的网上办理渠道，如电子税务局、移动终端、自助办税终端等；

（3）纳税人在资料完整且符合法定受理条件的前提下，最多只需要到税务机关跑一趟；

（4）税务机关提供新办税人"套餐式"服务的，纳税人可以一并办理存款账户账号报告、发票领用等多个事项；

（5）注意企业增值税纳税人类型确认准确，确认后无法更改。同时在企业申请票种资格的时候也要选择合适相对应的发票类型，避免后期发票开具会遇到麻烦。

五、实训任务

江苏美奇纸业生产有限公司为一家新设立企业，已知该公司按照"五证合一、一照一码"登记制度来办理营业执照。

要求：按照正确流程完成营业执照办理及税务备案。

六、任务解答

营业执照办理的正确流程如下：

1.办证人持工商网报系统申请审核通过后打印的"新设企业五证合一登记申请表"，携带其他纸质资料，前往大厅多证合一窗口办理；

2.办证人在窗口核对信息、资料无误后，窗口专员将信息导入工商准入系统，生成工商注册号，并在"五证合一"打证平台生成各部门号码，补录相关信息，同时，窗口专员将企业材料扫描，与"工商企业注册登记联办流转申请表"——并传递至相关部门，由各部门分别完成后台信息录入；

3.打印出载有一个证号的营业执照。

税务备案流程如下：登陆江苏省网上税务局官网，录入税务开户基本信息（企业统一社会信用代码以及法定代表人身份证号码），进入单位信息的补录页面补录完成，提交税务开户信息，企业法人、财务负责人和办税人员通过微信实名采集。

任务二　涉税登记
——税务变更

一、实训目的

1.能按变更税务登记的流程，正确办理公司变更税务登记；
2.培养学生依法办税的意识，提高社会责任感。

二、实训材料

1.经办人身份证；
2.营业执照；
3.企业章程；
4.纳税人变更税务登记内容的有关证明材料。

三、实训内容和步骤

（一）变更税务登记办理流程

1."五证合一"纳税人

"五证合一"纳税人，电子税务局将在页面智能识别显示"一照一码信息变更"模块。

（1）处理路径

【我要办税】–【综合信息报表】–【身份信息报表】–【一照一码信息变更】–【网上办理】。

（2）填写表格

在纳税人基本信息部分，系统会自动取值赋值，无须填写。纳税人只需对市场监管部门根据企业实际情况推送的变更信息进行核对确认，录入其他需要变更的项目的变更内容，并上传变更内容的依据。

2."两证合一"个体工商户

个体工商户，经电子税务局智能识别后，页面上会出现"两证合一"个体工商户信息变更模块。

（1）处理路径

【我要办税】–【综合信息报表】–【两证合一个体工商户信息变更】–【网上办理】。

（2）填写表格

对于纳税人的基本信息部分，系统会自动取值赋值，无须填写。纳税人只需对市场监管部门根据企业实际情况推送的变更信息进行核对确认，录入其他需要变更项目的变更内容，并上传变更内容的依据。

（3）确认提交

表格填写后，点击"提交"按钮，系统会弹出确认窗口。

（二）变更税务登记操作规范

1.登记变更信息分类

"多证合一"纳税人生产经营地址、财务负责人、核算方式、从业人数、办税人等登记信息发生变化的，应向主管税务机关办理变更登记。除上述信息以外的其他登记信息发生变化的，应向设立登记机关（如市场监督管理部门）办理变更登记。

"一照一码"户市场监管等部门登记信息发生变更的，向市场监管等部门申报办理变更登记。税务机关接收市场监管等部门变更信息，经纳税人确认后更新系统内的对应信息。

"一照一码"户生产经营地、财务负责人等非市场监管等部门登记信息发生变化时，向主管税务机关申报办理变更。

2.需要提交的材料

需要提交的材料见表1-2。

表1-2　　　　　　　　变更税务登记提交资料

序号	材料名称	
1	经办人身份证原件	
有以下情形的，还应提供相应材料		
适用情形	材料名称	
非市场监管等部门登记信息发生变化	变更信息的有关材料复印件	

3.办理时限

资料齐全、符合法定形式、填写内容完整的，税务机关受理后即时办结（见表1-3）。

表1-3　　　　　　　　变更税务登记表

纳税人名称		纳税人识别号	
变更登记事项：			
序号	变更项目	变更前内容	变更后内容	批准机关名称及批准文件

送缴证件情况：

纳税人

经办人：　　　　　　法定代表人（负责人）：　　　　　纳税人（签章）
　年　月　日　　　　　年　月　日　　　　　　　　年　月　日

经办税务机关审核意见：

经办人：　　　　　　负责人：　　　　　　　　税务机关（签章）
　年　月　日　　　　　年　月　日　　　　　　　年　月　日

4.办理结果

纳税人提交申请时，税务部门将登录网上单证管理平台进入变更登记模块，核对信息确认无误后，通过网上办税服务厅以税务事项通知书的形式通知纳税人办理结果。税务部门办结后，变更登记即视为完成。

四、实训注意事项

1.纳税人对报送材料的真实性和合法性承担责任；

2.纳税人在资料完整且符合法定受理条件的前提下，最多只需要到税务机关跑一次。

3.各地电子税务局办理流程存在微小差异。

五、实训任务

北京美奇有限公司为一家"五证合一"纳税企业，由于财务负责人发生变化，2022年12月1日，办证人通过电子税务局办理变更税务登记。已知北京美奇有限公司按照"五证合一、一照一码"登记制度办理设立登记。

要求：按照正确流程完成变更税务登记。

六、任务解答

变更税务登记的正确流程如下：

【我要办税】–【综合信息报表】–【身份信息报表】–【一照一码信息变更】–【网上办理】–【提交新财务负责人身份信息】–【提交确认】。

任务三　涉税登记
——税务注销

一、实训目的

1.能按税务注销登记的流程，正确办理公司税务注销登记；

2.培养学生依法办税的意识，提高社会责任感。

二、实训材料

3."清税申报表"；

4.经办人身份证。

三、实训内容和步骤

（一）公司注销

1.公司注销的定义及原因

公司注销是指当一家公司宣告破产，或存在被其他公司收购、规定的营业期限届满不续、公司内部解散等情形时，需要到登记机关申请注销，以终止公司法人资格的过程。公司注销有内部和外部两方面的原因，内部原因包括公司经营不善，市场不好等。外部原因包括被吊销执照、撤销等，具体的外部原因有：股东或股东会作出公司解散决议，公司依法宣告破产，公司章程规定营业期限届满且不续，公司章程或法律规定的解散事由出现，公司因合并、分立解散，公司被依法强制解散，公司吊销或撤销后转注销等。

2.注销步骤

企业注销有两个步骤：清算与登记。

公司到登记机关办理公司注销程序之前一定要依法进行公司清算，包括终止生产经营销售活动、了结公司事务、了结民事诉讼、清理债权和债务及分配剩余财产等。在清算完成以后，才能进行注销。

清算完成后，公司需要分别去以下7个部门或机构办理相应账户注销：人力资源和社会保障局（核查是否有未缴清社保费用，然后注销公司社保账号）、税务局（核查是否有未缴清税款或费用，然后注销公司的税务信息）、报纸媒体（公司需自行登报公示，宣告公司即将注销）、市场监督管理局（办理公司注销备案，注销营业执照）、开户行（注销公司开户许可证和银行基本户等其他账户）、质量技术监督局（到质量技术监督局注销公司的许可证，如生产许可证）、公安机关（注销公司印章的法律效力）。

（二）税务注销流程

纳税人向税务部门申请办理注销时，税务部门进行税务注销预检，检查纳税人是否存在未办结事项。

未办理过涉税事宜的纳税人，主动到税务部门办理清税的，税务部门可根据纳税人提供的营业执照即时出具清税文书。

办理过涉税事宜的纳税人需要注销税务登记，可通过电子税务局申报办理注销税务登记。

（1）登录电子税务局，点击【注销前置事项办理套餐】菜单，进入注销登记引导页。

（2）点击【注销预检】按钮可对未办结事项进行展示，处理完未办结事项后，再办理注销登记。

（3）处理完欠税、处罚、逾期未申报后，可以进行【企业所得税清算报备】；点击【我要清算报备】，进入填写清算报备页面，录完企业所得税清算报备信息后，点击【下一步】，清算报备提交成功。

（4）企业所得税清算报备后，进行当期征期和当期属期申报，点击套餐中的当期申报，如报表有误，可点击【我要更正】或【我要作废】，对申报表进行更正和作废。

（5）点击【我要清算申报】，申报完成后，点击下一步按钮再次进入注销预检，对未办结事项进行检测，如果没有未办结事项，则可以进行注销。

（6）点击【确定】按钮，进入原注销税务登记预检模块，点击"我要办理"进入原注销税务登记申请表。上传附送资料，确认填写无误后，点击"下一步"按钮，提交申请表。提交注销申请后，产生受理回执单，等待税务人员受理后在"事项进度管理"查询受理结果。

（7）在电子税务局的"我要查询"-"涉税文书查签"模块中签收"清税证明"通知书。在操作列中查看"清税证明"具体信息。

四、实训注意事项

1.纳税人对报送材料的真实性和合法性承担责任；

2.纳税人使用符合电子签名法规定条件的电子签名，与手写签名或者盖章具有同等法律效力；

3.纳税人申报办理注销税务登记，应结清应纳税款、多退（免）税款、滞纳金和罚款，缴销发票和其他税务证件；

4.处于非正常状态的纳税人在办理注销税务登记前，需先解除非正常状态，补办申报纳税手续；

5.被调查企业在税务机关实施特别纳税调查调整期间申请注销税务登记的，税务机关在调查结案前原则上不予办理注销手续；

6.纳税人办理注销税务登记，无须向税务机关提出终止银税三方（委托）划缴协议，税务机关办结"一照一码"户清税申报后，银税三方（委托）划缴协议自动终止。

五、实训任务

2022年12月1日，北京美奇有限公司因为内部经营不善等原因决定公司注销，在公司注销时需要办理税务注销登记。已知北京美奇有限公司为"一照一码"户企业。

要求：按照正确流程完成税务注销。

六、任务解答

税务注销的正确流程如下：

登录电子税务局，点击【注销前置事项办理套餐】，再点击【注销预检】，处理完欠税、处罚、逾期未申报后，点击【我要清算报备】进入填写清算报备页面，录完企业所得税清算报备信息—企业所得税清算报备后，进行当期征期和当期属期申报，点击【当期申报】，再点击【我要清算申报】申报完成后，点击下一步按钮再次进入注销预检，对未办结事项进行检测，如果没有未办结事项，则可以进行注销。

任务四　发票管理
——领用发票

一、实训目的

1.能按发票领用流程正确领用各类发票；

2.培养学生依法办税的意识，提高社会责任感。

二、实训材料

1.销售单；

2.增值税专用发票；

3.增值税普通发票；

4.增值税电子普通发票。

三、实训内容和步骤

（一）领用发票的纳税人范围

（1）依法领取营业执照的企业，到主管税务机关办理落户手续后，可以申请领用发票，这是法定发票领用对象。

（2）依法不需要办理税务登记或领取营业执照需要临时使用发票的单位和个人，可以凭购销商品、提供或者接受服务以及从事其他经营活动的书面证明、经办人身份证明，直接向经营地税务机关申请代开发票。

（二）首次申领发票

纳税人在首次申请领用发票时，办理的主要涉税事项包括发票票种核定、增值税专用发票（增值税税控系统）最高开票限额审批、增值税税控系统专用设备领购初始发行、发票领用等涉税事项。

1.发票票种的核定

（1）申领的发票种类

纳税人申领的发票包括增值税普通发票和增值税专用发票两类。税务机关根据具体情况核定其可领用的发票种类。

增值税普通发票：纳税人办理了税务登记或领取营业执照办理落户手续后，即可申请领用增值税普通发票；

增值税专用发票：纳税人在办理一般纳税人登记手续时，可自行选择登记的当月1日或者次月1日为一般纳税人生效之日，除财政部、国家税务总局另有规定的外，一般纳税人自生效之日起按照规定领用增值税专用发票。

（2）增值税专用发票（增值税税控系统）最高开票限额审批

增值税专用发票（增值税税控系统）实行最高开票限额管理，纳税人初次申请使用增值税专用发票以及变更增值税专用发票限额，最高开票限额由一般纳税人和选择自行开具增值税专用发票的小规模纳税人申请，区县税务机关依法审批。

（3）发票领用数量的审批

纳税人领用发票的数量由纳税人申请，主管税务机关根据领用单位和个人的经营范围和规模，确认领用发票的数量。税务机关为符合规定的首次申领增值税发票的新办纳税人办理发票票种核定：增值税专用发票最高开票限额不超过10万元，每月最高领用数量不超过25份；增值税普通发票最高开票限额不超过10万元，每月最高领用数量不超过50份。

2.增值税税控系统专用设备的领购初始发行

使用增值税专用发票的纳税人或纳入增值税发票管理新系统的纳税人，实行增值税防伪税控系统使用增值税发票，应按规定向批准发行的机构领购金税盘或税控盘等专用设备。

（三）发票领用手续

需要领用发票的单位和个人在办理发票申领涉税事项后，就可以按发票管理规定领用需要的发票。

　　在领用发票时，应当持经办人身份证明，根据不同情况携带金税盘、税控盘、报税盘、税控收款机用户卡、税务登记证副本等，按照国务院税务主管部门规定式样制作的发票专用章的印模，向主管税务机关办理发票领用手续。

　　随着增值税发票管理新系统的推开和税务机关的税务管理系统升级，传统的发票领用方式，正在被新型的发票领用模式替代。发票领用同城统办、已经实现办税人员实名信息采集和验证的纳税人，可以自愿选择使用网上申领方式领用发票和登录电子税务局以"非接触式"等方式领用发票。这些都彻底改变了传统的发票领用必须到主管税务机关的方式，也实现了足不出户就能领到所需的发票。

1. 办理材料

　　发票领用报送材料见表1-4。

表1-4　　　　　　　　　　　　　发票领用报送材料

序号	材料名称	数量	备注
1	经办人身份证件原件	1份	查验后退回
有以下情形的，还应提供相应材料			
适用情形	材料名称		备注
领用增值税专用发票、机动车销售统一发票、增值税普通发票和增值税电子普通发票	金税盘（税控盘）、报税盘		通过网上领用可不携带相关设备
领用税控收款机发票	税控收款机用户卡		

2. 办理地点

　　（1）可通过办税服务厅（场所）、电子税务局、自助办税终端办理；

　　（2）可在同城主管税务机关通办。

（四）申领增值税电子普通发票

　　增值税电子普通发票，是指通过增值税发票系统升级版开具、上传，通过电子发票服务平台查询、下载的电子增值税普通发票；在原有加密防伪措施上，使用数字证书进行电子签章后供购买方下载使用。增值税电子普通发票不表现为税务机关监制、印刷的纸质发票形式，既可以是电子数据形式，也可以打印为纸质发票形式（即增值税电子普通发票的版式文件）。

　　纳税人使用和申领增值税电子普通发票，既有与纸质发票相同之处，也有其特殊的方面，主要有：

　　（1）需要建设电子发票服务平台或通过增值税电子发票公共服务平台开具发票。自2020年1月起，纳税人也可以通过增值税电子发票公共服务平台开具增值税电子普通发票。

　　（2）增值税电子普通发票的票种核定与增值税普通发票的票种核定一致。

（3）可根据业务情况选择税控装置。通常情况下，电子商务企业等用票量大的企业可选用服务器版税控开票系统，用票量小的企业可使用单机版税控开票系统。

（4）领用增值税电子发票表现为发票赋号。纳税人使用金税盘（或税控盘）申领电子发票号段后，税务机关将赋予纳税人的发票号段通过后台征管系统接口方式同步至增值税电子发票系统。

四、实训注意事项

1.纳税人对报送材料的真实性和合法性承担责任。

2.税务机关提供"最多跑一次"服务。纳税人在资料完整且符合法定受理条件的前提下，最多只需要到税务机关跑一次。

3.纳税人使用符合中国电子签名法规定条件的电子签名，与手写签名或者盖章具有同等法律效力。

五、实训任务

2022年12月1日，北京美奇有限公司通过网上申领方式领用发票。

要求：根据领用发票的正确流程领用10张增值税专用发票和20张增值税普通发票。

六、任务解答

第一步，登录国家税务总局电子税务局，以企业身份进入。

第二步，依次点击"我要办税"→"发票使用"→"发票领用"。

第三步，进入发票领用有关信息填写页面，在"是否选择邮政快递领取"栏次选择"是"，并选择快递公司。

第四步，系统显示可领用发票信息，选择需要领取的发票种类，在多选框中打钩，选择增值税专用发票和增值税普通发票，点击"提交"。

第五步，确认收件地址，填写联系人、联系电话等信息后，点击"保存"，即可等待税务局处理相关业务事项，等候邮政公司将发票配送上门。点击"发票领用进度查询"可查询办理进度。

任务五　发票管理
——开具发票

一、实训目的

1.能按客户要求的发票类型正确开具增值税发票；

2.培养学生依法办税的意识，提高社会责任感。

二、实训材料

1.销售单；
2.增值税专用发票；
3.增值税普通发票；
4.增值税电子普通发票。

三、实训内容和步骤

（一）认知发票

1.发票联次

一般的发票有三联，第一联为记账联，是销售方核算销售额和销项税额的主要凭证，即销售方记账凭证。第二联为抵扣联，是购买方计算进项税额的证明，由购买方取得该联后，按税务机关的规定，依照取得的时间顺序编号，装订成册，送税务机关备查。第三联为发票联，收执方作为付款或收款原始凭证，属于商事凭证，即购买方记账凭证。

2.发票种类

增值税发票包括增值税专用发票、增值税普通发票、增值税电子普通发票，其票样分别如图1-1至图1-3所示。

图1-1　增值税专用发票

江苏增值税普通发票

032001800204

№ 47602853 032001800204
47602853

机器编号：499098966713

发 票 联

开票日期：2022年05月20日

购买方	名　　称：南京立美餐饮有限公司
	纳税人识别号：91320102674908971U
	地址、电话：
	开户行及账号：

密码区 03>>319-5-50078
+/61>93>46*63167
+8313-4034*3-107
8>0928

货物或应税劳务、服务名称	规格型号	单位	数量	单价	金额	税率	税额
*经营租赁*停车费					1 090.91	9%	98.18
合　　计					¥1 090.91		¥98.18

| 价税合计（大写） | ⊗壹仟壹佰捌拾玖元零玖分 | （小写）¥1 189.09 |

销售方	名　　称：江苏银河物业管理有限公司
	纳税人识别号：91320000720583347Y
	地址、电话：西霞区和燕路439号 025-66996699
	开户行及账号：中国建设银行洪武支行3205015986360000200

备注 校验码：00613 19227 85657 82911
2022年 2.23-3.22 苏 G0
91320000720583347Y
发票专用章

收款人：李红　　　复核：王好　　　开票人：张娟　　　销售方：（章）

第二联：发票联 购买方记账凭证

图1-2 增值税普通发票

江苏增值税电子普通发票

通行费

机器编号：499099654455

发票代码：032002000112
发票号码：43210947
开票日期：2022年06月01日
校验码：11970 29924 61877 21028
开票日期：2022年05月20日

购买方	名　　称：无锡商业职业技术学院
	纳税人识别号：12320000466000409970
	地址、电话：无锡市钱胡公路809号 0510-83270530
	开户行及账号：中国建设银行无锡滨湖支行32001614836059888888

密码区 03>>319-5-50078
+/61>93>46*63167
+8313-4034*3-107
8>0928

货物或应税劳务、服务名称	车牌号	类型	通行日期起	通行日期止	金额	税率	税额
*经营租赁*通行费	苏 B716P8	客车	20210507	20210507	72.62	3%	2.18
合　　计					¥72.62		¥2.18

| 价税合计（大写） | ⊗柒拾肆元捌角整 | （小写）¥74.80 |

销售方	名　　称：江苏宁沪高速公路股份有限公司
	纳税人识别号：91320000134762764K
	地址、电话：江苏省南京市仙林大道6号 025-84362700
	开户行及账号：中国建设银行南京中山南路支行32001881236050852274

备注 汇总开具
91320000134762764K
发票专用章

收款人：李梦云　　　复核：赵永琴　　　开票人：刘小燕　　　销售方：（章）

图1-3 增值税电子普通发票

（二）开具发票步骤

1.选择正确的发票类型

根据客户需求及发票管理办法，选择开具增值税专用发票、增值税普通发票、增值税电子普通发票。

一般纳税人和小规模纳税人均可以开具增值税专用发票、增值税普通发票、增值税电子普通发票。

2.进入开票系统开票

（1）填写客户基本信息，注意信用代码、单位名称不能填错，常用客户信息可以进行设置，下次开票选择此客户即可。

（2）填写商品行信息，包括货物或应税劳务服务名称、规格型号、单位、单价等。

（3）填写货物或应税劳务服务名称时要注意：税务总局对货物、服务的大类进行了设定，企业需要严格按照大类加货物服务名称来填写此部分内容。

（4）发票中的单价为不含税单价，如果已知的是含税价格，要换算为不含税单价。

（5）货物或应税劳务服务名称、规格型号、单位、单价等信息可以进行设置，下次可以直接选此商品，只需要填写单价、数量即可。

（6）选择合适税率。税率要根据具体货物或劳务服务来确定。

（7）增值税电子发票在发票开具好后盖单位发票专用章，纸质发票打印后盖发票专用章。打印纸质发票时，注意调整好位置，密码区不得压线或超过边框。

四、实训注意事项

（一）购买方信息

向企业对象开票时，必须严格审查纳税人识别号、公司名称是否完整、正确。增值税普通发票只需要填写客户纳税人识别号和公司名称；增值税专用发票还需要填写地址、电话、开户行及账号。

（二）税收分类简称

从2018年起，商品和服务税收分类编码简称正式使用。发票票面"货物或应税劳务、服务名称"栏次中要注明税收分类简称。如某制造业企业在开具增值税发票时输入商品名称"圆锯片"，对应的简称是"金属制品"，那么增值税发票票面上会显示并打印"*金属制品*圆锯片"，这样的发票才算是符合文件规定的发票。经营住宿业务的企业开具住宿费发票时，增值税发票票面上应显示并打印"*住宿服务*住宿费"。

（三）品目名称的商品内容应如实填写

开具增值税发票时，发票内容应按照实际销售情况如实开具，不得根据购买方要求填开与实际交易不符的内容。

（四）备注栏

必须备注的情形如下：

1.提供建筑服务：备注栏内需填写提供建筑服务发生地市县（市、区）名称及项目名称；

2.提供不动产租赁：需在备注栏填写不动产的详细地址；

3.在销售不动产时，企业应在发票"货物或应税劳务、服务名称"栏填写不动产名称及房屋产权证书号码（无房屋产权证书的可不填写），"单位"栏填写面积单位，备注栏注明不动产的详细地址；

4.提供货物运输服务：备注栏里需备注起运地、到达地、车种、车号，以及运输货物等；

5.按照现行政策的规定使用差额征税办法缴纳增值税：备注栏自动打印"差额征税"字样；

6.预付卡业务开票必须备注。

（五）发票清单

超过6行商品信息，需要附带销货清单，带销货清单的发票必须机打，不得自制手填。

（六）不得开具增值税专票的情形

一般纳税人销售免税货物、销售报关出口货物、商业企业零售的消费品，以及开给个人的发票都只能开具增值税普通发票。

五、实训任务

2022年12月1日，北京美奇有限公司销售百威啤酒一批，销售单见表1-5。

表1-5   销售单

购买单位：北京市阿布扎姆酒店有限公司　地址和电话：北京市东城区汉江街道民星路5073号010-5646993

单据编号：775490359

纳税人识别号：91110101949650566F　开户行及账号：中国工商银行北京市东城区支行6111010170500438

制单日期：2022-12-01

编码	产品名称	规格	单位	单价	数量	金额	备注
01	*酒*百威啤酒500ml*18听	500ml	箱	90.00	50	4 500.00	（不含税）
合计	人民币（大写）：肆仟伍佰元整				—	¥4 500.00	

销售经理：徐天天　　　经手人：吴涛佟　　　会计：赵杰　　　签收人：王美林

要求：根据销售单开具增值税专用发票。

六、任务解答

进入开票系统开票如图1-4所示。

	北京增值税专用发票					No 26004411		

3200184130　　**北京增值税专用发票**　　No 26004411

此联不作报销、扣税凭证使用　　开票日期：2022年12月01日

购买方	名　　称：北京市阿布扎姆酒店有限公司 纳税人识别号：9111010949650566F 地址、电话：北京市东城区汉江街道民星路5073号010-85646993 开户行及账号：中国工商银行北京市东城区支行6111010170500438					密码区	
货物或应税劳务、服务名称	规格型号	单位	数量	单价	金额	税率	税额
*酒*百威啤酒500ml*18听	500ml	箱	50	90.00	4 500.00	13%	585.00
合　　　计					¥4 500.00		¥585.00
价税合计（大写）	⊗伍仟零捌拾伍元整					（小写）¥5 085.00	
销售方	名　　称：北京美奇有限公司 纳税人识别号：911101012826471060 地址、电话：北京市东城区坛山街道永康路7460号010-86954631 开户行及账号：中国农业银行北京市东城区支行61101024876310					备注	
收款人：代瑾瑾		复核：徐勇		开票人：倪苏		销售方：（章）	

第一联：记账联　销售方记账凭证

图1-4　北京美奇有限公司销售百威啤酒增值税专用发票

任务六　发票管理

——审核发票

一、实训目的

1.能按发票的审核规定正确审核取得的发票；

2.培养学生依法办税的意识，提高社会责任感。

二、实训材料

1.增值税专用发票；

2.增值税普通发票；

3.增值税电子普通发票。

三、实训内容和步骤

（一）审核是否符合取得发票的基本要求

1.取得与经营活动相符的发票

所有单位和从事生产、经营活动的个人在购买商品、接受服务以及从事其他经营活

动支付款项时，应当向收款方取得发票。不符合规定的发票，不得作为财务报销凭证，任何单位和个人有权拒收。

2.使用发票时不得发生的行为

任何单位和个人都应当按照发票管理规定使用发票，不得有下列行为：

（1）转借、转让、介绍他人转让发票、发票监制章和发票防伪专用品；

（2）知道或者应当知道是私自印制、伪造、变造、非法取得或者废止的发票而受让、开具、存放、携带、邮寄、运输；

（3）扩大发票使用范围；

（4）以其他凭证代替发票使用。

（二）鉴别发票的真伪

伪造的虚假发票，不能作为财务核算、税前扣除等有效凭证，发票真伪鉴别是发票使用、审核的首要内容。发票真伪鉴别的主要方法如下：

1.依据发票的防伪措施鉴别

每种、每批次印制的发票都有相应的防伪措施，对照相应种类和批次的发票对应的防伪措施对取得的发票进行鉴别，是最基本的鉴别方法。各种发票的防伪措施不尽相同，通常主要有：发票的用纸、发票的规格、发票监制章、发票的代码及号码和字体、发票联次的颜色、发票的水印或荧光防伪标志、变色等防伪油墨在发票印制中使用等，此外，有些发票还采用校验码、二维码码区等，以抑制发票的伪造及其使用。

2.通过发票查验平台查验

登录全国增值税发票查验平台对增值税发票新系统开具的增值税专用发票、增值税普通发票、机动车销售统一发票和增值税电子普通发票的发票信息进行查验。通过查验平台查验，可以判定取得的增值税发票是否合法有效。

3.申请税务机关进行鉴别

除通过税务机关提供的便捷渠道查验发票真伪外，用票单位和个人还有权申请税务机关对发票的真伪进行鉴别。收到申请的税务机关应当受理并负责鉴别发票的真伪；鉴别有困难的，可以提请发票监制税务机关协助鉴别。

（三）审核发票是否合法有效

取得的发票符合规定，才是合法有效的凭证，才能用于会计核算、增值税抵扣和税前扣除。取得的发票是否合法有效是税务师进行发票审核的最核心的内容。

1.审核发票记载的业务真实性

审核纳税人取得发票的票面记载内容与真实的经济业务是否相符。对照发票"货物或应税劳务、服务名称"记载的内容，审核是不是纳税人实际购进，是否与其从事的行业和经营的业务相符合，有无变更品名的情况。结合发票所记载的数量和金额，审核购进货物或劳务、服务与其经营规模是否相匹配。

2.审核发票开具的规范性

审核纳税人取得的发票销售方是否按规定开具，有无开具不规范而成为无效凭证的风险。发票开具规范性审核主要包括：

（1）发票的购买方信息是否相符。有无出现发票的购买方信息没有填写、填写购买方简称或者填写的购买方信息与实际受票不符的情况。

（2）发票的内容是否填写齐全。有无出现取得的发票项目未填写齐全，尤其是那些未通过增值税发票管理新系统开具的发票，出现开票日期、购买方名称或销售方名称、数量等未填写的情况。

（3）发票专用章是否按规定加盖。有无出现取得的发票未加盖发票专用章、取得的税务机关代开的增值税普通发票未加盖税务机关代开发票专用章或者取得的税务机关代开的增值税专用发票未加盖销售方发票专用章的情况。

（4）发票的填写是否符合规范。有无出现取得的2017年7月1日后通过增值税发票管理新系统开具的增值税普通发票中没有填写纳税人识别号或统一社会信用代码；有无出现取得的2018年1月1日后通过增值税发票管理新系统开具的增值税发票，商品和服务税收分类编码对应的简称未显示并打印在发票票面"货物或应税劳务、服务名称"或"项目"栏次中；有无出现汇总开具的增值税专用发票，未附有增值税发票管理新系统开具的"销售货物或者提供应税劳务清单"并加盖发票专用章等情况。

（5）发票的备注栏是否按规定注明。对于取得货物运输服务、建筑服务等必须在备注栏注明信息的发票，是否出现未按规定在备注栏注明相关信息或者注明的相关信息不符合规定等情况。

3.审核发票开具的内容逻辑性

对于纳税人取得的发票所记载的内容，还应审核是否符合常规，是否符合现行税收法律规定。内容逻辑性的审核，着重从以下几个方面入手：

（1）适用的税率或征收率是否准确。根据发票显示的商品和服务税收分类编码简称，是否出现发票填开的税率或征收率完全不相符的情况，如出现"*建筑服务*工程"适用5%征收率。

（2）计量单位是否符合常规。审核货物或应税劳务、服务的计量单位，有无人为地改变计量单位或者使用非常规的计量方法，以掩盖购进业务的真实情况。

（3）单价是否大幅偏离公允价值。审核购进货物或应税劳务、服务的单价，有无出现与常规的价格大幅偏离，没有真实经营业务开具发票的情况。

任务七　增值税一般纳税人身份认定

一、实训目的

1.能正确进行增值税一般纳税人认定登记；
2.培养学生依法办税的意识，提高社会责任感。

二、实训材料

1.加载统一社会信用代码的营业执照原件；

2.经办人身份证件原件；

3.“增值税一般纳税人登记表”。

三、实训内容和步骤

（一）增值税一般纳税人认定条件

增值税一般纳税人资格实行登记制，登记事项由增值税纳税人向其主管税务机关办理。

增值税一般纳税人认定可以分为两种情况：

1.年增值税销售额超过财政部和国家税务总局规定的小规模纳税人标准（≤500万元）的企业，应当向税务主管部门申请认定一般纳税人。年应税销售额，是指纳税人在连续不超过12个月的经营期内累计应征增值税销售额，包括免税销售额。

2.纳税义务人年应税销售额不超过规定标准的小规模纳税人，申请成为一般纳税人必须具备下列条件：①会计核算健全，即能够按照统一的国家会计制度的规定建立账簿，按照合法有效的凭证记账；②能够提供准确的纳税信息。

3.下列纳税人不办理一般纳税人资格认定：①个体工商户以外的其他个人；②选择按照小规模纳税人纳税的非企业性单位；③选择按照小规模纳税人纳税的不经常发生应税行为的企业。

（二）增值税一般纳税人认定所需资料

一般纳税人认定需要报送的资料见表1-6。

表1-6　　　　　　　　　　增值税一般纳税人认定登记报送资料

序号	材料名称	数量	备注
1	“增值税一般纳税人登记表”	2份	
2	经办人身份证件原件	1份	查验后退回
3	加载统一社会信用代码的营业执照（或税务登记证、组织机构代码证等）原件	1份	查验后退回

上述资料的报送条件为：

（1）税务登记证副本报送条件为未实行“多证合一、一照一码、两证整合”登记模式的纳税人报送，已实行实名办税的纳税人可取消报送；

（2）市场监督管理部门核发的加载法人和其他组织统一社会信用代码的营业执照报送条件为实行“多证合一、一照一码、两证整合”登记模式的纳税人报送。

增值税一般纳税人登记表见表1-7。

四、实训注意事项

（1）当增值税小规模纳税人连续12个月申报的应纳增值税销售额超过上述规定标准时，应当在第12个月申报期结束后40日（工作日，下同）内向主管税务机关报送“增值税一般纳税人申请认定表”，申请办理一般纳税人资格认定；

表1-7　　　　　　　　　　　　增值税一般纳税人登记表

纳税人名称			统一社会信用代码 （纳税人识别号）		
法定代表人 （负责人、业主）		证件名称及号码		联系电话	
财务负责人		证件名称及号码		联系电话	
办税人员		证件名称及号码		联系电话	
税务登记日期					
生产经营地址					
注册地址					
纳税人类别：企业□　非企业性单位□　个体工商户□　其他□					
主营业务类别：工业□　商业□　服务业□　其他□					
会计核算健全：是□					
一般纳税人资格生效之日：当月1日□　次月1日□					
纳税人（代理人）承诺： 　会计核算健全，能够提供准确税务资料，上述各项内容真实、可靠、完整。如有虚假，愿意承担相关法律责任。 经办人：　　　　法定代表人：　　　　代理人：　　　　（签章） 　　　　　　　　　　　　　　　　　　　　　　　　年　　月　　日					
以下由税务机关填写					
税务机关 受理情况	受理人：　　　　　　　　　　　　　　　　　受理税务机关（章） 　　　　　　　　　　　　　　　　　　　　　　年　　月　　日				

注：本表一式二份，主管税务机关和纳税人各留存一份。

（2）纳税人自认定机关认定为一般纳税人的次月起（新开业纳税人自主管税务机关受理申请的当月起），应当按照以下办法计算增值税应纳税额，并按规定领购、使用增值税专用发票；

（3）除国家税务总局另有规定外，纳税人一经认定为增值税一般纳税人，不得转为小规模纳税人。

五、实训任务

北京美奇有限公司符合增值税一般纳税人认定登记资格，可按要求办理认定登记增值税一般纳税人。

要求：按照正确流程完成认定登记增值税一般纳税人。

六、任务解答

认定登记增值税一般纳税人的正确流程如图1-5所示。

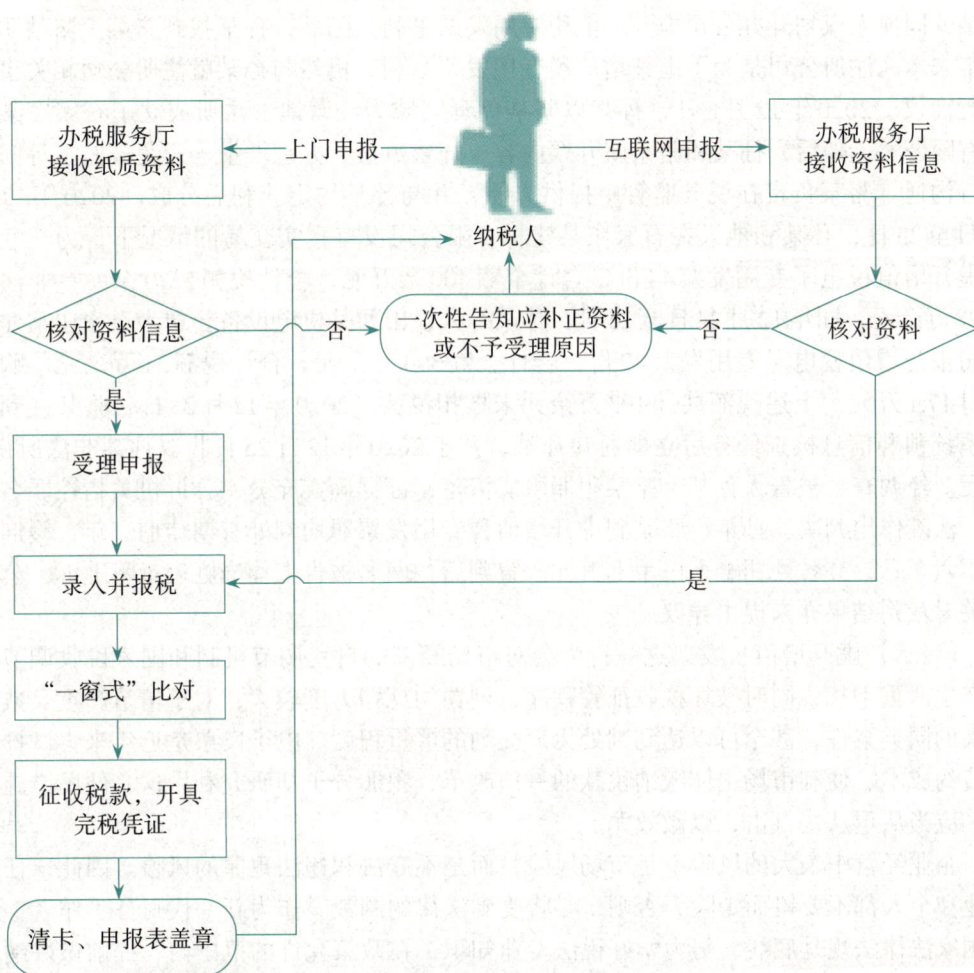

图1-5 认定登记增值税一般纳税人的正确流程

思政专栏

知法懂法守法

2021年9月9日，全国首例虚开增值税电子专用发票案在赵县人民法院公开开庭审理并当庭宣判，两名被告人受到了法律的严惩。骆某系国家税务总局石家庄市某区税务局某税务所税管员，负责一定区域业户的基础管理和风险应对。2020年11月份，男子孙某伙同他人谋划开办公司虚开增值税专用发票牟利。随后，孙某找到骆某。骆某明知孙某来本区注册公司是为了虚开增值税专用发票牟利，仍然与孙某就注册公司相关事项进行商议。2020年12月8日，孙某以骆某负责区域为经营地，注册成立了石家庄某建材有限公司。随后，孙某和骆某就开票内容、开票数量、办理增量、避免被监控等问题进行沟通。骆某负责在税务监管中提供方便，并与孙某约定获利后分成。2020年12月22日至23日，孙某和他人在石家庄某建材有限公司没有真实交易的情况下，为三家公司虚开增值税电子专用发票44份，合计金额400余万元，合计税额52万余元，非法收入28万余元。同年12月24日至25日，孙某等人让山西某机电设备公司为石家庄某建材公司虚开增值税电子专用发票42份，合计金额394万余元，合计税额51万余元，购票支付17.1万元。上述税额共计103万余元未抵扣税款。2020年12月23日，骆某接到税务系统预警信息核查任务后立即通知孙某，并于2020年12月25日收取孙某非法所得5万元。经调查，被告人孙某、骆某犯罪事实清楚，证据确实充分，公诉机关指控罪名成立。法院作出判决：孙某、骆某犯虚开增值税专用发票罪均判处有期徒刑三年，缓刑三年零六个月，并各处罚金人民币七万元。宣判后，两名被告人均当庭表示不上诉，公诉机关对裁判结果亦未提出异议。

【启示】虚开增值税发票这一行为会对市场经济的自我调节机制和国家税收调节杠杆产生严重干扰，同时破坏税收征管秩序，刑罚的惩罚力度较大，对于情节严重、数额巨大的同类案件，甚至可以达到判处无期徒刑的严重程度。电子发票是近年来尝试推行的节约成本、便利市场主体缴纳税款的一项改革，犯罪分子却研究利用这一便民措施牟利，应当从重从快打击，以儆效尤。

企业经营中最大的风险不是市场风险，而是不守法和违法犯罪的风险。因此，任何企业和个人都不要铤而走险，否则，必将受到法律的制裁。作为新一代财务工作者，遵守国家法律法规是底线，努力学好税法专业知识，在政策允许的范围内，提前做好纳税筹划帮助企业降低税负才是正道。

资料来源：李铁超，黄若磊.成功办理一起虚开增值税电子专用发票案［N］.河北法制报，2021-10-20.

项目二

增值税

任务一　增值税税款计算

——一般纳税人销项税额（一般业务）

一、实训目的

1.能正确确定计税依据；

2.能正确判断适用税率；

3.能正确计算销项税额；

4.培养学生诚实守信、坚持准则的职业道德。

二、实训材料

1.销售单；

2.增值税专用发票。

三、实训内容和步骤

（一）判断是否需要缴纳增值税

1.除销售免税货物或服务、出口部分货物或服务，其他都要计算销项税额；

2.虽然不是正常的销售行为，但增值税税法规定需要视同销售。

（二）找出不含税销售额

1.销售单上会注明是含税价还是不含税价，如果已知含税价，需要转换为不含税价。

$$不含税销售额 = 含税销售额 ÷ （1 + 增值税税率或征收率）$$

2.如果涉及价外费用，价外费用也要计算缴纳增值税，价外费用需要转换为不含税金额。

（三）确定税率

判断所属销售类型，确定税率：6%、9%、13%。

（四）计算销项税额

根据"销项税额 = 不含税销售额 × 税率"计算出销项税额。

四、实训注意事项

（一）纳税业务发生时间的确认

1.采用直接收款方式销售货物，不论货物是否发出，均为收到销货款或取得索取销货款凭据的当天。

2.采取托收承付和委托银行收款方式销售货物，为发出货物并办妥托收手续的当天。

3.采取赊销和分期收款方式销售货物，为合同约定的收款日期的当天。

4.采取预收货款方式销售货物，为货物发出的当天；提供有形动产租赁服务采取预收款方式的，为收到预收款的当天。

5.提供建筑服务、租赁服务采取预收款方式的，为收到预收款的当天。

6.委托其他纳税人代销货物，为收到代销单位代销清单的当天。

7.销售应税劳务，为提供劳务同时收讫销售额或取得销售额凭据的当天。

8.从事金融商品转让的，为金融商品所有权转移的当天。

9.视同销售行为，为货物移送、服务及无形资产转让完成的当天。

10.进口货物，为报关进口当天。

先开具发票的，纳税义务发生时间为发票开具的当天。

（二）价外费用不包括的内容——未形成纳税人的收入

1.受托加工应征消费税的消费品所代收代缴的消费税；

2.同时符合三项条件代为收取的政府性基金或者行政事业性收费；

3.纳税人销售货物的同时代办保险而向购买方收取的保险费，以及从事汽车销售的纳税人向购买方收取的代购买方缴纳的车辆购置税、牌照费；

4.航空运输企业的销售额，不包括代收的机场建设费和代售其他航空运输企业客票而代收转付的价款。

（三）价外费用的判断

1.谁收取的——销售方或劳务、服务提供方收取的；

2.收取的原因——是否发生了流转税的应税行为；

3.是否属于价外费用的排除事项。

（四）残次品等收入也需要并入销售额

企业销售残次品（废品）、半残品、副产品、下脚料和边角料等取得的收入应并入应税销售额。

（五）区分混合销售和兼营

1.混合销售行为按主要业务确定税率计算销项税额；

2.兼营行为分别计算销项税额。

五、实训任务

1.根据销售单（见表2-1）计算销项税额。

表2-1　　　　　　　　　　　　销售单

购买单位：合肥交运集团有限公司　　地址和电话：安徽省合肥市庐阳区七里河街道汇川路1529号0551-9503491

单据编号：900060883

纳税人识别号：913401030075368887X　开户行及账号：中国工商银行安徽省合肥市庐阳区支行6134010322560731

制单日期：2022-04-22

编码	产品名称	规格	单位	单价	数量	金额	备注
001	*软件*智慧云B1		套	5 000 000	1	5 000 000.00	（不含税）
合计	人民币（大写）：伍佰万元整				—	¥5 000 000.00	

销售经理：任天　　　　经手人：尤美　　　　会计：佳力　　　　签收人：天华

2. 某商场为增值税一般纳税人，2022年12月1日向个人消费者销售空调3台，收取货款11 300元，计算销项税额。

3. 在审查有ABC公司关账目时，发现每个季度末"财务费用"账户借方都有一笔红字冲转，经调查核实，ABC公司2022年4月至12月份向各地销售电子设备，部分购买方没有及时付款，ABC公司向欠款的购买方按季收取所欠货款的利息，全年合计14万元。请根据上述资料分析是否需要计算销项税额。

4. 2022年10月31日，北京森雅制造有限公司发生兼营行为，需分开核算，请根据背景资料（见表2-2）填写销项税额计算表。（注：提供仓储服务非主营业务。）

表2-2　　　　　　　　　　　　营业收入构成表

编制单位：北京森雅制造有限公司　　　　　2022年10月31日　　　　　　　　　　单位：元

项目	金额（不含税）
销售家具	1 000 000.00
提供仓储服务	200 000.00
合计	1 200 000.00

审核：李阳　　　　　　　　　　　　　审核：苍明明

5. 2022年5月12日，北京君豪实业有限公司销售一批防盗门给北京华宇股份有限公司，同时负责上门安装，已于当天安装完毕，安装费单独收取。发票如图2-1、图2-2所示。请计算该笔混合销售行为的增值税销项税额。

图2-1　增值税专用发票

1100132140 **北京增值税专用发票** № 76272972 1100132140 76272972

此联不作报销、扣税凭证使用 开票日期：2022年05月12日

购买方	名称：北京华宇股份有限公司 纳税人识别号：911101068039054656 地址、电话：北京东城区炭步镇沿涌街66号010-82315891 开户行及账号：交通银行北京东城支行140200847929489284231				密码区	03>>319-5-50078 +/61>93>46*63167 +8313-4034*3-107 8>1928	
货物或应税劳务、服务名称	规格型号	单位	数量	单价	金额	税率	税额
*建筑服务*安装费					600.00	13%	78.00
合计					¥600.00		¥78.00
价税合计（大写）	⊗陆佰柒拾捌元整						（小写）¥678.00
销售方	名称：北京君豪实业有限公司 纳税人识别号：911101012384689166 地址、电话：北京东城区朝安街58号010-78368206 开户行及账号：交通银行北京东城支行140200732313001078969				备注	北京东城区炭步镇沿涌街66号	

收款人：美好 复核：力坚 开票人：张慧 销售方：（章）

第一联：记账联 销售方记账凭证

图2-2 增值税专用发票

六、任务解答

1.销售软件，税率13%，不含税金额500万元。

销项税额＝不含税销售额×税率＝500×13%＝65（万元）

2.商场销售商品给个人消费者，报价属于零售价，需要转换为不含税价。销售一般货物的税率为13%。

不含税销售额＝11 300÷（1＋13%）＝10 000（元）

销项税额＝不含税销售额×税率＝10 000×13%＝1 300（元）

3.企业销售货物，因购买方未及时付款而向购买方收取的延期付款利息属于企业销售货物的价外费用，应该按照13%的税率计算增值税销项税额。

增值税销项税额＝14÷（1＋13%）×13%＝1.62（万元）

4.兼营。

销售家具销项税额＝不含税销售额×税率＝1 000 000×13%＝130 000（元）

提供仓储服务销项税额＝200 000×6%＝12 000（元）

合计＝130 000＋12 000＝142 000（元）

5.混合销售。

销售防盗门销项税额＝3 900元

安装费销项税额＝78元

合计＝3 900＋78＝3 978（元）

任务二　增值税税款计算

——一般纳税人销项税额（特殊业务）

一、实训目的

1.能正确确定计税依据；

2.能正确判断适用税率；

3.能正确计算销项税额：

4.培养学生诚实守信、坚持准则的职业道德。

二、实训材料

1.增值税专用发票；

2.固定资产验收单。

三、实训内容和步骤

（一）判断是否需要缴纳增值税

1.除销售免税货物或服务、出口部分货物或服务，其他都要计算销项税额；

2.虽然不是正常的销售行为，但增值税税法规定需要视同销售。

（二）找出不含税销售额

销售单上会注明是含税价还是不含税价，如果已知含税价，需要转换为不含税价。

$$不含税销售额 = 含税销售额 \div (1 + 增值税税率)$$

如果涉及价外费用，价外费用也要计算缴纳增值税，价外费用需要转换为不含税金额。

（三）确定税率

判断所属销售类型，确定税率：6%、9%、13%。

（四）计算销项税额

根据"销项税额 = 不含税销售额 × 税率"计算出销项税额。

四、实训注意事项

（一）折扣、折让方式下销售额确定的依据

1.商业折扣原价和折扣开在同一张发票上，折扣额可以从销售额中扣除；

2.任何情况，现金折扣额都不得从销售额中扣除；

3.销售折让，折让额可以从折让当期销售额中扣除。

（二）以旧换新

1.一般货物按新货物的同期销售价格确定销售额，不得扣减旧货物的收购价格；

2.对于金银首饰以旧换新业务，可按销售方实际收取的不含税的全部价款征收增值税。

（三）还本销售

以货物的销售价格作为销售额，不得从销售额中减除还本支出。

（四）以物易物

双方都应作正常的购销处理，以各自发出的货物核算销售额并计算销项税额和进项税额。

（五）包装物租金、押金需要计算销项税额

1.一般货物。

（1）如单独记账核算，时间在1年以内，又未逾期，不并入销售额征税；

（2）因逾期（1年以上）未收回包装物不再退还的押金，应并入销售额征税。

2.除啤酒、黄酒外的其他酒类产品，无论是否返还以及会计上如何核算，均应并入当期销售额征税。

3.包装物租金、押金都是含税价，需要转换为不含税价。

4.包装物租金、押金的税率与所包装物品一致。

五、实训任务

1.某商场为增值税一般纳税人，2022年12月6日批发销售给A企业空调100台，每台标价（不含税）1800元，由于购买数量较大，给予购买方七折优惠，并将折扣额与销售额开在一张专用发票上。同时约定付款条件为"5/10，2/20，n/30"。当月10日收到A企业支付的全部货款。计算商场上述销售业务应申报的增值税销项税额。

2.苏宁电器2022年12月采取"以旧换新"方式销售电器商品，共取得现金收入6248万元，旧货抵价金额为2340万元，上述价款均为含税价。计算上述业务应申报的增值税销项税额。

3.某家具生产厂与某商场签订家具购销合同，双方约定商场购入家具500套，每套含税价16800元，商场在购货时一次付清全部货款，生产厂在货物销售后的24个月全部返还货款。计算上述业务应申报的增值税销项税额。

4.某酒厂为增值税一般纳税人，2022年12月销售散装白酒20吨，并向购买方开具了增值税专用发票，注明价款100000元。随同白酒销售收取包装物押金3390元，开具收款收据并单独入账核算。计算该酒厂上述业务应申报的增值税销项税额。

5.甲首饰店是增值税一般纳税人。2022年12月采取"以旧换新"方式销售一批金项链。该批金项链含增值税售价为135600元，换回的旧项链作价124300元，甲首饰店实际收取差价款11300元。已知增值税税率为13%。计算甲首饰店当月该笔业务增值税销项税额。

六、任务解答

1.商业折扣和原价开在同一张发票上，按打折后的金额计算增值税，现金折扣与增值税计算无关。

不含税销售额 = $100 \times 1800 \times 70\% = 126000$（元）

销项税额 = $126000 \times 13\% = 16380$（元）

2.新货不含税销售额 = $(6248 + 2340) \div (1 + 13\%) = 7600$（万元）

销项税额 = 7 600 × 13% = 988（万元）

3. 销项税额 = 16 800 ÷（1 + 13%）× 13% × 500 = 966 371.68（元）

4. 包装物押金销项税额 = 3 390 ÷（1 + 13%）× 13% = 390（元）

销售白酒销项税额 = 100 000 × 13% = 13 000（元）

该酒厂上述业务合计应申报增值税销项税额 13 390 元。

5. 销项税额 = 11 300 ÷（1 + 13%）× 13% = 1 300（元）

任务三　增值税税款计算
——一般纳税人销项税额（视同销售）

一、实训目的

1. 能正确确定计税依据；
2. 能正确判断适用税率；
3. 能正确计算销项税额；
4. 培养学生诚实守信、坚持准则的职业道德。

二、实训材料

1. 出库单；
2. 捐赠合同。

三、实训内容和步骤

（一）判断是否需要缴纳增值税
1. 除销售免税货物或服务、出口部分货物或服务，其他都要计算销项税额；
2. 虽然不是正常的销售行为，但增值税税法规定需要视同销售。

（二）找出不含税销售额
销售单上会注明是含税价还是不含税价，如果已知含税价，需要转换为不含税价。

不含税销售额 = 含税销售额 ÷（1 + 增值税税率）

如果涉及价外费用，价外费用也要计算缴纳增值税，价外费用需要转换为不含税金额。

（三）确定税率
判断所属销售类型，确定税率：6%、9%、13%。

（四）计算销项税额
根据"销项税额 = 不含税销售额 × 税率"计算出销项税额。

四、实训注意事项

（一）视同销售行为需要计算销项税额
1. 将货物交付其他单位或者个人代销；

2.销售代销货物；

3.设有两个以上机构并实行统一核算的纳税人，将货物从一个机构移送其他机构用于销售，但相关机构设在同一县（市）的除外；

4.将自产或者委托加工的货物用于非增值税应税项目；

5.将自产、委托加工的货物用于集体福利或者个人消费；

6.将自产、委托加工或者购进的货物作为投资，提供给其他单位或者个体工商户；

7.将自产、委托加工或者购进的货物分配给股东或者投资者；

8.将自产、委托加工或者购进的货物无偿赠送其他单位或者个人；

9.向其他单位或者个人无偿提供服务、转让无形资产或者不动产，但以公益活动为目的或者以社会公众为对象的除外。

（二）价格明显偏低或偏高时销售额的确定

价格明显偏低或偏高，或者发生视同销售行为而无销售额者，应税销售额的核算顺序（先售价，后组价）。

1.按纳税人最近时期同类货物、服务、不动产、无形资产的平均价格确定。

2.按其他纳税人最近时期同类货物、服务、不动产、无形资产的平均价格确定。

3.按组成计税价格确定。只征增值税的，组成计税价格＝成本×（1＋成本利润率）。

五、实训任务

（1）乙公司为一家生产电视的企业，共有职工200名。2022年12月，公司以其生产的成本为10 000元的液晶电视和外购的每台不含税价格为1 000元的电暖器作为福利发放给职工。该型号液晶电视的不含增值税售价为每台14 000元，乙公司适用的增值税税率为13%；乙公司以银行存款支付了购买电暖器的价款和增值税税款，已取得增值税专用发票，适用的增值税税率为13%。假定200名职工中有170名为直接参加生产的职工，30名为总部管理人员。上述业务需要计征增值税吗？如果需要请你计算。

（2）某服装厂为增值税一般纳税人，2022年12月专门为本厂职工制作一批服装并免费分发给职工。账务资料显示该批服装的生产成本合计10万元。上述业务需要计征增值税吗？如果需要请你计算。

（3）2022年12月12日，北京雅丽纺织有限公司将自产产品印染布一批（成本价为10 000元）无偿对外捐赠，已开出增值税专用发票，不含税价款为12 000元，增值税为1 560元。上述业务需要计征增值税吗？如果需要请你计算。

（4）甲公司为增值税一般纳税人，本月将一批新研制的高档美白化妆品赠送给老顾客使用，甲公司并无同类产品销售价格，其他公司也无同类货物，已知该批产品的生产成本为10万元，甲公司的成本利润率为10%，高档化妆品的消费税税率为15%，增值税税率为13%，则甲公司当月该笔业务计征的增值税销项税额是多少？

六、任务解答

（1）将自产电视分发给本厂职工，视同销售计算销项税额，有售价按售价，无售价按组成计税价格计算。

销项税额 = 14 000 × 200 × 13% = 364 000（元）

将外购电暖器分发给本厂职工，不属于视同销售，无须缴纳销项税额。

（2）需要计征增值税。销项税额 = 10 × （1 + 10%）× 13% = 1.43（万元）

（3）需要计征增值税。销项税额 = 12 000 × 13% = 1 560（元）

（4）销项税额 = 100 000 × （1 + 10%）÷ （1 − 15%）× 13% = 16 823.53（元）

任务四　增值税税款计算

——一般纳税人进项税额（凭票抵扣）

一、实训目的

1.能正确审核计税依据；

2.能正确审核适用税率；

3.能正确审核进项税额；

4.培养学生诚实守信、坚持准则的职业道德。

二、实训材料

1.增值税专用发票（含税控机动车销售统一发票，下同）；

2.入库单。

三、实训内容和步骤

（一）从销售方取得的增值税专用发票上注明的增值税税额

（1）接受投资转入的货物、接受捐赠转入的货物、接受应税劳务时，其扣税凭证符合规定的，已经认证或查询，允许抵扣进项税额；

（2）销售产品时运费由销售方负担，取得合格的扣税凭证，已经认证或查询，进项税额可以抵扣。

（二）从海关取得的海关进口增值税专用缴款书上注明的增值税税额

取得海关进口增值税专用缴款书后，稽核比对相符或核查后，进项税额允许抵扣。

（三）从境外单位或者个人购进服务、无形资产或者不动产，自税务机关或者扣缴义务人取得的解缴税款的完税凭证上注明的增值税税额

纳税人凭完税凭证抵扣进项税额的，应当具备书面合同、付款证明和境外单位的对账单或发票。资料不全的，其进项税额不得抵扣。

四、实训注意事项

（一）扣税凭证不合格：未按规定取得并保存增值税扣税凭证

扣税凭证：增值税专用发票、海关进口增值税专用缴款书、农产品收购发票与销售发票、旅客运输发票、从税务机关或境内代理人取得的代扣代缴税款的完税凭证及增值税法律法规允许抵扣的其他扣税凭证。

（二）没有销项税额的，不能抵扣进项税额

（1）纳税人的交际应酬消费属于个人消费。外购货物用于交际应酬，其进项税额不得抵扣。

（2）涉及的固定资产、无形资产、不动产，仅指专用于简易计税方法计税项目，免征增值税项目、集体福利或者个人消费的固定资产、无形资产（不包括其他权益性无形资产）、不动产；既用于一般计税方法计税项目，又用于简易计税方法计税项目、免征增值税项目、集体福利或者个人消费的，全额抵扣进项税额。

（3）自2018年1月1日起，纳税人租入固定资产、不动产，既用于一般计税方法计税项目，又用于简易计税方法计税项目、免征增值税项目、集体福利或者个人消费的，其进项税额准予从销项税额中全额抵扣。

（三）进项税额的扣减——红字借记“进项税额”

（1）因进货退回或折让而收回的增值税税额，应从发生进货退回或折让当期的进项税额中扣减；

（2）审核时，注意是否在取得红字增值税专用发票的当期从进项税额中扣减。

五、实训任务

（1）根据增值税专用发票（如图2-3所示）确认进项税额。

4500151140　**广西增值税专用发票**　№ 88024799　4500151140 88024799

发票联

机器编号：982888812388　开票日期：2022年12月09日

购买方	名称：南宁泰福八宝粥有限公司 纳税人识别号：91450001982273333 地址、电话：南宁市邕宁龙亭路3号0771-84846158 开户行及账号：中国工商银行股份有限公司邕宁支行6222082102000411888	密码区	03>>319-5-50078 +/61>93>46*63167 +8313-4034*3-107 8>0928

货物或应税劳务、服务名称	规格型号	单位	数量	单价	金额	税率	税额
*海水产品*海带			1 500	18.00	27 000.00	9%	2 430.00
*加工盐*食用盐			450	5.00	2 250.00	9%	202.50
合　计					¥29 250.00		¥2 632.50
价税合计（大写）	⊗叁万壹仟捌佰捌拾贰元伍角整				（小写）¥31 882.50		

销售方	名称：南宁友红干杂有限责任公司 纳税人识别号：91450122737633331W 地址、电话：南宁市兴宁区中华路208号0771-73376984 开户行及账号：中国工商银行股份有限公司南宁市兴宁支行622208210200521678	备注	检验码： 52118 02817 08246 65111

收款人：林梅　复核：刘焕　开票人：徐妯　销售方：（章）

第三联：发票联　购买方记账凭证

图2-3 增值税专用发票

（2）2022年6月3日，北京雅丽纺织有限公司收到北京洛伊服装有限公司无偿捐赠的棉花一批，捐赠合同如图2-4所示，已收到增值税专用发票如图2-5所示。请确定可以抵扣的进项税额。

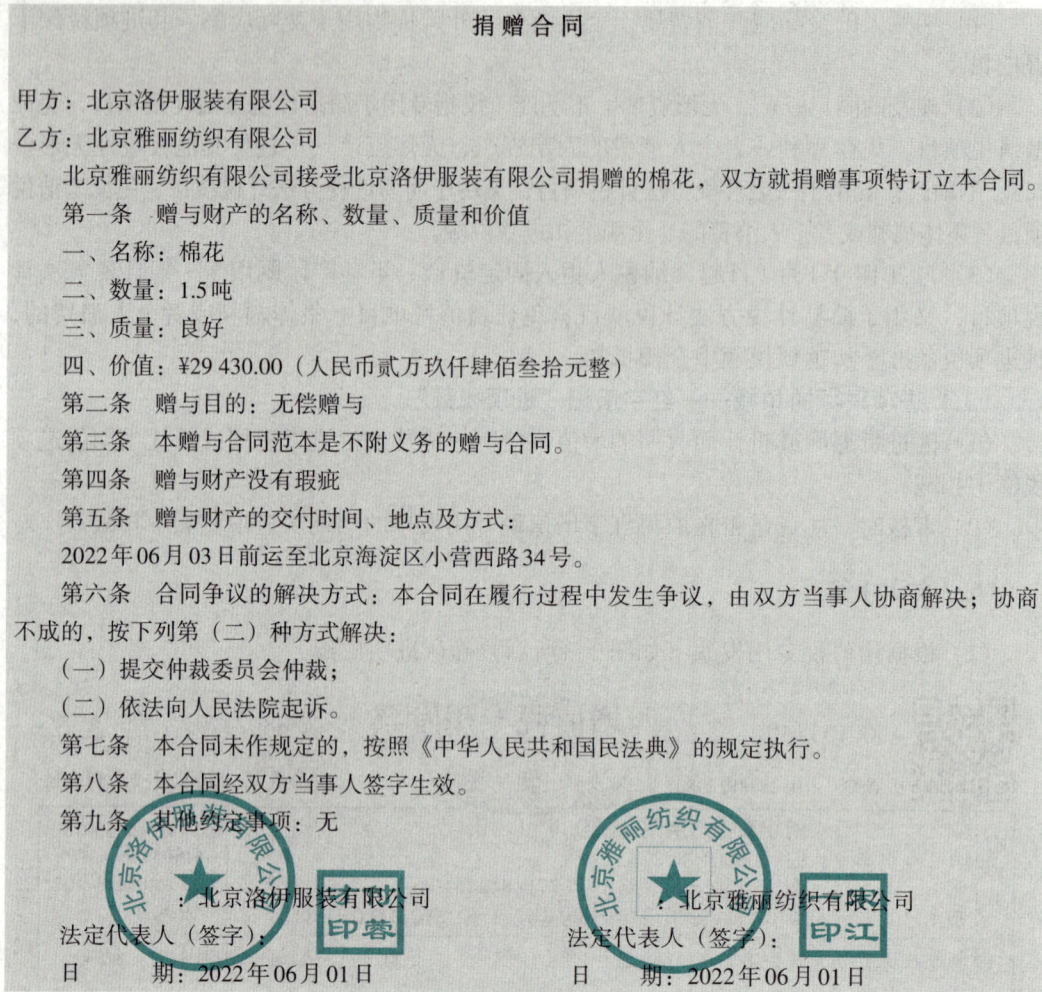

捐 赠 合 同

甲方：北京洛伊服装有限公司

乙方：北京雅丽纺织有限公司

北京雅丽纺织有限公司接受北京洛伊服装有限公司捐赠的棉花，双方就捐赠事项特订立本合同。

第一条　赠与财产的名称、数量、质量和价值

一、名称：棉花

二、数量：1.5吨

三、质量：良好

四、价值：¥29 430.00（人民币贰万玖仟肆佰叁拾元整）

第二条　赠与目的：无偿赠与

第三条　本赠与合同范本是不附义务的赠与合同。

第四条　赠与财产没有瑕疵

第五条　赠与财产的交付时间、地点及方式：

2022年06月03日前运至北京海淀区小营西路34号。

第六条　合同争议的解决方式：本合同在履行过程中发生争议，由双方当事人协商解决；协商不成的，按下列第（二）种方式解决：

（一）提交仲裁委员会仲裁；

（二）依法向人民法院起诉。

第七条　本合同未作规定的，按照《中华人民共和国民法典》的规定执行。

第八条　本合同经双方当事人签字生效。

第九条　其他约定事项：无

　　　　：北京洛伊服装有限公司　　　　　　　：北京雅丽纺织有限公司

法定代表人（签字）：　　　　　　　　　　　法定代表人（签字）：

日　　　期：2022年06月01日　　　　　　日　　　期：2022年06月01日

图2-4　捐赠合同

（3）A企业2022年12月外购原材料一批，增值税专用发票上注明的价款为6 000元，增值税税额为780元，另外销售方代垫运费218元（转来承运部门开具给A企业的增值税专用发票一张）。请确定可以抵扣的进项税额。

（4）2022年12月，某增值税一般纳税人从境外单位购入产品设计咨询服务，扣缴义务人取得的解缴税款的完税凭证上注明价款金额50万元，增值税税额3万元。该纳税人未提供付款证明和境外单位的对账单。请确定可以抵扣的进项税额。

六、任务解答

（1）根据增值税专用发票确认进项税额2 632.50元。海带、食用盐适用低税率9%。

（2）根据增值税专用发票确认进项税额2 430元。棉花适用低税率9%。

（3）进项税额 = 780 + 18 = 798（元）

图2-5 增值税专用发票

（4）应当具有书面合同、付款证明和境外单位的对账单或发票。资料不全的，其进项税额不得抵扣。

任务五 增值税税款计算
——一般纳税人进项税额（购进免税农产品）

一、实训目标

1. 能正确确定计税依据；
2. 能正确确定适用税率、扣除率；
3. 能正确确定进项税额；
4. 培养学生诚实守信、坚持准则的职业道德。

二、实训材料

1. 增值税普通发票；
2. 增值税进项税额计算表。

三、实训内容和步骤

（一）取得扣税凭证

海关进口增值税专用缴款书、9%专票；

农产品销售发票或收购发票、3%专票。

（二）计算抵扣

不同扣税凭证农产品进项税额的抵扣，见表2-3。

表2-3　　　　　　　　　　　　　　农产品计算抵扣表

取得的扣税凭证	用途	可抵扣进项税额
海关进口增值税专用缴款书、9%专票	生产或加工13%税率货物	扣税凭证上注明的增值税税额 + 按1%税率计算的增值税税额
	用于生产或提供9%、6%等税率货物、服务	扣税凭证上注明的增值税税额
农产品销售发票或收购发票、3%专票	生产或加工13%税率货物	买价×（9% + 1%）
	用于生产或提供9%、6%等税率货物、服务	买价×9%

四、实训注意事项

（一）扣税凭证类别

不同扣税凭证对应的农产品进项税额的抵扣方法不同。扣税凭证有增值税专用发票、海关进口增值税专用缴款书、农产品收购发票或者销售发票。

（二）购进烟叶可抵扣进项税额

1.烟叶税 = 买价×（1 + 10%）×烟叶税税率（20%）

2.准予抵扣的进项税额 = （买价 + 实付补贴 + 烟叶税）×扣除率（9%或10%）

（三）农产品进项税额抵扣

1.取得时先抵扣9%；

2.使用时按照用途确定是否"加计抵扣"1%。

五、实训任务

1.2022年5月12日，北京水灵鲜果批发有限公司以现金向果农收购水果一批，法定收购凭证上列出的买价为100 000元（如图2-6所示），该批水果已验收入库。计算该笔业务准予抵扣的进项税额。

2.A企业为一水果罐头加工厂，2022年12月从某家庭农场购入苹果10吨，每吨6 000元，开具的农产品收购发票上收购款总计60 000元。①计算可以抵扣的进项税额。②等到实际用于生产过程时，确定可以抵扣的进项税额。③如果是某餐厅购入农产品，确定是否能加计扣减。

北京增值税普通发票

011011800704
代开

№ 30961856　011011800704
30961856

校验码: 51192 18248 11236 38098

发　票　联

开票日期: 2022年05月12日

购买方	名　　　称: 北京水灵鲜果批发有限公司 纳税人识别号: 911101010193435388 地址、电话: 北京市东城区北新桥二条26号010-80029113 开户行及账号: 交通银行北京东城支行14020763994903939497	密码区	03>>319-5-50078 +/61>93>46*63167 +8313-4034*3-107 8>0928

货物或应税劳务、服务名称	规格型号	单位	数量	单价	金额	税率	税额
*坚果*椰子		箱 公斤	5 000	20.00	100 000.00	***	***
现金收讫							
合　　　计					¥100 000.00		***

价税合计（大写）	⊗壹拾万元整	（小写）¥100 000.00

销售方	名　　　称: 国家税务总局北京市东城区税务局 纳税人识别号: 91110201780247310188 地址、电话: 北京市东城区长浜街陈广路90号010-48893709 开户行及账号: 00000000000002678955	备注	91110201780247310188 发票专用章

收款人: 李明　　　　复核: 那美　　　　开票人: 陈菲　　　　销售方:（章）

图2-6　增值税普通发票

3. 某卷烟厂2022年12月向烟农收购烟叶以备生产卷烟, 开具的收购发票上注明的价款为80万元, 并向烟农支付了规定的价外补贴款。计算卷烟厂收购烟叶准予抵扣的进项税额。

六、任务解答

1. 农产品可抵扣进项税额 = 100 000 × 9% = 9 000（元）

2. 进项税额 = 60 000 × 9% = 5 400（元）, 等用于生产时加计扣除60 000 × 1% = 600（元）。若餐厅购入不得加计扣减, 只能按9%抵扣。

3. 烟叶税 = 80 ×（1 + 10%）× 20% = 17.6（万元）

进项税额 =（80 + 8 + 17.6）× 10% = 10.56（万元）（卷烟适用的增值税税率为13%, 扣除率为10%）

任务六　增值税税款计算
——一般纳税人进项税额（车票机票等计算抵扣）

一、实训目的

1. 能正确确定计税依据;

2. 能正确确定适用税率、扣除率;

3.能正确确定进项税额；

4.培养学生诚实守信、坚持准则的职业道德。

二、实训材料

1.动车票；

2.航空运输电子客票行程单。

三、实训内容和步骤

1.确定可以抵扣的项目。

2.计算抵扣。国内旅客运费计算抵扣见表2-4。道路通行费进项税额抵扣，见表2-5。

表2-4   国内旅客运费可抵进项税额

支付的国际运费	不得抵扣进项税额
取得增值税电子普通发票的	发票上注明的税额
取得注明旅客身份信息的航空运输电子客票行程单	（票价＋燃油附加费）÷（1＋9%）×9%
取得注明旅客身份信息的铁路车票	票面金额÷（1＋9%）×9%
取得注明旅客身份信息的公路、水路等其他客票的	票面金额÷（1＋3%）×3%

表2-5   道路通行费进项税额的抵扣

财政票据、通行费不征税发票		不得抵扣进项税额
高速公路通行费	通行费电子发票（征税发票）	通行费发票上注明的增值税税额
一级公路、二级公路	通行费电子发票（征税发票）	通行费发票上注明的增值税税额
桥、闸通行费	通行费发票	通行费发票上注明的金额÷（1＋5%）×5%

四、实训注意事项

1.国际旅客运费不得抵扣进项税额——因为国际运输免税或零税率；

2.对于旅客运费，除专票和电子发票外，其他票据要想抵扣进项税额，必须注明旅客身份信息；

3.纸质的票、定额发票：不得抵扣进项税额；

4.国内旅客运输服务进项税额抵扣限于与本单位签订了劳动合同的员工，以及本单位作为用工单位接受的劳务派遣员工发生的国内旅客运输服务；

5.航空运输电子客票行程单抵扣进项税额时，只有"票价＋燃油附加费"能够计算抵扣进项税额，机场建设费等不得计算抵扣进项税额。

五、实训任务

1.采购部吴连红从上海出差回来，报销差旅费。这次出差包括往返车费、住宿费等，住宿费一共500元，取得的是普通发票，来回铁路车票共119元。计算准予抵扣的进项税额。

2.根据提供的航空运输电子客票行程单（如图2-7所示），计算该单位准予抵扣的进项税额，回程机票价格相同。

航空运输电子客票行程单
ITINERARY/RECEIPT OF E-TICKET FOR AIR TRANSPORT

印刷序号 SERIAL NUMBER: 0773523777 3

RECEIPT INVALID IN HANDWRITING

付款凭证 手写无效

旅客姓名 NAME OF PASSENGER	有效身份证件号码 ID.NO.				签注 ENDORSEMENTS/RESTRICTIONS（CARBON）	
李云飞	341221198112081313				不得签转	

承运人 CARRIER	航班号 FLIGHT	座位等级 CLASS	日期 DATE	时间 TIME	客票级别/客票类别 FARE BASIS	客票生效日期 NOT VALID BEFORE	有效截止日期 NOT VALID AFTER	免费行李 ALLOW
T2	CA1415	X	2022-12-22	09：55 X				20K
			2022-12-22	12：50				

自 FROM 北京首都
至 TO 成都双流
至 TO
至 TO
至 TO

票价 FARE	机场建设费 AIRPORT TAX	燃油附加费 FUEL SURCHARGE	其他税费 OTHER TAXES	合计 TOTAL
CNY ¥800.00	CN ¥90.00	YQ ¥50.00	¥306.00	CNY ¥1 246.00

电子客票号码 E-TICKET NO. 880-2124815111

验证码 CK. 88888

提示信息 INFORMATION

保险费 INSURANCE XXX

销售单位代号 AGENT CODE PEK666

填开单位 ISSUED BY 成都航空有限公司

填开日期 DATE OF ISSUE 2022年12月22日

验真网址：WWW.TRAVELSKY.COM　服务热线：400-815-888　短信验真：发送 JP 至 10669018　请旅客乘机前认真阅读《旅客须知》及承运人的运输总条件内容

图2-7 航空运输电子客票行程单

（3）在收费公路发票服务平台打印通行费电子发票20份，其中10份为高速公路经营公司开具的征税发票，金额合计5 000元、税额合计150元；6份为一级、二级公路经营公司开具的征税发票，金额合计2 000元、税额合计100元；4份为ETC客户服务机构开具的不征税发票，价税合计金额1 200元。计算准予抵扣的进项税额。

（4）宾馆管理人员和员工报销出差的旅客运输费用，航空运输电子客票行程单12份，其中10份为境内航空运输，票价和燃油附加费合计金额15 000元；另2份为国际航空运输，票价和燃油附加费合计金额20 000元。铁路车票18份，合计票面金额6 800元。公路客票4份，合计票面金额721元。以上旅客运输发票均载明宾馆相关人员的身份信息。计算准予抵扣的进项税额。

六、任务解答

（1）准予抵扣的进项税额 = $119 \div (1 + 9\%) \times 9\% = 9.83$（元）

（2）票价加燃油附加费作为计税基础。

进项税额 = $(800 + 50) \times 2 \div (1 + 9\%) \times 9\% = 140.37$（元）

（3）道路通行费的进项税额 = $150 + 100 = 250$（元）

（4）旅客运输费用的进项税额 = $15\,000 \div (1 + 9\%) \times 9\% + 6\,800 \div (1 + 9\%) \times 9\% + 721 \div (1 + 3\%) \times 3\%$

$= 1\,821$（元）

任务七　增值税税款计算
——一般纳税人进项税额（进口货物）

一、实训目的

1. 能正确确定计税依据；
2. 能正确确定适用税率、扣除率；
3. 能正确确定进项税额；
4. 培养学生诚实守信、坚持准则的职业道德。

二、实训材料

中国海关进口货物报关单等。

三、实训内容和步骤

（一）确定关税完税价格

关税完税价格（到岸价格）= 货价 + 货物运抵我国关境输入地点起卸前的包装费、保险费和其他劳务费

（二）缴纳关税

$$关税 = 关税完税价格 \times （1 + 关税税率）$$

（三）计算消费税

如属于消费税征税范围，计算缴纳消费税。

（四）计算进项税额

$$增值税应纳税额 = 组成计税价格 \times 税率$$

组成计税价格不含消费税的：

$$组成计税价格 = 关税完税价格 + 关税 = 关税完税价格 \times （1 + 关税税率）$$

组成计税价格含有消费税的：

$$组成计税价格 = 关税完税价格 + 关税 + 消费税 = 关税完税价格 \times （1 + 关税税率） \div （1 - 消费税税率）$$

四、实训注意事项

1.进口货物的增值税由海关代征，并由海关向进口人开具进口增值税专用缴款书。纳税人取得的进口增值税专用缴款书，是计算进口环节增值税进项税额的唯一依据。

2.进口货物一律以组成计税价格为计税依据计算应纳增值税税额。

3.纳税人凭完税凭证抵扣进项税额的，应当具备书面合同、付款证明和境外单位的对账单或发票。资料不全的，其进项税额不得抵扣。

五、实训任务

1.某进出口公司（增值税一般纳税人）2022年12月报关进口数码相机60 000台，每台关税完税价格为3 000元，进口关税税率为60%。已缴纳进口关税和海关代征的增值税并已取得增值税完税凭证。计算该进出口公司进口该批数码相机应缴纳的增值税税额。

2.某外贸公司从日本进口高档化妆品1 000套，海关核定的关税完税价格为每套70元，关税税率为50%，增值税税率为13%，消费税税率为15%。计算该外贸公司进口该批化妆品应缴纳的增值税税额。

3.某商场12月进口货物一批。该批货物在国外的买价为40万元，另该批货物运抵我国海关前发生的包装费、运输费、保险费等共计20万元。进口关税税率为15%，货物报关后，商场按规定缴纳了进口环节的增值税并取得了海关开具的完税凭证。请按下列顺序回答问题：

（1）计算关税完税价格；

（2）计算进口环节应纳的进口关税；

（3）计算进口环节增值税的组成计税价格；

（4）计算进口环节应缴纳的增值税税额。

4.2022年5月15日，北京新世纪家具有限公司从国外进口一批木制地板块，材料已验收入库，货款及运费尚未支付。请根据中国海关进口货物报关单（见表2-6），计

算该笔进口业务应缴纳的增值税。（提示：关税税率7.5%，消费税税率5%，增值税税率13%）

表2-6 　　　　　　　　　　**中国海关进口货物报关单**　　　　　　　　　付汇证明联

预录入编号：835962　　　　　　　　　　　　　　　　　海关编号：012655363716345618

进口口岸 天津海关0201	备案号		进口日期2022-05-15	申报日期2022-05-15
经营单位 泰国象翔板材有限公司	运输方式 海运		运输工具名称 轮船	提运单号 HACB2587415
收货单位 北京新世纪家具有限公司	运输方式 一般贸易		征免性质 一般征税	征税比例 7.5%
许可证号	起运国（地区）泰国		装货港 曼谷	境内目的地 北京
批准文号	成交方式 CIF	运费	保费	杂费
合同协议号 INVAC01	件数 4	包装种类 木箱	毛重（公斤）4 120	净重（公斤）3 860
集装箱号 WT352599*4（5）	随附单据		用途	

标记唛码及备注　　　INVAC01 C NO.1-4

项号	商品编号	商品名称、规格型号	数量及单位	原产国（地区）	单价	总价	币制	征税
01	4409101010	木制地板块	100箱	泰国	9 500	950 000.00	人民币	照章征税

税费征收情况

录入员　　　　录入单位 0000165473	兹声明以上申报无讹并承担法律责任	海关单批注及放行日期（签章）	
报关员 郑妍妍	申报单位（签章）	审单	审价
单位地址 北京东城区酒仙桥北路12号		征税	统计
邮编　　　电话 010-89022078	填制日期 2022-05-15	查验	放行

六、任务解答

1. 组成计税价格 = 3 000 × 60 000 + 3 000 × 60 000 × 60% = 288 000 000（元）

　　进口环节应纳税额 = 组成计税价格 × 适用税率

　　　　　　　　　　= 288 000 000 × 13% = 37 440 000（元）

2. 组成计税价格 = 1 000 × 70 × （1 + 50%）÷ （1 - 15%）= 123 529.41（元）

　　应纳税额 = 123 529.41 × 13% = 16 058.82（元）

3. （1）关税完税价格 = 40 + 20 = 60（万元）

　　（2）应纳进口关税 = 60 × 15% = 9（万元）

　　（3）进口环节增值税的组成计税价格 = 60 + 9 = 69（万元）

（4）进口环节应缴纳的增值税税额 = 69 × 13% = 8.97（万元）

4.进口货物应纳增值税计算表见表2-7。

表2-7　　　　　　　　　　　　　　进口货物应纳增值税计算表

编制单位：北京新世纪家具有限公司　　　2022 年 5 月 15 日　　　　　　　　　　单位：元

项目	数据
关税完税价格	950 000
关税税额	71 250
消费税税额	53 750
组成计税价格	1 075 000
增值税税率（%）	13
应纳增值税	139 750

审核：洪玉珍　　　　　　　　　　　　　　　　　　　制表：王婧凯

任务八　增值税税款计算
——一般纳税人进项税额转出

一、实训目的

1.能正确确定计税依据；

2.能正确判断适用税率；

3.能正确计算进项税额转出；

4.培养学生诚实守信、坚持准则的职业道德。

二、实训材料

增值税专用发票等。

三、实训内容和步骤

（一）判断是否需要转出进项税额

1.取得增值税专用发票、海关进口增值税专用缴款书的外购货物发生非正常损失；

2.取得农产品收购发票或销售发票的外购货物发生非正常损失；

3.在产品、产成品发生非正常损失。

（二）计算进项税额转出

针对不同类型，计算进项税额转出：

（1）取得增值税专用发票、海关进口增值税专用缴款书的外购货物发生非正常损失。

应转出的进项税额＝损失货物的账面价值×适用税率

（2）取得农产品收购发票或销售发票的外购货物发生非正常损失。

应转出的进项税额＝损失货物的账面价值÷（1－扣除率）×扣除率（扣除率9%、10%）

（3）在产品、产成品发生非正常损失。

$$\begin{matrix}\text{应转出的} \\ \text{进项税额}\end{matrix} = \begin{matrix}\text{账面} \\ \text{价值}\end{matrix} \times \left(\begin{matrix}\text{在产品、产成品所耗} \\ \text{外购货物或劳务成本}\end{matrix} \div \begin{matrix}\text{在产品、} \\ \text{产成品总成本}\end{matrix}\right) \times \begin{matrix}\text{适用} \\ \text{税率}\end{matrix}$$

（4）纳税人已抵扣进项税额的固定资产用于不得从销项税额中抵扣进项税额项目的。

应转出的进项税额＝不动产已抵扣进项税额×不动产净值率

不动产净值率＝（不动产净值÷不动产原值）×100%

（5）对商业企业向供货方收取的与商品销售量、销售额挂钩的各种返还收入，应按平销返利行为的有关规定冲减当期增值税进项税额。

$$\begin{matrix}\text{当期应冲减的} \\ \text{进项税额}\end{matrix} = \begin{matrix}\text{当期取得的} \\ \text{返还资金}\end{matrix} \div \left(1 + \begin{matrix}\text{所购货物的} \\ \text{适用税率}\end{matrix}\right) \times \begin{matrix}\text{所购货物的} \\ \text{适用税率}\end{matrix}$$

（6）一般企业无法划分全部进项税额。

$$\begin{matrix}\text{不得抵扣的} \\ \text{进项税额}\end{matrix} = \begin{matrix}\text{当期无法划分的} \\ \text{全部进项税额}\end{matrix} \times \left(\begin{matrix}\text{当期简易计税方法} \\ \text{计税项目销售额}\end{matrix} + \begin{matrix}\text{免征增值税} \\ \text{项目销售额}\end{matrix}\right) \div \begin{matrix}\text{当期全部} \\ \text{销售额}\end{matrix}$$

四、实训注意事项

（一）进项税额转出的确认

（1）增值税一般纳税人购进货物、服务、无形资产、不动产，购进时已明确用于不得抵扣事项的，不做进项税额处理；已经抵扣进项税额的事后改变用途，不再用于允许抵扣事项的，在改变用途的当期做进项税额转出。

（2）在计算应转出的进项税额时，应该以购进时抵扣进项税额的税率或扣除率为准计算，而非以发生非正常损失时的税率或扣除率为准。

（二）进项税额不得抵扣项目

（1）用于简易计税方法计税项目、免征增值税项目、集体福利或者个人消费的购进货物、加工修理修配劳务、服务、无形资产和不动产；

（2）非正常损失的购进货物，及相关劳务、交通运输服务；

（3）非正常损失的在产品、产成品所耗用的购进货物（不包括固定资产）、加工修理修配劳务和交通运输服务；

（4）非正常损失的不动产，以及该不动产所耗用的购进货物、设计服务和建筑服务；

（5）非正常损失的不动产在建工程所耗用的购进货物、设计服务和建筑服务；

（6）购进的贷款服务、餐饮服务、居民日常服务和娱乐服务；

（7）财政部和国家税务总局规定的其他情形。

五、实训任务

（1）A企业2022年5月将2019年2月外购物资用于集体福利，该物资实际成本为52 000元，购进时适用的增值税税率为16%。计算进项税额转出额。

（2）A企业2022年4月由于管理不善，一批产品发生霉烂变质，已知损失产品账面价值为80 000元，当期总的生产成本为420 000元，其中耗用外购材料、低值易耗品等价值为300 000元，所耗用的外购货物均适用13%增值税税率。计算进项税额转出额。

（3）某饼干加工厂为增值税一般纳税人，2022年12月因发生自然灾害损失库存的一批包装物，成本20 000元，已抵扣进项税额。外购的一批免税农产品因管理不善发生霉烂，账面成本43 000元（其中运费成本为2 000元，取得运费增值税专用发票），2022年4月购进时已抵扣进项税额。计算进项税额转出额。

（4）2022年12月份，北京建航购物中心有限公司销售北京转圈圈食品加工厂提供的商品600 000.00元（不含税），月末收到返还资金13 560.00元，对方已通过银行转账支付，所购商品的增值税税率为13%。计算进项税额转出额。

（5）北京青瑟塑料制品有限公司生产避孕用品和塑料餐具产品，前者属于免税产品，后者正常计税。2022年5月份发生了三笔购进业务，进项税额合计60 230.40元，进项税额不能单独核算，5月份产品销售额合计916 000.00元，其中避孕用品销售额503 800.00元。计算当月进项税额转出额。

（6）某制造业企业于2021年12月购入一台生产设备，增值税专用发票上注明的买价为100万元，增值税为13万元，2022年12月因管理不善烧毁，烧毁时已计提折旧20万元。计算转出的进项税额。

六、任务解答

（1）2019年2月购进时的税率为16%，应转出进项税额 = $52\,000 \times 16\% = 8\,320$（元）

（2）损失产品成本中所耗外购货物的购进额 = $80\,000 \times (300\,000 \div 420\,000) = 57\,143$（元）

应转出进项税额 = $57\,143 \times 13\% = 7\,428.59$（元）

（3）自然灾害损失库存的包装物进项税额无须转出。

管理不善霉烂的农产品应转出进项税额 = $(43\,000 - 2\,000) \div (1 - 9\%) \times 9\% + 2\,000 \times 9\% = 4\,234.95$（元）

农产品购进时先按9%抵扣，使用时再决定是否加计抵扣。

（4）当期应冲减的进项税额计算表见表2-8。

表2-8 当期应冲减的进项税额计算表

编制单位：北京建航购物中心有限公司　　2022年12月　　　　　　金额单位：元

项目	数据
当期取得的返还资金	13 560
所购货物适用的增值税税率（%）	13
把取得的返还资金换算成不含税金额	12 000
当期应冲减的进项税额	1 560

审核：洪代玉　　　　　　　　　　　　　制表：陈艺

（5）进项税额转出计算表见表2-9。

表2-9　　　　　　　　　　　进项税额转出额计算表

编制单位：北京青瑟塑料制品有限公司　　2022年5月31日　　　　　　　　　　　金额单位：元

项目	数据
当月免税产品销售额	503 800
当月产品销售额合计	916 000
免税产品销售额占总销售额的比例（%）	55
当月进项税额合计	60 230.40
当月进项税额转出额	33 126.72

（6）转出的进项税额 =（100 - 20）× 13% = 10.4（万元）

任务九　增值税税款计算

——一般纳税人增值税应纳税额

一、实训目标

1. 能正确确定计算应纳税额；

2. 计算应纳税额时能正确进行销项税额不足抵扣进项税额的处理——留抵税额的计算；

3. 培养学生诚实守信、坚持准则的职业道德。

二、实训材料

增值税专用发票、普通发票等。

三、实训内容和步骤

1. 计算当期的销项税额；

2. 计算当期的进项税额；

3. 计算应纳税额。

四、实训注意事项

计算应纳税额时，销项税额不足抵扣进项税额的处理：

1. 结转下期继续抵扣；

2. 期末留抵税额退税；

3. 增量留抵退税。

五、实训任务

某生产企业为增值税一般纳税人，适用的增值税税率为13%，2022年12月有关经济业务如下（假设相关票据均符合税法的规定）：

（1）销售甲产品给某大商场，开具增值税专用发票，取得不含税销售额80万元；另外，取得销售甲产品的送货运输费收入5.65万元（含增值税价格，与销售货物不能分开）。

（2）销售乙产品，开具普通发票，取得含税销售额29万元。

（3）将试制的一批新产品用于本企业厂房装修，成本价为20万元，国家税务总局规定的成本利润率为10%，该新产品无同类产品市场销售价格。

（4）销售2018年10月份购进作为固定资产使用过的进口摩托车5辆，开具增值税专用发票，上面注明取得销售额每辆1万元。

（5）购进货物取得增值税专用发票，注明支付的货款60万元，进项税额7.8万元，另外支付购货的运输费用6万元（不含税价），取得运输公司开具的增值税专用发票。

（6）向农业生产者购进免税农产品一批，支付收购价30万元，支付给运输单位运费5万元（不含税价），取得相关的合法票据。本月下旬将购进的农产品的20%用于本企业职工福利。

要求：

（1）计算销售甲产品的销项税额；

（2）计算销售乙产品的销项税额；

（3）计算自用新产品的销项税额；

（4）计算销售使用过的摩托车销项税额或应纳税额；

（5）计算外购货物应抵扣的进项税额；

（6）计算外购免税农产品应抵扣的进项税额；

（7）计算该企业12月份合计应缴纳的增值税税额。

六、任务解答

（1）销售甲产品的销项税额 $= 80 \times 13\% + 5.65 \div (1 + 13\%) \times 13\% = 11.05$（万元）

（2）销售乙产品的销项税额 $= 29 \div (1 + 13\%) \times 13\% = 3.34$（万元）

（3）销项税额 $= 0$；因为属于将自产产品用于增值税应税项目，无须视同销售。

（4）销售使用过的摩托车销项税额 $= 1 \times 13\% \times 5 = 0.65$（万元）

（5）外购货物应抵扣的进项税额 $= 7.8 + 6 \times 9\% = 8.34$（万元）

（6）外购免税农产品应抵扣的进项税额 $= (30 \times 9\% + 5 \times 9\%) \times (1 - 20\%) = 2.52$（万元）（提示：购进农产品未明确用途，先按9%抵扣进项税额，使用时再按用途确定是否加计扣除1%）

（7）该企业12月份应缴纳的增值税税额 $= 11.05 + 3.34 + 0.65 - 8.34 - 2.52 = 4.18$（万元）

任务十　增值税税款计算
——小规模纳税人增值税应纳税额

一、实训目的

（1）能正确确定销售额；

（2）能正确确定征收率；

（3）能正确确定销售自己使用过的固定资产的应纳税额；

（4）培养学生诚实守信、坚持准则的职业道德。

二、实训材料

增值税普通发票等。

三、实训内容和步骤

（一）确定不含税销售额

$$不含税销售额 = 含税销售额 \div （1 + 征收率）$$

（二）确定征收率

征收率见表2-10。

表2-10　　　　　　　　　　　征收率

情形	征收率
一般情况	3%
销售不动产、租赁不动产	5%
个人出租住房	减按1.5%
销售使用过的固定资产	可减按2%

（三）计算应纳税额

$$应纳税额 = 不含税销售额 \times 征收率$$

四、实训注意事项

（1）应税销售额扣除见表2-11。

表2-11　　　　　　　　　　应税销售额扣除

销售不动产	不动产购置原价或者取得不动产时的作价
建筑服务	支付的分包款
劳务派遣	代用工单位支付给劳务派遣员工的工资、福利和为其办理的社会保险及住房公积金
自来水水费	提供物业管理服务的纳税人，向服务接受方收取的自来水水费；对外支付的自来水水费

（2）自2011年12月1日起，增值税纳税人购买增值税税控系统专用设备支付的费用以及缴纳的技术维护费可在增值税应纳税额中全额抵减。

（3）销售自己使用过的固定资产见表2-12。

表2-12 销售自己使用过的固定资产

税务处理	应纳税额	发票开具
减按2%的征收率征收增值税	含税销售额÷（1＋3%）×2%	不得由税务机关代开、自开增值税专用发票
可以放弃减税	含税销售额÷（1＋3%）×3%	可以代开、自开专用发票

五、实训任务

某公司为增值税小规模纳税人，2022年1月购入原材料取得的增值税专用发票上注明的价款为10 000元，增值税税额为1 300元。当月销售产品开具的增值税普通发票注明价税款合计202 000元，适用的增值税税率为1%。

要求：不考虑其他因素，计算该企业2022年1月应缴纳的增税税税额。

六、任务解答

小规模纳税人的进项税额都不能抵扣，需计入采购存货的成本中，所以本月应缴纳的增值税税额＝202 000÷（1＋1%）×1%＝2 000（元）。

任务十一 增值税纳税申报
——一般纳税人申报表（销售货物）

一、实训目的

（1）能正确申报增值税及附加税费申报表（一般纳税人适用）；

（2）能正确申报增值税及附加税费申报表附列资料（一）（本期销售情况明细）；

（3）能正确申报增值税及附加税费申报表附列资料（二）（本期进项税额明细）；

（4）能正确申报增值税及附加税费申报表附列资料（三）（服务、不动产和无形资产扣除项目明细）；

（5）能正确申报增值税及附加税费申报表附列资料（四）（税额抵减情况表）；

（6）能正确申报增值税及附加税费申报表附列资料（五）（附加税费情况表）；

（7）能正确申报增值税减免税申报明细表；

（8）培养学生依法纳税的意识，提高社会责任感。

二、实训材料

增值税及附加税费申报表（一般纳税人增值税）。

三、实训内容和步骤

（1）登录电子税务局，进入【我要办税】。

（2）选择【税费申报及缴纳】。

（3）选择应申报的报表，在【按期应申报】中，选择要申报的税种，点击【填写申报表】。

（4）依据增值税专用发票汇总表、增值税普通发票汇总表、增值税电子普通发票汇总表及未开票收入等填写增值税及附加税费申报表附列资料（一）。

（5）根据"增值税发票选择确认平台"认证通过的可抵扣发票份数数据及进项税额转出项目填写增值税及附加税费申报表附列资料（二）。

（6）根据不同税率服务、不动产和无形资产价税合计额及服务、不动产和无形资产扣除项目金额填写增值税及附加税费申报表附列资料（三）。

（7）根据不同抵减项目相应数额、不同加计抵减项目相应金额填写增值税及附加税费申报表附列资料（四）。

（8）根据本期应纳税额计算的城市维护建设税、教育费附加、地方教育附加填写增值税及附加税费申报表附列资料（五）。

（9）根据减免税性质代码填写增值税减免税申报明细表。

（10）完成"增值税及附加税费申报表（一般纳税人适用）"主表。

四、实训注意事项

（一）增值税及附加税费申报表（一般纳税人适用）主表注意事项

1.销售额

1到10栏填写见表2-13。

表2-13　　　　　　　　第1—10栏——填写扣除之前的不含税销售额

（1）按适用税率计税销售额（第1—4栏）	对应附列资料（一）第一部分"一般计税方法计税"
（2）按简易办法计税销售额 第5栏的数字包括第6栏的数字（第5—6栏）	对应附列资料（一）第二部分"简易计税方法计税"
（3）免、抵、退办法出口销售额（第7栏）	对应附列资料（一）第三部分"免抵退税"
（4）免税销售额（第8—10栏）	对应附列资料（一）第四部分"免税" 不包括适用免、抵、退办法的销售额

2.税款计算

（1）按适用税率计算的应纳税额（一般计税方法，填写扣除之后的销项税额）填写第11—20栏；

（2）按简易计税办法计算的应纳税额，填写第21—22栏；

（3）按应纳税额减征额，填写第23栏：防伪税控系统专用设备、技术服务费等。

3.税款缴纳

第27栏"本期已缴税额"填写纳税人本期实际缴纳的增值税税额，但不包括本期入库查补税额（反映在第37栏）。

第28栏"①分次预缴税额"填写纳税人本期已缴纳的准予在本期增值税应纳税额中抵减的税额，包括汇总纳税的纳税人分支机构已经缴纳的税额和预缴的税额。

（二）附列资料

（1）差额纳税项目适用；

（2）本期服务、不动产和无形资产价税合计额，服务、不动产和无形资产扣除项目：均按照含增值税金额填写。

（三）税额抵减情况表填写注意事项

税额抵减情况表填写见表2-14。

表2-14 税额抵减情况表填写

第1行	增值税税控系统专用设备费用、技术维护费全额抵减
第2行	分支机构预征缴纳税款
第3行	建筑服务预征缴纳税款
第4行	销售不动产预征缴纳税款
第5行	出租不动产预征缴纳税款
第6—8行	加计抵减情况

（四）培养学生依法纳税的意识，提高社会责任感

企业税收管理人员能规范、正确地进行应纳税额的申报，这不仅关系到企业的成本费用，而且关系到企业诚信经营的社会形象，关系到国家的财政收入。

五、实训任务

厦门市舒友体育用品有限公司（简称"舒友公司"）为增值税一般纳税人，2022年1月发生经济业务如下：

（1）2022年1月4日，舒友公司向泰康公司销售一批健身器材并开具增值税专用发票，发票注明金额200万元，税额26万元；

（2）2022年1月10日，舒友公司向小规模纳税人浩克公司销售一批健身器材并开具增值税普通发票，发票注明价税合计金额135.6万元；

（3）2022年1月18日，向个人销售健身器材，其中开具普通发票价税合计销售额339万元，未开票部分的收入为226万元；

（4）2022年1月购入原材料取得5张增值税专用发票，发票注明金额500万元，税额65万元，当月已认证；

（5）舒友公司上期留抵税额15万元。

要求：根据上述业务填写增值税及附加税费申报表。

六、任务解答

（1）增值税及附加税费申报表附列资料（一）见表2-15，数据来自（1）（2）（3）分析计算所得。

（2）增值税及附加税费申报表附列资料（二）见表2-16，数据来自（4）。

（3）增值税及附加税费申报表附列资料（五）见表2-17。

（4）增值税及附加税费申报表（一般纳税人适用）见表2-18，上期留抵税额数据来自（5）。

表2-15

增值税及附加税费申报表附列资料（一）

（本期销售情况明细）

纳税人名称：（公章）厦门市舒友体育用品有限公司

税款所属时间：2022年01月01日至2022年01月31日

金额单位：元（列至角分）

项目及栏次	栏次	开具增值税专用发票		开具其他发票		未开具发票		纳税检查调整		合计		价税合计	服务、不动产和无形资产扣除项目本期实际扣除金额	扣除后	
		销售额 1	销项(应纳)税额 2	销售额 3	销项(应纳)税额 4	销售额 5	销项(应纳)税额 6	销售额 7	销项(应纳)税额 8	销售额 9=1+3+5+7	销项(应纳)税额 10=2+4+6+8	11=9+10	12	含税(免税)销售额 13=11-12	销项(应纳)税额 14=13÷(100%+税率或征收率)×税率或征收率
一、一般计税方法计税　全部征税项目　13%税率的货物及加工修理修配劳务	1	2 000 000.00	260 000.00	4 200 000.00	546 000.00	2 000 000.00	260 000.00		8 200 000.00		1 066 000.00		—		—
13%税率的不动产和无形资产	2	—	0.00	—	0.00	—	0.00						—		—
9%税率的货物及加工修理修配劳务、不动产和无形资产	3	—	0.00	—	0.00	—	0.00		—				—		—
9%税率的服务、不动产和无形资产	4	—	0.00	—	0.00	—	0.00		—				—		—
6%税率	5	—		—	—	—	—		—				—		—
其中：即征即退项目　即征即退货物及加工修理修配劳务	6	—		—	—	—	—		—				—		—
即征即退服务、不动产和无形资产	7	—		—	—	—	—		—				—		—
二、简易计税方法计税　全部征税项目　6%征收率	8	—		—	—	—	—						—		—
5%征收率的货物及加工修理修配劳务	9a	—		—	—	—	—						—		—
5%征收率的服务、不动产和无形资产	9b	—		—	—	—	—						—		—
4%征收率	10	—		—	—	—	—						—		—
3%征收率的货物及加工修理修配劳务	11	—		—	—	—	—						—		—
3%征收率的服务、不动产和无形资产	12	—		—	—	—	—						—		—
其中：即征即退项目　预征率　%	13a	—		—	—	—	—		—				—		—
预征率　%	13b	—		—	—	—	—		—				—		—
预征率　%	13c	—		—	—	—	—		—				—		—
即征即退货物及加工修理修配劳务	14	—		—	—	—	—		—				—		—
即征即退服务、不动产和无形资产	15	—		—	—	—	—		—				—		—
三、免抵退税　货物及加工修理修配劳务	16	—		—	—	—	—				—				—
服务、不动产和无形资产	17	—		—	—	—	—				—				—
四、免税　货物及加工修理修配劳务	18	—		—	—	—	—				—				—
免税　服务、不动产和无形资产	19	—		—	—	—	—				—				—

表 2-16 增值税及附加税费申报表附列资料（二）

（本期进项税额明细）

税款所属时间：2022 年 01 月 01 日至 2022 年 01 月 31 日

纳税人名称：（公章）厦门市舒友体育用品有限公司　　　　　　　　金额单位：元（列至角分）

一、申报抵扣的进项税额				
项目	栏次	份数	金额	税额
（一）认证相符的增值税专用发票	1=2+3	5	5 000 000.00	650 000.00
其中：本期认证相符且本期申报抵扣	2	5	5 000 000.00	650 000.00
前期认证相符且本期申报抵扣	3			
（二）其他扣税凭证	4=5+6+7+8a+8b	0	0.00	0.00
其中：海关进口增值税专用缴款书	5			
农产品收购发票或者销售发票	6			
代扣代缴税收缴款凭证	7		—	—
加计扣除农产品进项税额	8a		—	—
其他	8b			
（三）本期用于购建不动产的扣税凭证	9			
（四）本期用于抵扣的旅客运输服务扣税凭证	10			
（五）外贸企业进项税额抵扣证明	11		—	—
当期申报抵扣进项税额合计	12=1+4+11	5	5 000 000.00	650 000.00
二、进项税额转出额				
项目	栏次	税额		
本期进项税额转出额	13=14至23之和			
其中：免税项目用	14			
集体福利、个人消费	15			
非正常损失	16			
简易计税方法征税项目用	17			
免抵退税办法不得抵扣的进项税额	18			
纳税检查调减进项税额	19			
红字专用发票信息表注明的进项税额	20			
上期留抵税额抵减欠税	21			
上期留抵税额退税	22			
异常凭证转出进项税额	23a			
其他应作进项税额转出的情形	23b			
三、待抵扣进项税额				
项目	栏次	份数	金额	税额
（一）认证相符的增值税专用发票	24	—	—	—
期初已认证相符但未申报抵扣	25			
本期认证相符且本期未申报抵扣	26			
期末已认证相符但未申报抵扣	27			
其中：按照税法规定不允许抵扣	28			
（二）其他扣税凭证	29=30至33之和			
其中：海关进口增值税专用缴款书	30			
农产品收购发票或者销售发票	31			
代扣代缴税收缴款凭证	32		—	
其他	33			
	34			
四、其他				
项目	栏次	份数	金额	税额
本期认证相符的增值税专用发票	35			
代扣代缴税额	36	—	—	

表2-17

增值税及附加税费申报表附列资料（五）
（附加税费情况表）

纳税人名称：（公章）厦门市舒友体育用品有限公司　税（费）款所属时间：2022年01月01日至2022年01月31日

金额单位：元（列至角分）

本期是否适用小微企业"六税两费"减免政策　□是　□否

税（费）种		计税（费）依据			税（费）率(%)	本期应纳税（费）额	减免政策适用主体　□个体工商户　□小型微利企业　□试点建设培育产教融合型企业						本期已缴税（费）额	本期应补（退）税（费）额
							适用减免政策起止时间　年　月至　年　月							
							本期减免税（费）额		小微企业"六税两费"减免政策					
		增值税税额	增值税免抵税额	留抵退税本期扣除额			减免性质代码	减免税（费）额	减征比例(%)	减征额	减免性质代码	本期抵免金额		
		1	2	3	4	5=(1+2-3)×4	6	7	8	9=(5-7)×8	10	11	12	13=5-7-9-11-12
城市维护建设税	1	266 000.00			7%	18 620.00								
教育费附加	2	266 000.00			3%	7 980.00								
地方教育附加	3	266 000.00			2%	5 320.00								
合计	4	—	—	—	—		—				—			

本期是否适用试点建设培育产教融合型企业抵免政策　□是　□否

可用于扣除的增值税留抵退税额使用情况

当期新增投资额	5
上期留抵可抵免金额	6
结转下期可抵免金额	7
当期新增可用于扣除的留抵退税额	8
上期结存可用于扣除的留抵退税额	9
结转下期可用于扣除的留抵退税额	10

表 2-18　　　　　　　　　　　**增值税及附加税费申报表**

（一般纳税人适用）

　　根据国家税收法律法规及增值税相关规定制定本表。纳税人不论有无销售额，均应按税务机关核定的纳税期限填写本表，并向当地税务机关申报。

　　税款所属时间：自 2022 年 01 月 01 日至 2022 年 01 月 31 日

　　填表日期：2022 年 02 月 07 日　　　　　　　　　　　　　　　　金额单位：元（列至角分）

纳税人识别号（统一社会信用代码）	3 0 4 0 6 4 3 1 0 2 2 6 2 8 J 0 0 0			所属行业：	
纳税人名称：厦门市舒友体育用品有限公司	法定代表人姓名		注册地址	生产经营地址	
开户银行及账号	登记注册类型		电话号码		

	项　目	栏次	一般项目		即征即退项目	
			本月数	本年累计	本月数	本年累计
销售额	（一）按适用税率计税销售额	1	8 200 000.00	8 200 000.00		
	其中：应税货物销售额	2	8 200 000.00	8 200 000.00		
	应税劳务销售额	3	0.00	0.00		
	纳税检查调整的销售额	4	0.00	0.00		
	（二）按简易办法计税销售额	5	0.00	0.00		
	其中：纳税检查调整的销售额	6	0.00	0.00		
	（三）免、抵、退办法出口销售额	7	0.00	0.00	—	—
	（四）免税销售额	8	0.00	0.00		
	其中：免税货物销售额	9	0.00	0.00		
	免税劳务销售额	10	0.00	0.00		
税款计算	销项税额	11	1 066 000.00	1 066 000.00		
	进项税额	12	650 000.00	650 000.00		
	上期留抵税额	13	150 000.00	150 000.00		—
	进项税额转出	14	0.00	0.00		
	免、抵、退应退税额	15	0.00	0.00	—	—
	按适用税率计算的纳税检查应补缴税额	16	0.00	0.00	—	—
	应抵扣税额合计	17=12 + 13-14-15+16	800 000.00	—	—	—
	实际抵扣税额	18（如 17<11，则为 17，否则为 11）	800 000.00	800 000.00	0.00	0.00
	应纳税额	19=11-18	266 000.00	266 000.00	0.00	
	期末留抵税额	20=17-18	0.00	0.00		
	简易计税办法计算的应纳税额	21	0.00	0.00		
	按简易计税办法计算的纳税检查应补缴税额	22	0.00	0.00	—	—
	应纳税额减征额	23	0.00	0.00		
	应纳税额合计	24=19+21-23	266 000.00	266 000.00	0.00	0.00

续表

项　目		栏次	一般项目		即征即退项目	
			本月数	本年累计	本月数	本年累计
税款缴纳	期初未缴税额（多缴为负数）	25	0.00			
	实收出口开具专用缴款书退税额	26	0.00		—	—
	本期已缴税额	27=28+29+30+31	0.00			
	①分次预缴税额	28	0.00	—		
	②出口开具专用缴款书预缴税额	29	0.00	—	—	—
	③本期缴纳上期应纳税额	30	0.00	0.00	0.00	0.00
	④本期缴纳欠缴税额	31		0.00		0.00
	期末未缴税额（多缴为负数）	32=24+25+26-27	266 000.00	266 000.00	0.00	0.00
	其中：欠缴税额（≥0）	33=25+26-27	0.00	—	0.00	—
	本期应补（退）税额	34 = 24-28-29	266 000.00	—	0.00	—
	即征即退实际退税额	35	—	—		0.00
	期初未缴查补税额	36	0.00	0.00	—	—
	本期入库查补税额	37		0.00	—	—
	期末未缴查补税额	38=16+22+36-37	0.00	0.00	—	—
附加税费	城市维护建设税本期应补（退）税额	39	18 620.00	18 620.00	—	—
	教育费附加本期应补（退）费额	40	7 980.00	7 980.00	—	—
	地方教育附加本期应补（退）费额	41	5 320.00	5 320.00	—	—

声明：此表是根据国家税收法律法规及相关规定填写的，本人（单位）对填报内容（及附带资料）的真实性、可靠性、完整性负责。

纳税人（签章）：　　　年　　月　　日

经办人： 经办人身份证号： 代理机构签章： 代理机构统一社会信用代码：	受理人： 受理税务机关（章）： 受理日期：　　年　　月　　日

任务十二　增值税纳税申报
——一般纳税人申报表（提供生活服务）

一、实训目的

（1）能正确申报增值税及附加税费申报表（一般纳税人适用）；

（2）能正确申报增值税及附加税费申报表附列资料（一）（本期销售情况明细）；

（3）能正确申报增值税及附加税费申报表附列资料（二）（本期进项税额明细）；

（4）能正确申报增值税及附加税费申报表附列资料（三）（服务、不动产和无形资产扣除项目明细）；

（5）能正确申报增值税及附加税费申报表附列资料（四）（税额抵减情况表）；

（6）能正确申报增值税及附加税费申报表附列资料（五）（附加税费情况表）；

（7）能正确申报增值税减免税申报明细表；

（8）培养学生依法纳税的意识，提高社会责任感。

二、实训材料

增值税及附加税费申报表（适用于增值税一般纳税人）；

三、实训内容和步骤

（1）登录电子税务局，进入【我要办税】。

（2）选择【税费申报及缴纳】。

（3）选择应申报的报表，在【按期应申报】中，选择要申报的税种，点击【填写申报表】。

（4）依据增值税专用发票汇总表、增值税普通发票汇总表、增值税电子普通发票汇总表及未开票收入等填写增值税及附加税费申报表附列资料（一）。

（5）根据"增值税发票选择确认平台"认证通过的可抵扣发票份数数据及进项税额转出项目填写增值税及附加税费申报表附列资料（二）。

（6）根据不同税率服务、不动产和无形资产价税合计额及服务、不动产和无形资产扣除项目金额填写增值税及附加税费申报表附列资料（三）。

（7）根据不同抵减项目相应数额、不同加计抵减项目相应金额填写增值税及附加税费申报表附列资料（四）。

（8）根据本期应纳税额计算城市维护建设税、教育费附加、地方教育附加填写增值税及附加税费申报表附列资料（五）。

（9）根据减免税性质代码填写增值税减免税申报明细表。

（10）完成"增值税及附加税费申报表（增值税一般纳税人适用）"主表。

四、实训注意事项

（1）自2019年4月1日至2022年12月31日，允许生产、生活性服务业纳税人按照当期可抵扣进项税额加计10%，抵减应纳税额——四项服务：邮政、电信、生活服务、现代服务，要求：四项服务销售额/全部销售额>50%。

（2）自2019年10月1日至2022年12月31日，生活性服务：加计15%抵减应纳税额，要求：生活性服务销售额/全部销售额>50%。

（3）需要办理的手续：应在年度首次确认适用加计抵减政策时，通过电子税务局（或前往办税服务厅）提交"适用加计抵减政策的声明"。适用加计抵减政策的纳税人，兼营邮政服务、电信服务、现代服务、生活服务的，应按照四项服务中收入占比最高的业务在"适用加计抵减政策的声明"选择选确定所属行业；已经提交"适用加计抵减政策的声明"并享受加计抵减政策的纳税人，在2020年、2021年、2022年，是否继续适用，应分别根据其2019年、2020年、2021年提供四项服务取得的销售额确定，如果符合规定，需再次提交"适用加计抵减政策的声明"。

（4）当期可抵减加计抵减额的计算。

①纳税人应按照当期可抵扣进项税额的10%（或15%）计提当期加计抵减额；

②不得从销项税额中抵扣的进项税额，不得计提加计抵减额；

③已计提加计抵减额的进项税额，按规定作进项税额转出的，应在进项税额转出当期，相应调减加计抵减额；

④当期计提的加计抵减额＝当期可抵扣进项税额×10%（或15%）；

⑤当期可抵减加计抵减额＝上期期末加计抵减额余额＋当期计提的加计抵减额－当期调减的加计抵减额。

（5）《财政部 税务总局 海关总署关于深化增值税改革有关政策的公告》（财政部 税务总局 海关总署公告2019年第39号）第七条和《财政部 税务总局关于明确生活性服务业增值税加计抵减政策的公告》（财政部 税务总局公告2019年第87号）规定的生产、生活性服务业增值税加计抵减政策，执行期限延长至2022年12月31日。

（6）培养学生依法纳税的意识，提高社会责任感。

企业税收管理人员能规范、正确地进行应纳税额的申报，这不仅关系到企业的成本费用，而且关系到企业诚信经营的社会形象，关系到国家的财政收入。

五、实训任务

大连万事达文体服务有限公司为增值税一般纳税人，2022年1月发生经济业务如下：

（1）组织举办体育比赛，取得应税服务不含税收入90万元，选择适用简易计税方法，其中开具的增值税专用发票注明金额合计60万元，税额合计1.8万元。未开具发票取得的不含税收入30万元。

（2）销售纪念品取得不含税收入10万元，其中开具的增值税专用发票注明金额4万元，税额0.52万元，开具的增值税普通发票价税合计金额6.78万元。

（3）购进纪念品，取得2张增值税专用发票，注明金额8万元，税额1.04万元。

（4）租赁体育场馆用于体育比赛，取得3张增值税专用发票，注明金额30万元，税额1.5万元。

已知取得的增值税专用发票均已通过选择确认平台确认通过。

要求：根据上述业务完成增值税及附加税费申报表。

六、任务解答

（1）增值税及附加税费申报表附列资料（一）见表2-19，数据来自（1）（2）分析计算填列。

（2）增值税及附加税费申报表附列资料（二）见表2-20，数据来自（3）（4）分析计算填列。

（3）增值税及附加税费申报表附列资料（三）见表2-21，数据来自（1）直接填列。

（4）增值税及附加税费申报表附列资料（五）见表2-22。

（5）增值税及附加税费申报表见表2-23。

表2-19

增值税及附加税费申报表附列资料（一）

（本期销售情况明细）

税款所属时间：2022年01月01日至2022年01月31日

纳税人名称：（公章）大连万事达文体服务有限公司

金额单位：元（列至角分）

项目及栏次		开具增值税专用发票		开具其他发票		未开具发票		纳税检查调整		合计		价税合计	服务、不动产和无形资产扣除项目本期实际扣除金额	扣除后		
		销售额	销项(应纳)税额	销售额	销项(应纳)税额	销售额	销项(应纳)税额	销售额	销项(应纳)税额	销售额	销项(应纳)税额	价税合计		含税(免税)销售额	销项(应纳)税额
		1	2	3	4	5	6	7	8	9=1+3+5+7	10=2+4+6+8	11=9+10	12	13=11-12	14=13÷(100%+税率或征收率)×税率或征收率
一、一般计税方法计税 全部征税项目 13%税率的货物及加工修理修配劳务	1	40 000.00	5 200.00	60 000.00	7 800.00		0.00			100 000.00	13 000.00				
13%税率的服务、不动产和无形资产	2		0.00		0.00		0.00								
9%税率的货物及加工修理修配劳务	3		0.00		0.00		0.00								
9%税率的服务、不动产和无形资产	4		0.00		0.00		0.00								
6%税率	5		0.00		0.00		0.00								
其中：即征即退项目 即征即退货物及加工修理修配劳务	6	—	0.00	—	—	—	0.00	—	—						
即征即退服务、不动产和无形资产	7	—	—	—	—	—	—	—	—						
二、简易计税方法计税 全部征税项目 6%征收率	8		0.00		0.00		0.00								
5%征收率的货物及加工修理修配劳务	9a		0.00		0.00		0.00								
5%征收率的服务、不动产和无形资产	9b		0.00		0.00		0.00								
4%征收率	10		0.00		0.00		0.00								
3%征收率的货物及加工修理修配劳务	11		0.00		0.00		0.00								
3%征收率的服务、不动产和无形资产	12	600 000.00	18 000.00		0.00	300 000.00	9 000.00			900 000.00	27 000.00				
预征率　%	13a		0.00		0.00		0.00								
预征率　%	13b		0.00		0.00		0.00								
预征率　%	13c		0.00		0.00		0.00								
其中：即征即退货物及加工修理修配劳务	14	—	—	—	—	—	—	—	—						
即征即退服务、不动产和无形资产	15	—	—	—	—	—	—	—	—						
三、免抵退税 货物及加工修理修配劳务	16	—	—	—	—	—	—	—	—						
服务、不动产和无形资产	17	—	—	—	—	—	—	—	—						
四、免税 货物及加工修理修配劳务	18	—	—	—	—	—	—	—	—						
服务、不动产和无形资产	19	—	—	—	—	—	—	—	—						

表2-20 增值税及附加税费申报表附列资料（二）

（本期进项税额明细）

税款所属时间：2022年01月01日至2022年01月31日

纳税人名称：（公章）大连万事达文体服务有限公司　　　　　　　金额单位：元（列至角分）

一、申报抵扣的进项税额				
项目	栏次	份数	金额	税额
（一）认证相符的增值税专用发票	1=2+3	5	380 000.00	25 400.00
其中：本期认证相符且本期申报抵扣	2	5	380 000.00	25 400.00
前期认证相符且本期申报抵扣	3			
（二）其他扣税凭证	4=5+6+7+8a+8b	0	0.00	0.00
其中：海关进口增值税专用缴款书	5			
农产品收购发票或者销售发票	6			
代扣代缴税收缴款凭证	7		—	
加计扣除农产品进项税额	8a		—	—
其他	8b			
（三）本期用于购建不动产的扣税凭证	9			
（四）本期用于抵扣的旅客运输服务扣税凭证	10			
（五）外贸企业进项税额抵扣证明	11		—	
当期申报抵扣进项税额合计	12=1+4+11	5	380 000.00	25 400.00
二、进项税额转出额				
项目	栏次		税额	
本期进项税额转出额	13=14至23之和		15 000.00	
其中：免税项目用	14			
集体福利、个人消费	15			
非正常损失	16			
简易计税方法征税项目用	17		15 000.00	
免抵退税办法不得抵扣的进项税额	18			
纳税检查调减进项税额	19			
红字专用发票信息表注明的进项税额	20			
上期留抵税额抵减欠税	21			
上期留抵税额退税	22			
异常凭证转出进项税额	23a			
其他应作进项税额转出的情形	23b			
三、待抵扣进项税额				
项目	栏次	份数	金额	税额
（一）认证相符的增值税专用发票	24	—	—	—
期初已认证相符但未申报抵扣	25			
本期认证相符且本期未申报抵扣	26			
期末已认证相符但未申报抵扣	27			
其中：按照税法规定不允许抵扣	28			
（二）其他扣税凭证	29=30至33之和			
其中：海关进口增值税专用缴款书	30			
农产品收购发票或者销售发票	31			
代扣代缴税收缴款凭证	32		—	
其他	33			
	34			
四、其他				
项目	栏次	份数	金额	税额
本期认证相符的增值税专用发票	35			
代扣代缴税额	36		—	—

表2-21

增值税及附加税费申报表附列资料（三）

（服务、不动产和无形资产扣除项目明细）

税款所属时间：2022年01月01日至2022年01月31日

纳税人名称：（公章）大连万事达文体服务有限公司　　　　　　　　　金额单位：元（列至角分）

项目及栏次		本期服务、不动产和无形资产价税合计额（免税销售额）	服务、不动产和无形资产扣除项目				
			期初余额	本期发生额	本期应扣除金额	本期实际扣除金额	期末余额
		1	2	3	4=2+3	5（5≤1且5≤4）	6=4-5
13%税率的项目	1	0.00			0.00		0.00
9%税率的项目	2	0.00			0.00		0.00
6%税率的项目（不含金融商品转让）	3				0.00		0.00
6%税率的金融商品转让项目	4				0.00		0.00
5%征收率的项目	5	0.00			0.00		0.00
3%征收率的项目	6	927 000.00			0.00		0.00
免抵退税的项目	7	0.00			0.00		0.00
免税的项目	8	0.00			0.00		0.00

表2-22

税人名称：(公章) 大连万事达文体服务有限公司

增值税及附加税费申报表附列资料（五）
(附加税费情况表)

税(费)款所属时间：2022年01月01日至2022年01月31日　　　　　金额单位：元（列至角分）

本期是否适用小微企业"六税两费"减免政策　□是　□否

税(费)种		计税(费)依据			税率(征收率)	本期应纳税(费)额	本期减免税(费)额 减免性质代码	减免税(费)额	小微企业"六税两费"减免政策 减征比例(%)	减征额	减免政策适用主体 □个体工商户 □小型微利企业 减免性质代码	本期抵免金额	本期已缴税(费)额	本期应补(退)税(费)额
		增值税税额	增值税免抵税额	留抵退税本期扣除额						9=				
		1	2	3	4	5=(1+2-3)×4	6	7	8	(5-7)×8	10	11	12	13=5-7-9-11-12
城市维护建设税	1	29 600.00			7%	2 072.00					—	—		
教育费附加	2	29 600.00			3%	888.00					—	—		
地方教育附加	3	29 600.00			2%	592.00					—	—		
合计	4	—	—	—	—	3 552.00	—				—	—		

本期是否适用试点建设培育产教融合型企业抵免政策　□是　□否

可用于扣除的增值税留抵退税额使用情况

当期新增投资额	5
上期留抵可抵免金额	6
结转下期可抵免金额	7
当期新增可用于扣除的留抵退税额	8
上期结存可用于扣除的留抵退税额	9
结转下期可用于扣除的留抵退税额	10

表2-23

增值税及附加税费申报表

（一般纳税人适用）

根据国家税收法律法规及增值税相关法规定制定本表。纳税人不论有无销售额，均应按税务机关核定的纳税期限填写本表，并向当地税务机关申报。

税款所属时间：自2022年01月01日至2022年01月31日　填表日期：2022年02月07日　金额单位：元（列至角分）

纳税人识别号（统一社会信用代码）：	所属行业：
纳税人名称：大连万事达文体服务有限公司	注册地址：	生产经营地址：
法定代表人姓名：	登记注册类型：	电话号码：
开户银行及账号：		

	项目	栏次	一般项目 本月数	一般项目 本年累计	即征即退项目 本月数	即征即退项目 本年累计
销售额	（一）按适用税率计税销售额	1	100 000.00	100 000.00	0.00	
	其中：应税货物销售额	2	100 000.00	100 000.00		
	应税劳务销售额	3				
	纳税检查调整的销售额	4	0.00	0.00		
	（二）按简易办法计税销售额	5	900 000.00	900 000.00		
	其中：纳税检查调整的销售额	6	0.00	0.00		
	（三）免、抵、退办法出口销售额	7	0.00	0.00	—	—
	（四）免税销售额	8	0.00	0.00	—	—
	其中：免税货物销售额	9	0.00	0.00	—	—
	免税劳务销售额	10		0.00	—	—
税款计算	销项税额	11	13 000.00	13 000.00	0.00	
	进项税额	12	25 400.00	25 400.00		
	上期留抵税额	13				
	进项税额转出	14	15 000.00	15 000.00		
	免、抵、退应退税额	15		0.00		
	按适用税率计算的纳税检查应补缴税额	16		0.00	—	—
	应抵扣税额合计	17=12+13-14-15+16	10 400.00	—		—
	实际抵扣税额	18（如17<11，则为17，否则为11）	10 400.00	0.00	—	0.00
	应纳税额	19=11-18	2 600.00	2 600.00		
	期末留抵税额	20=17-18	0.00	0.00		
	简易计税办法计算的应纳税额	21	27 000.00	27 000.00		
	按简易计税办法计算的纳税检查应补缴税额	22	0.00	0.00		
	应纳税额减征额	23	0.00	0.00		
	应纳税额合计	24=19+21-23	29 600.00	29 600.00	0.00	0.00

续表

	项目	栏次	一般项目		即征即退项目	
			本月数	本年累计	本月数	本年累计
税款缴纳	期初未缴税额（多缴为负数）	25	0.00		0.00	—
	实收出口开具专用缴款书退税额	26	0.00	0.00	—	—
	本期已缴税额	27=28+29+30+31	0.00	0.00	0.00	—
	①分次预缴税额	28		—	—	—
	②出口开具专用缴款书预缴税额	29		—	—	—
	③本期缴纳上期应纳税额	30				
	④本期缴纳欠缴税额	31				
	期末未缴税额（多缴为负数）	32=24+25+26-27	29 600.00	29 600.00	0.00	—
	其中：欠缴税额（≥0）	33=25+26-27	0.00	—	0.00	—
	本期应补（退）税额	34=24-28-29	29 600.00	—	0.00	—
	即征即退实际退税额	35	—			
	期初未缴查补税额	36	0.00	0.00	—	—
	本期入库查补税额	37	0.00	0.00	—	—
	期末未缴查补税额	38=16+22+36-37	0.00	0.00	—	—
附加税费	城市维护建设税本期应补（退）税额	39	2 072.00	2 072.00	—	
	教育费附加本期应补（退）费额	40	888.00	888.00	—	
	地方教育附加本期应补（退）费额	41	592.00	592.00	—	

声明：此表是根据国家税收法律法规及相关规定填写的，本人（单位）对填报内容（及附带资料）的真实性、可靠性、完整性负责。

纳税人（签章）：

年　　月　　日

经办人：

经办人身份证号：

代理机构签章：

代理机构统一社会信用代码：

受理人：

受理税务机关（章）：

受理日期：　　　　年　　月　　日

任务十三　增值税纳税申报
——一般纳税人申报表（提供建筑服务）

一、实训目标

（1）能正确申报增值税及附加税费申报表（一般纳税人适用）；

（2）能正确申报增值税及附加税费申报表附列资料（一）（本期销售情况明细）；

（3）能正确申报增值税及附加税费申报表附列资料（二）（本期进项税额明细）；

（4）能正确申报增值税及附加税费申报表附列资料（三）（服务、不动产和无形资产扣除项目明细）；

（5）能正确申报增值税及附加税费申报表附列资料（四）（税额抵减情况表）；

（6）能正确申报增值税及附加税费申报表附列资料（五）（附加税费情况表）；

（7）能正确申报增值税减免税申报明细表；

（8）培养学生依法纳税的意识，提高社会责任感。

二、实训材料

（1）增值税预缴税款表；

（2）增值税及附加税费申报表（一般纳税人适用）。

三、实训内容和步骤

（1）登录电子税务局，进入【我要办税】。

（2）选择【税费申报及缴纳】。

（3）选择应申报的报表，在【按期应申报】中，选择要申报的税种，点击【填写申报表】。

（4）依据增值税专用发票汇总表、增值税普通发票汇总表、增值税电子普通发票汇总表及未开票收入等填写增值税及附加税费申报表附列资料（一）。

（5）根据"增值税发票选择确认平台"认证通过的可抵扣发票份数数据及进项税额转出项目填写增值税及附加税费申报表附列资料（二）。

（6）根据不同税率服务、不动产和无形资产价税合计额及服务、不动产和无形资产扣除项目金额填写增值税及附加税费申报表附列资料（三）。

（7）根据不同抵减项目相应数额、不同加计抵减项目相应金额填写增值税及附加税费申报表附列资料（四）。

（8）根据本期应纳税额计算的城市维护建设税、教育费附加、地方教育附加填写增值税及附加税费申报表附列资料（五）。

（9）根据减免税性质代码填写增值税减免税申报明细表。

（10）完成"增值税及附加税费申报表（一般纳税人适用）"主表。

四、实训注意事项

（一）"增值税预缴税款表"填写注意事项

（1）纳税人（不含其他个人）跨地级市提供建筑服务、收到预收款需要填写"增值税预缴税款表"；

（2）"销售额"和"扣除金额"都按照含税金额填写。

（二）预缴增值税注意事项

预缴地点、预缴金额见表2-24。

表2-24　　　　　　　　　　　　　预缴地点、预缴金额表

项目	具体内容	
预缴地点	跨地级市提供建筑服务	建筑服务发生地
	本地级市范围内提供建筑服务	机构所在地
预缴金额	一般计税	差额÷（1＋9%）×2%
	简易计税	差额÷（1＋3%）×3%

（三）注意不同计税方法

计税方法见表2-25。

表2-25　　　　　　　　　　　　　　计税方法

项目	一般计税方法	简易计税方法
计税销售额	全额计税	差额计税：全部价款和价外费用－支付的分包款；分包款：支付给分包方的全部价款和价外费用
税率或征收率	9%	3%
预缴	不含税差额×2%	不含税差额×3%
进项税额	可抵扣进项税额	不得抵扣进项税额

（四）培养学生依法纳税的意识，提高社会责任感

企业税收管理人员能规范、正确地进行应纳税额的申报，这不仅关系到企业的成本费用，而且关系到企业诚信经营的社会形象，关系到国家的财政收入。

五、实训任务

北京鼎哼建筑工程有限公司为建筑业增值税一般纳税人，2022年6月经济业务如下：

（1）本期销售产品并开具增值税专用发票9份，增值税普通发票5份及发生未开票收入，详见销售及开票情况统计表（见表2-26）、专用发票汇总表（见表2-27）、普通发票汇总表（见表2-28）。

表 2-26　　　　　　　　　　　　**销售及开票情况统计表**

编制单位：北京鼎哼建筑工程有限公司　　　　2022 年 06 月　　　　　　　　单位：元

开票情况	开票份数	金额	税率	税额	应税项目	应税项目代码	备注
未开票		356 000	9%	32 040	工程服务	040100	本地工程预收款
增值税专用发票	8	2 368 000	9%	213 120	工程服务	040100	本地工程开票
增值税专用发票	1	260 000	9%	23 400	工程服务	040100	异地工程开票
增值税普通发票	5	16 500	9%	1 485	安装服务	040200	本地安装工程

审核：李丽芳　　　　　　　　　　制表：黄恩娥

表 2-27　　　　　　　　　　　　**专用发票汇总表**

制表日期：2022 年 07 月 01 日

所属日期：2022 年 06 月

专用发票统计表：1-01

专用增值税发票汇总表：2022 年 06 月

纳税人识别号：911101020351018372

企业名称：北京鼎哼建筑工程有限公司

地址电话：北京市东城区和平里西街 12 号楼　010-86220973

★发票领用情况★

期初库存份数 9　　　正数发票份数 9　　　负数发票份数 0

购进发票份数 7　　　正数废票份数 0　　　负数废票份数 3

退回发票份数 0　　　期末库存份数 7

★销项情况★

金额单位：元

序号	项目名称	合计	13%	9%	6%	3%	其他
1	销项正废金额	0.00	0.00	0.00	0.00	0.00	0.00
2	销项正数金额	2 628 000.00	0.00	2 628 000.00	0.00	0.00	0.00
3	销项负废金额	0.00	0.00	0.00	0.00	0.00	0.00
4	销项负数金额	0.00	0.00	0.00	0.00	0.00	0.00
5	实际销售金额	2 628 000.00	0.00	2 628 000.00	0.00	0.00	0.00
6	销项正废税额	0.00	0.00	0.00	0.00	0.00	0.00
7	销项正数税额	236 520.00	0.00	236 520.00	0.00	0.00	0.00
8	销项负废税额	0.00	0.00	0.00	0.00	0.00	0.00
9	销项负数税额	0.00	0.00	0.00	0.00	0.00	0.00
10	实际销项税额	236 520.00	0.00	236 520.00	0.00	0.00	0.00

表2-28　　　　　　　　　　　普通发票汇总表

制表日期：2022年07月01日

所属日期：2022年06月

普通发票统计表：1-01

普通增值税发票汇总表：2022年06月

纳税人识别号：911101020351018372

企业名称：北京鼎哼建筑工程有限公司

地址电话：北京市东城区和平里西街12号楼　010-86220973

★发票领用情况★

期初库存份数9	正数发票份数5	负数发票份数0
购进发票份数7	正数废票份数0	负数废票份数3
退回发票份数0	期末库存份数11	

★销项情况★

金额单位：元

序号	项目名称	合计	13%	9%	6%	3%	其他
1	销项正废金额	0.00	0.00	0.00	0.00	0.00	0.00
2	销项正数金额	16 500.00	0.00	16 500.00	0.00	0.00	0.00
3	销项负废金额	0.00	0.00	0.00	0.00	0.00	0.00
4	销项负数金额	0.00	0.00	0.00	0.00	0.00	0.00
5	实际销售金额	16 500.00	0.00	16 500.00	0.00	0.00	0.00
6	销项正废税额	0.00	0.00	0.00	0.00	0.00	0.00
7	销项正数税额	1 485.00	0.00	1 485.00	0.00	0.00	0.00
8	销项负废税额	0.00	0.00	0.00	0.00	0.00	0.00
9	销项负数税额	0.00	0.00	0.00	0.00	0.00	0.00
10	实际销项税额	1 485.00	0.00	1 485.00	0.00	0.00	0.00

（2）购买原材料、异地分包、办公楼等已取得增值税专用发票，均在本期按要求申报。详见认证结果通知书（如图2-8所示），电子缴纳付款凭证显示缴纳5月份税款30 490元。

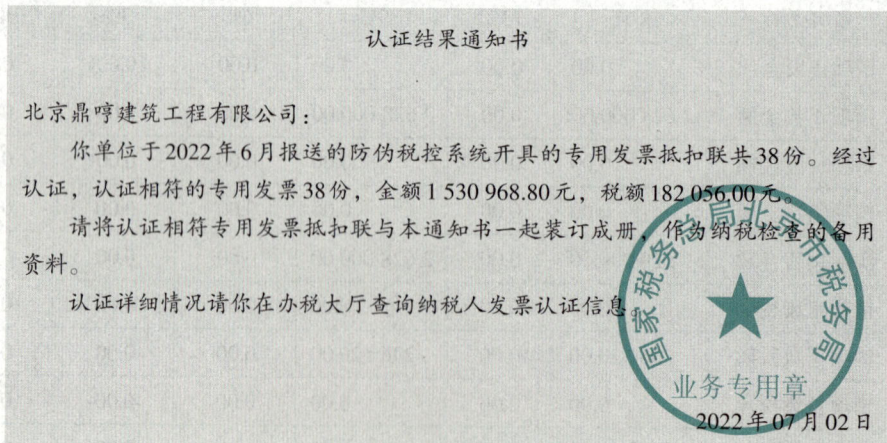

认证结果通知书

北京鼎哼建筑工程有限公司：

　　你单位于2022年6月报送的防伪税控系统开具的专用发票抵扣联共38份。经过认证，认证相符的专用发票38份，金额1 530 968.80元，税额182 056.00元。

　　请将认证相符专用发票抵扣联与本通知书一起装订成册，作为纳税检查的备用资料。

　　认证详细情况请你在办税大厅查询纳税人发票认证信息。

业务专用章

2022年07月02日

图2-8　认证结果通知书

（3）本月有认证不动产的固定资产类增值税专用发票，详见增值税专用发票（如图

2-9所示）、固定资产卡片（见表2-29）。

北京增值税专用发票					№ 80972653	1100062650 80972653

1100062650　　抵 扣 联　　开票日期：2022年06月26日

购买方	名　称：北京鼎哼建筑工程有限公司 纳税人识别号：911101020351018372 地址、电话：北京市东城区和平里西街12号楼010-86220973 开户行及账号：交通银行北京东城支行1402076110030949927362	密码区	03>>319-5-50078 +/61>93>46*63167 +8313-4034*3-107 8>0928

货物或应税劳务、服务名称	规格型号	单位	数量	单价	金额	税率	税额
*不动产*湖边花园10号楼106号		平方米	9.2	40 000.00	368 000.00	9%	33 120.00
合　计					¥368 000.00		¥33 120.00

价税合计（大写）	⊗肆拾万零壹仟壹佰贰拾元整	（小写）¥401 120.00

销售方	名　称：北京全和房地产开发有限公司 纳税人识别号：911101081828485830 地址、电话：北京市朝阳区安华西里45号楼010-85449475 开户行及账号：交通银行北京朝阳支行1402076322294952000003	备注

收款人：李美　　复核：王丑　　开票人：于浩　　销售方：（章）

第二联：抵扣联 购买方记账凭证

图2-9　增值税专用发票

表2-29　　　　　　　　　　　固定资产卡片

使用单位：北京鼎哼建筑工程有限公司　　　　填表日期：2022年06月26日

类别	房屋建筑	出厂或交楼验收日期	2022年06月26日	预计使用年限	20年
编号	001502	购入或使用日期	2022年06月26日	预计残值	18 400.00
名称	办公楼	放置或使用地址	湖边花园10号楼106号	预计清理费用	
型号规格		负责人		月折旧率	0.3958%
建筑单位	北京全和房地产开发有限公司	总　价	368 000.00	月大修理费用提存	

设备主要技术参数或建筑物占地面积、建筑面积及结构	设备主要配件名称数量或建筑物附设设备	大修理记录		固定资产改变记录
		时间	项目	

（4）公司在异地山西太原有建筑厂房工程，并取得"建筑工程施工许可证"，本月按合同结算已确认收入并开票一份，详见"销售及开票情况表"；该工程发生分包，并在本月取得分包增值税专用发票（如图2-10所示）。

山西省增值税专用发票

1400062650　　No 80972658　　1400062650
80972658

抵扣联　　开票日期：2022年06月26日

购买方	名　　称：北京鼎哼建筑工程有限公司
	纳税人识别号：911101020351018372
	地址、电话：北京市东城区和平里西街12号楼010-86220973
	开户行及账号：交通银行北京东城支行14020761100309499227362

密码区：03>>319-5-50078 +/61>93>46*63167 +8313-4034*3-1078>0928

货物或应税劳务、服务名称	规格型号	单位	数量	单价	金额	税率	税额
*建筑服务*建筑服务					96 500.00	9%	8 685.00
合　　计					¥96 500.00		¥8 685.00

价税合计（大写）　⊗壹拾万零伍仟壹佰捌拾伍元整　　（小写）¥105 185.00

销售方	名　　称：山西绿烟建筑有限公司
	纳税人识别号：91140110756555553
	地址、电话：山西省太原市晋源区环西街大塘路93号0351-63325864
	开户行及账号：交通银行太原晋源支行14020763220110299608083

备注：项目：地址：山西省太原市晋源区环西街大塘路01号

收款人：王丽丝　　复核：美莉　　开票人：张灰贤　　销售方：（章）

第二联：抵扣联　购买方记账凭证

图2-10　增值税专用发票

（5）公司本期首次购买税控设备，取得的增值税普通发票如图2-11所示。

北京增值税普通发票

0110118007　　No 30961856　　0110118007
30961856

开票日期：2022年06月01日

购买方	名　　称：北京鼎哼建筑工程有限公司
	纳税人识别号：911101020351018372
	地址、电话：北京市东城区和平里西街12号楼010-86220973
	开户行及账号：交通银行北京东城支行14020761100309499227362

密码区：03>>319-5-50078 +/61>93>46*63167 +8313-4034*3-1078>0928

货物或应税劳务、服务名称	规格型号	单位	数量	单价	金额	税率	税额
*信息安全产品*税控设备		套	1	1 709.40	1 709.40	13%	222.22
合　　计					¥1 709.40		¥222.22

价税合计（大写）　⊗壹仟玖佰叁拾壹元陆角贰分　　（小写）¥1 931.62

销售方	名　　称：北京正信软件有限公司
	纳税人识别号：91110820283499944
	地址、电话：北京市东城区东滨河路甲1号010-89078811
	开户行及账号：交通银行北京东城支行14020763232304040024

备注：

收款人：天建　　复核：王启　　开票人：韩梅美　　销售方：（章）

第二联：发票联　购买方记账凭证

图2-11　增值税普通发票

（6）上期增值税及附加税费申报表（一般纳税人适用）见表2-30。

表2-30

增值税及附加税费申报表
（一般纳税人适用）

根据国家税收法律法规及增值税相关规定制定本表。纳税人不论有无销售额，均应按税务机关核定的纳税期限填写本表，并向当地税务机关申报。

税款所属时间：自2022年05月01日至2022年05月31日　　填表日期：2022年06月07日　　金额单位：元（列至角分）

| 纳税人识别号（统一社会信用代码） | 9 | 1 | 1 | 0 | 1 | 0 | 2 | 0 | 3 | 5 | 1 | 0 | 1 | 8 | 3 | 7 | 2 | 所属行业： |

纳税人名称：北京鼎哼建筑工程有限公司

| 法定代表人姓名： | 注册地址： | 生产经营地址： |
| 开户银行及账号： | 登记注册类型： | 电话号码： |

	项目	栏次	一般项目 本月数	一般项目 本年累计	即征即退项目 本月数	即征即退项目 本年累计
销售额	（一）按适用税率计税销售额	1	2 659 000.00	***	—	—
	其中：应税货物销售额	2			—	—
	应税劳务销售额	3			—	—
	纳税检查调整的销售额	4			—	—
	（二）按简易办法计税销售额	5			—	—
	其中：纳税检查调整的销售额	6			—	—
	（三）免、抵、退办法出口销售额	7		—	—	—
	（四）免税销售额	8		—	—	—
	其中：免税货物销售额	9		—	—	—
	免税劳务销售额	10		—	—	—
税款计算	销项税额	11	239 310.00	***		
	进项税额	12	169 200.00	***		
	上期留抵税额	13				
	进项税额转出	14				
	免、抵、退应退税额	15				
	按适用税率计算的纳税检查应补缴税额	16				
	应抵扣税额合计	17=12+13-14-15+16	169 200.00	—		
	实际抵扣税额	18（如17<11，则为17，否则为11）	169 200.00	***		
	应纳税额	19=11-18	701 10.00	***		
	期末留抵税额	20=17-18	0.00			
	简易计税办法计算的应纳税额	21				
	按简易计税办法计算的纳税检查应补缴税额	22				
	应纳税额减征额	23				
	应纳税额合计	24=19+21-23	70 110.00	***		

续表

项目	栏次	一般项目 本月数	一般项目 本年累计	即征即退项目 本月数	即征即退项目 本年累计
期初未缴税额（多缴为负数）	25				—
实收出口开具专用缴款书退税额	26				—
本期已缴税额	27=28+29+30+31	39 620.00	***	—	—
①分次预缴税额	28	39 620.00	—		
②出口开具专用缴款书预缴税额	29		—		
③本期缴纳上期应纳税额	30	0.00	***	—	—
④本期缴纳欠缴税额	31				
期末未缴税额（多缴为负数）	32=24+25+26-27	30 490.00	***	—	—
其中：欠缴税额（≥0）	33=25+26-27	0.00	—		
本期应补（退）税额	34=24-28-29	30 490.00	—		
即征即退实际退税额	35	—	—		
期初未缴查补税额	36			—	—
本期入库查补税额	37			—	—
期末未缴查补税额	38=16+22+36-37	0.00	—		
城市维护建设税本期应补（退）税额	39	2 134.30	***	—	—
教育费附加本期应补（退）费额	40	914.70	***	—	—
地方教育附加本期应补（退）费额	41	609.80	***	—	—

声明：此表是根据国家税收法律法规及相关规定填写的，本人（单位）对填报内容（及附带资料）的真实性、可靠性、完整性负责。

纳税人（签章）： 年 月 日

经办人：
经办人身份证号：
代理机构签章：
代理机构统一社会信用代码：

受理人：
受理税务机关（章）：
受理日期： 年 月 日

要求：根据上述业务完成本月增值税及附加税费申报表。

六、任务解答

（1）增值税预缴税款表见表2-31，税款＝（283 400－105 185）÷（1+9%）×2%＝3 270（元）。

表2-31　　　　　　　　　　　增值税预缴税款表

纳税人识别号：911101020351018372		纳税人名称：北京鼎哼建筑工程有限公司	是否适用一般计税方法 ☑是　　□否		
所属时期：2022年06月01日至2022年06月30日		填表日期：2022年07月06日	金额单位：元（列至角分）		
项目编号		1402022013120 50000.00	项目名称		湖边花园
项目地址		山西省太原市晋源区环西街大塘路01号			
预征项目和栏次		销售额	扣除金额	预征率	预征税额
		1	2	3	4
建筑服务	1	283 400.00	105 185.00	2%	3 270.00
销售不动产	2				
出租不动产	3				
	4				
	5				
合计	6	283 400.00	105 185.00		3 270.00

（2）增值税及附加税费申报表附列资料（一）见表2-32，数据来自专用发票汇总表、普通发票汇总表及销售及开具发票情况统计表。

（3）增值税及附加税费申报表附列资料（二）见表2-33，数据取自认证结果通知书及本期用于购建不动产的增值税专用发票。

（4）增值税及附加税费申报表附列资料（三）见表2-34，数据取自销售及开盘情况统计表，填写价税合计金额。

（5）增值税及附加税费申报表附列资料（四）见表2-35，数据取自税控设备购买发票及增值税预缴税款表。

（6）增值税减免税申报明细表见表2-36，数据取自税控设备购买发票。

（7）增值税及附加税费申报表（一般纳税人适用）见表2-37。

表2-32

增值税及附加税费申报表附列资料（一）

（本期销售情况明细）

税款所属时间：2022年06月01日至2022年06月30日

纳税人名称：（公章）北京鼎啤建筑工程有限公司

金额单位：元（列至角分）

项目及栏次		开具增值税专用发票		开具其他发票		未开具发票		纳税检查调整		合计		价税合计	服务、不动产和无形资产扣除项目本期实际扣除金额	扣除后	
		销售额	销项（应纳）税额	销售额	销项（应纳）税额	销售额	销项（应纳）税额	销售额	销项（应纳）税额	销售额	销项（应纳）税额	价税合计		含税（免税）销售额	销项（应纳）税额
		1	2	3	4	5	6	7	8	9=1+3+5+7	10=2+4+6+8	11=9+10	12	13=11-12	14=13÷(100%+税率或征收率)×税率或征收率
一、一般计税方法计税　全部征税项目															
13%税率的货物及加工修理修配劳务	1	—	0	—	0	—	0	—	0	0	0	0	—	—	0
13%税率的服务、不动产和无形资产	2	—	0	—	0	—	0	—	—	0	0	—	—	—	0
9%税率的货物及加工修理修配劳务	3	—	0	—	0	—	0	—	—	0	0	—	—	—	0
9%税率的服务、不动产和无形资产	4	2 628 000.00	236 520.00	16 500.00	1 485.00	356 000.00	32 040.00	—	0.00	3 000 500.00	270 045.00	3 270 545.00	—	3 270 545.00	270 045.00
6%税率	5	—	0	—	0	—	0	—	—	0	0	—	—	—	0
其中：即征即退项目															
即征即退货物及加工修理修配劳务	6	—	—	—	—	—	—	—	—	—	—	—	—	—	—
即征即退服务、不动产和无形资产	7	—	—	—	—	—	—	—	—	—	—	—	—	—	—
二、简易计税方法计税　全部征税项目															
6%征收率	8	—	0	—	0	—	0	—	0	0	0	—	—	—	0
5%征收率的货物及加工修理修配劳务	9a	—	0	—	0	—	0	—	0	0	0	—	—	—	0
5%征收率的服务、不动产和无形资产	9b	—	0	—	0	—	0	—	0	0	0	—	—	—	0
4%征收率	10	—	0	—	0	—	0	—	0	0	0	—	—	—	0
3%征收率的货物及加工修理修配劳务	11	—	0	—	0	—	0	—	0	0	0	—	—	—	0
3%征收率的服务、不动产和无形资产	12	—	0	—	0	—	0	—	0	0	0	—	—	—	0
其中：即征即退项目　预征率　　%	13a	—	—	—	—	—	—	—	—	—	—	—	—	—	—
预征率　　%	13b	—	—	—	—	—	—	—	—	—	—	—	—	—	—
预征率　　%	13c	—	—	—	—	—	—	—	—	—	—	—	—	—	—
即征即退货物及加工修理修配劳务	14	—	0	—	0	—	0	—	0	0	0	—	—	—	0
即征即退服务、不动产和无形资产	15	—	0	—	0	—	0	—	0	0	0	—	—	—	0
三、免抵退税　货物及加工修理修配劳务	16	—	—	—	—	—	—	—	—	0	—	—	—	—	—
服务、不动产和无形资产	17	—	—	—	—	—	—	—	—	0	—	—	—	—	—
四、免税　货物及加工修理修配劳务	18	—	—	—	—	—	—	—	—	0	—	—	—	—	—
服务、不动产和无形资产	19	—	—	—	—	—	—	—	—	0	—	—	—	—	—

表2-33 　　　　　　　　　**增值税及附加税费申报表附列资料（二）**

（本期进项税额明细）

税款所属时间：2022年06月01日至2022年06月30日

纳税人名称：（公章）北京鼎哼建筑工程有限公司　　　　　　　　金额单位：元（列至角分）

一、申报抵扣的进项税额				
项目	栏次	份数	金额	税额
（一）认证相符的增值税专用发票	1=2+3	38	1 530 968.80	182 056.00
其中：本期认证相符且本期申报抵扣	2	38	1 530 968.80	182 056.00
前期认证相符且本期申报抵扣	3			
（二）其他扣税凭证	4=5+6+7+8a+8b	0	0	0
其中：海关进口增值税专用缴款书	5			
农产品收购发票或者销售发票	6			
代扣代缴税收缴款凭证	7		—	
加计扣除农产品进项税额	8a	—	—	
其他	8b			
（三）本期用于购建不动产的扣税凭证	9	1	368 000.00	33 120.00
（四）本期用于抵扣的旅客运输服务扣税凭证	10			
（五）外贸企业进项税额抵扣证明	11	—	—	
当期申报抵扣进项税额合计	12=1+4+11	38	1 530 968.80	182 056.00
二、进项税额转出额				
项目	栏次		税额	
本期进项税额转出额	13=14至23之和			
其中：免税项目用	14			
集体福利、个人消费	15			
非正常损失	16			
简易计税方法征税项目用	17			
免抵退税办法不得抵扣的进项税额	18			
纳税检查调减进项税额	19			
红字专用发票信息表注明的进项税额	20			
上期留抵税额抵减欠税	21			
上期留抵税额退税	22			
异常凭证转出进项税额	23a			
其他应作进项税额转出的情形	23b			
三、待抵扣进项税额				
项目	栏次	份数	金额	税额
（一）认证相符的增值税专用发票	24	—	—	—
期初已认证相符但未申报抵扣	25			
本期认证相符且本期未申报抵扣	26			
期末已认证相符但未申报抵扣	27			
其中：按照税法规定不允许抵扣	28			
（二）其他扣税凭证	29=30至33之和	0	0	0
其中：海关进口增值税专用缴款书	30			
农产品收购发票或者销售发票	31			
代扣代缴税收缴款凭证	32		—	
其他	33			
	34			
四、其他				
项目	栏次	份数	金额	税额
本期认证相符的增值税专用发票	35	38	1 530 968.80	182 056.00
代扣代缴税额	36	—		—

表2-34

纳税人名称：（公章）北京鼎哼建筑工程有限公司

税款所属时间：2022年06月01日至2022年06月30日

增值税及附加税费申报表附列资料（三）

（服务、不动产和无形资产扣除项目明细）

金额单位：元（列至角分）

项目及栏次		本期服务、不动产和无形资产价税合计额（免税销售额）	服务、不动产和无形资产扣除项目				
			期初余额	本期发生额	本期应扣除金额	本期实际扣除金额	期末余额
		1	2	3	4=2+3	5（5≤1且5≤4）	6=4-5
13%税率的项目	1				0.00		0.00
9%税率的项目	2	3 270 545.00			0.00		0.00
6%税率的项目（不含金融商品转让）	3				0.00		0.00
6%税率的金融商品转让项目	4				0.00		0.00
5%征收率的项目	5				0.00		0.00
3%征收率的项目	6				0.00		0.00
免抵退税的项目	7				0.00		0.00
免税的项目	8				0.00		0.00

表2-35

增值税及附加税费申报表附列资料（四）

（税额抵减情况表）

税款所属时间：2022年06月01日至2022年06月30日

纳税人名称：（公章）北京鼎哼建筑工程有限公司

金额单位：元（列至角分）

一、税额抵减情况

序号	抵减项目	期初余额 1	本期发生额 2	本期应抵减税额 3=1+2	本期实际抵减税额 4≤3	期末余额 5=3-4
1	增值税税控系统专用设备费及技术维护费	0.00	1 931.62	1 931.62	1 931.62	0.00
2	分支机构预征缴纳税款					
3	建筑服务预征缴纳税款	0.00	3 270.00	3 270.00	3 270.00	0.00
4	销售不动产预征缴纳税款					
5	出租不动产预征缴纳税款					

二、加计抵减情况

序号	加计抵减项目	期初余额 1	本期发生额 2	本期调减额 3	本期可抵减额 4=1+2-3	本期实际抵减额 5	期末余额 6=4-5
6	一般项目加计抵减额计算				0.00	0.00	0.00
7	即征即退项目加计抵减额计算				0.00	0.00	0.00
8	合计	0.00	0.00	0.00	0.00	0.00	0.00

表2-36

增值税减免税申报明细表

纳税人名称（公章）：北京鼎哼建筑工程有限公司　　税款所属时间：自2022年06月01日至2022年06月30日　　金额单位：元（列至角角分）

一、减税项目

减税性质代码及名称	栏次	期初余额 1	本期发生额 2	本期应抵减税额 3=1+2	本期实际抵减税额 4≤3	期末余额 5=3-4
合计	1	0.00	1 931.62	1 931.62	1 931.62	0.00
《财政部 国家税务总局关于增值税税控系统专用设备和技术维护费用抵减增值税税额有关政策的通知》	2	0.00	1 931.62	1 931.62	1 931.62	0.00
	3					
	4					
	5					
	6					

二、免税项目

免税性质代码及名称	栏次	免征增值税项目销售额 1	免税销售额扣除项目本期实际扣除金额 2	扣除后免税销售额 3=1-2	免税销售额对应的进项税额 4	免税额 5
合计	7					
出口免税	8		—	—	—	—
其中：跨境服务	9		—	—	—	—
	10					
	11					
	12					
	13					
	14					
	15					
	16					

表2-37

增值税及附加税费申报表
（一般纳税人适用）

根据国家税收法律法规及增值税相关规定制定本表。纳税人不论有无销售额，均应按税务机关核定的纳税期限填写本表，并向当地税务机关申报。

税款所属时间：自2022年06月01日至2022年06月30日　　填表日期：2022年07月12日　　金额单位：元（列至角分）

纳税人识别号（统一社会信用代码）91110102035101183 72　　所属行业：

纳税人名称：北京鼎呼建筑工程有限公司　　注册地址：

开户银行及账号：　　登记注册类型：　　电话号码：　　生产经营地址：

	项　目	栏次	一般项目		即征即退项目	
			本月数	本年累计	本月数	本年累计
销售额	（一）按适用税率计税销售额	1	3 000 500.00			
	其中：应税货物销售额	2				
	应税劳务销售额	3				
	纳税检查调整的销售额	4				
	（二）按简易办法计税销售额	5				
	其中：纳税检查调整的销售额	6				
	（三）免、抵、退办法出口销售额	7			—	—
	（四）免税销售额	8			—	—
	其中：免税货物销售额	9			—	—
	免税劳务销售额	10			—	—
税款计算	销项税额	11	270 045.00			
	进项税额	12	182 056.00			
	上期留抵税额	13				—
	进项税额转出	14				
	免、抵、退应退税额	15				—
	按适用税率计算的纳税检查应补缴税额	16				—
	应抵扣税额合计	17=12+13-14-15+16	182 056.00			—
	实际抵扣税额	18（如17<11，则为17，否则为11）	182 056.00			—
	应纳税额	19=11-18	87 989.00			
	期末留抵税额	20=17-18				—
	简易计税办法计算的应纳税额	21				
	按简易计税办法计算的纳税检查应补缴税额	22	1 931.62			—
	应纳税额减征额	23				—
	应纳税额合计	24=19+21-23	86 057.38			—

续表

项　目	栏次	一般项目		即征即退项目	
		本月数	本年累计	本月数	本年累计
税款缴纳　期初未缴税额（多缴为负数）	25	30 490.00			
实收出口开具专用缴款书退税额	26			—	—
本期已缴税额	27=28+29+30+31	33 760.00			
①分次预缴税额	28	3 270.00			
②出口开具专用缴款书预缴税额	29			—	—
③本期缴纳上期应纳税额	30	30 490.00			
④本期缴纳欠缴税额	31				
期末未缴税额（多缴为负数）	32=24+25+26-27	82 787.38		—	—
其中：欠缴税额（≥0）	33=25+26-27	0.00			
本期应补（退）税额	34 = 24-28-29	82 787.38		—	—
即征即退实际退税额	35	—			
期初未缴查补税额	36			—	—
本期入库查补税额	37			—	—
期末未缴查补税额	38=16+22+36-37			—	—
附加税费　城市维护建设税本期应补（退）税额	39	5 795.12			
教育费附加本期应补（退）费额	40	2 483.62			
地方教育附加本期应补（退）费额	41	1 655.75			

声明：此表是根据国家税收法律法规及相关规定填写的，本人（单位）对填报内容（及附带资料）的真实性、可靠性、完整性负责。

纳税人（签章）：

经办人：
经办人身份证签章：
代理机构签章：
代理机构统一社会信用代码：

受理人：
受理税务机关（章）：

纳税人（签章）：　　年　月　日

受理日期：　　年　月　日

任务十四 增值税纳税申报
——一般纳税人申报表（减免税）

一、实训目的

（1）能正确申报增值税及附加税费申报表（一般纳税人适用）；

（2）能正确申报增值税及附加税费申报表附列资料（一）（本期销售情况明细）；

（3）能正确申报增值税及附加税费申报表附列资料（二）（本期进项税额明细）；

（4）能正确申报增值税及附加税费申报表附列资料（三）（服务、不动产和无形资产扣除项目明细）；

（5）能正确申报增值税及附加税费申报表附列资料（四）（税额抵减情况表）；

（6）能正确申报增值税及附加税费申报表附列资料（五）（附加税费情况表）；

（7）能正确申报增值税减免税申报明细表；

（8）培养学生依法纳税的意识，提高社会责任感。

二、实训材料

增值税及附加税费申报表（一般纳税人适用）。

三、实训内容和步骤

（1）登录电子税务局，进入【我要办税】。

（2）选择【税费申报及缴纳】。

（3）选择应申报的报表，在【按期应申报】中，选择要申报的税种，点击【填写申报表】。

（4）依据增值税专用发票汇总表、增值税普通发票汇总表、增值税电子普通发票汇总表及未开票收入等填写增值税及附加税费申报表附列资料（一）。

（5）根据"增值税发票选择确认平台"认证通过的可抵扣发票份数数据及进项税额转出项目填写增值税及附加税费申报表附列资料（二）。

（6）根据不同税率服务、不动产和无形资产价税合计额及服务、不动产和无形资产扣除项目金额填写增值税及附加税费申报表附列资料（三）。

（7）根据不同抵减项目相应数额、不同加计抵减项目相应金额填写增值税及附加税费申报表附列资料（四）。

（8）根据本期应纳税额计算的城市维护建设税、教育费附加、地方教育附加填写增值税及附加税费申报表附列资料（五）。

（9）根据减免税性质代码填写增值税减免税申报明细表。

（10）完成"增值税及附加税费申报表（一般纳税人适用）"主表。

四、实训注意事项

（1）根据《财政部 国家税务总局关于饲料产品免征增值税问题的通知》（财税〔2001〕121号），免税饲料产品范围包括：单一大宗饲料，指以一种动物、植物、微生物或矿物质为来源的产品或其副产品。其范围仅限于糠麸、酒糟、鱼粉、草饲料、饲料级磷酸氢钙及除豆粕以外的菜子粕、棉子粕、向日葵粕、花生粕等粕类产品。

（2）根据《财政部 国家税务总局关于全面推开营业税改征增值税试点的通知》（财税〔2016〕36号），《营业税改征增值税试点实施办法》第二十七条规定：下列项目的进项税额不得从销项税额中抵扣：用于简易计税方法计税项目、免征增值税项目、集体福利或者个人消费的购进货物、加工修理修配劳务、服务、无形资产和不动产。其中涉及的固定资产、无形资产、不动产，仅指专用于上述项目的固定资产、无形资产（不包括其他权益性无形资产）、不动产。纳税人的交际应酬消费属于个人消费。

适用一般计税方法的纳税人，兼营简易计税方法计税项目、免征增值税项目而无法划分不得抵扣的进项税额，按照下列公式计算不得抵扣的进项税额：

$$不得抵扣的进项税额 = 当期无法划分的全部进项税额 \times \left(\frac{当期简易计税方法计税项目销售额 + 免征增值税项目销售额}{当期全部销售额} \right)$$

主管税务机关可以按照上述公式依据年度数据对不得抵扣的进项税额进行清算。

（3）根据《财政部 国家税务总局关于增值税税控系统专用设备和技术维护费用抵减增值税税额有关政策的通知》（财税〔2012〕15号）：增值税纳税人2011年12月1日（含，下同）以后初次购买增值税税控系统专用设备（包括分开票机）支付的费用，可凭购买增值税税控系统专用设备取得的增值税专用发票，在增值税应纳税额中全额抵减（抵减额为价税合计额），不足抵减的可结转下期继续抵减。增值税纳税人非初次购买增值税税控系统专用设备支付的费用，由其自行负担，不得在增值税应纳税额中抵减。

增值税税控系统包括：增值税防伪税控系统、货物运输业增值税专用发票税控系统、机动车销售统一发票税控系统和公路、内河货物运输业发票税控系统。

增值税防伪税控系统的专用设备包括金税卡、IC卡、读卡器或金税盘和报税盘；货物运输业增值税专用发票税控系统专用设备包括税控盘和报税盘；机动车销售统一发票税控系统和公路、内河货物运输业发票税控系统专用设备包括税控盘和传输盘。

增值税纳税人2011年12月1日以后缴纳的技术维护费（不含补缴的2011年11月30日以前的技术维护费），可凭技术维护服务单位开具的技术维护费发票，在增值税应纳税额中全额抵减，不足抵减的可结转下期继续抵减。技术维护费按照价格主管部门核定的标准执行。

（4）培养学生依法纳税的意识，提高社会责任感。

企业税收管理人员能规范、正确地进行应纳税额的申报，这不仅关系到企业的成本费用，而且关系到企业诚信经营的社会形象，关系到国家的财政收入。

五、实训任务

厦门喜燕啤酒有限公司为增值税一般纳税人，主要从事啤酒生产和销售，生产过程中会产生免税副产品酒糟。2022年1月发生经济业务如下：

（1）销售啤酒取得不含税收入450万元，开具增值税专用发票，金额450万元，税额58.5万元。

（2）销售免税酒糟取得收入50万元，未开具发票。

（3）购入原材料（非农产品），取得18份增值税专用发票，金额300万元，税额39万元。

（4）购入酿酒设备，取得10份增值税专用发票，金额100万元，税额13万元。

（5）首次购买税控设备，支付费用200元，取得增值税普通发票，并于当月支付全年技术维护服务费280元。

要求：根据上述业务填写增值税及附加税费申报表。

六、任务解答

用于免征增值税项目的购进货物，进项税额不得从销项税额中抵扣。

$$\text{不得抵扣的进项税额} = \text{当期无法划分的全部进项税额} \times \left(\text{当期简易计税方法计税项目销售额} + \text{免征增值税项目销售额}\right) \div \text{当期全部销售额}$$

$$= 39 \times 50 \div (450 + 50)$$

$$= 3.9 （万元）$$

（1）增值税及附加税费申报表附列资料（一）见表2-38。

（2）增值税及附加税费申报表附列资料（二）见表2-39。

（3）增值税及附加税费申报表附列资料（三）见表2-40。

（4）增值税及附加税费申报表附列资料（四）见表2-41。

（5）增值税减免税申报明细表见表2-42。

（6）增值税及附加税费申报表见表2-43。

表2-38

增值税及附加税费申报表附列资料（一）

（本期销售情况明细）

税款所属时间：2022年01月01日至2022年01月31日

纳税人名称：（公章）厦门喜燕啤酒有限公司　　　　　　　　　　金额单位：元（列至角分）

项目及栏次		开具增值税专用发票		开具其他发票		未开具发票		纳税检查调整		合计		价税合计	服务、不动产和无形资产扣除项目本期实际扣除金额	扣除后	
		销售额	销项（应纳）税额	销售额	销项（应纳）税额	销售额	销项（应纳）税额	销售额	销项（应纳）税额	销售额	销项（应纳）税额	价税合计		含税（免税）销售额	销项（应纳）税额
		1	2	3	4	5	6	7	8	9=1+3+5+7	10=2+4+6+8	11=9+10	12	13=11-12	14=13÷（100%+税率或征收率）×税率或征收率
一、一般计税方法计税	全部征税项目 13%税率的货物及加工修理修配劳务	1	4 500 000.00	585 000.00	—	0.00	—	0.00	—	0.00	4 500 000.00	585 000.00	—	—	—	—
	13%税率的服务、不动产和无形资产	2	0.00	0.00	—	0.00	—	0.00	—	0.00	0.00	0.00	—	—	—	—
	9%税率的货物及加工修理修配劳务	3	0.00	0.00	—	0.00	—	0.00	—	0.00	0.00	0.00	—	—	—	—
	9%税率的服务、不动产和无形资产	4	0.00	0.00	—	0.00	—	0.00	—	0.00	0.00	0.00	—	—	—	—
	6%税率	5	0.00	0.00	—	0.00	—	0.00	—	—	—	—	—	—	—	—
	其中：即征即退货物及加工修理修配劳务	6	—	—	—	—	—	—	—	—	0.00	0.00	—	—	—	—
	即征即退服务、不动产和无形资产	7	—	—	—	—	—	—	—	—	0.00	0.00	—	—	—	—
二、简易计税方法计税	全部征税项目 6%征收率	8	0.00	0.00	0.00	0.00	0.00	0.00	—	0.00	0.00	0.00	—	—	—	—
	5%征收率的货物及加工修理修配劳务	9a	0.00	0.00	0.00	0.00	0.00	0.00	—	0.00	0.00	0.00	—	—	—	—
	5%征收率的服务、不动产和无形资产	9b	0.00	0.00	0.00	0.00	0.00	0.00	—	0.00	0.00	0.00	—	—	—	—
	4%征收率	10	0.00	0.00	0.00	0.00	0.00	0.00	—	0.00	0.00	0.00	—	—	—	—
	3%征收率的货物及加工修理修配劳务	11	0.00	0.00	0.00	0.00	0.00	0.00	—	0.00	0.00	0.00	—	—	—	—
	3%征收率的服务、不动产和无形资产	12	0.00	0.00	0.00	0.00	0.00	0.00	—	0.00	0.00	0.00	—	—	—	—
	其中：即征即退货物及加工修理修配劳务	13a	—	—	—	—	—	—	—	—	0.00	0.00	—	—	—	—
	即征即退服务、不动产和无形资产	13b	—	—	—	—	—	—	—	—	0.00	0.00	—	—	—	—
	即征即退服务、不动产和无形资产	13c	—	—	—	—	—	—	—	—	0.00	0.00	—	—	—	—
	预征率　%	14	—	—	—	—	—	—	—	—	0.00	0.00	—	—	—	—
	预征率　%	15	—	—	—	—	—	—	—	—	—	—	—	—	—	—
三、免抵退税	货物及加工修理修配劳务	16	—	—	—	—	—	—	—	—	—	—	—	—	—	—
	服务、不动产和无形资产	17	—	—	—	—	—	—	—	—	—	—	—	—	—	—
四、免税	货物及加工修理修配劳务	18	—	0.00	—	—	500 000.00	—	—	—	500 000.00					
	服务、不动产和无形资产	19	—	—	—	—	—	—	—	—	—					

表2-39　　　　　　　　　　　增值税及附加税费申报表附列资料（二）

（本期进项税额明细）

税款所属时间：2022年01月01日至2022年01月31日

纳税人名称：（公章）厦门喜燕啤酒有限公司　　　　　　　　　　金额单位：元（列至角分）

一、申报抵扣的进项税额				
项目	栏次	份数	金额	税额
（一）认证相符的增值税专用发票	1=2+3	28	4 000 000.00	520 000.00
其中：本期认证相符且本期申报抵扣	2	28	4 000 000.00	520 000.00
前期认证相符且本期申报抵扣	3			
（二）其他扣税凭证	4=5+6+7+8a+8b	0	0.00	0.00
其中：海关进口增值税专用缴款书	5			
农产品收购发票或者销售发票	6			
代扣代缴税收缴款凭证	7		—	
加计扣除农产品进项税额	8a	—	—	
其他	8b			
（三）本期用于购建不动产的扣税凭证	9			
（四）本期用于抵扣的旅客运输服务扣税凭证	10			
（五）外贸企业进项税额抵扣证明	11	—	—	
当期申报抵扣进项税额合计	12=1+4+11	28	4 000 000.00	520 000.00
二、进项税额转出额				
项目	栏次		税额	
本期进项税额转出额	13=14至23之和		39 000.00	
其中：免税项目用	14		39 000.00	
集体福利、个人消费	15			
非正常损失	16			
简易计税方法征税项目用	17			
免抵退税办法不得抵扣的进项税额	18			
纳税检查调减进项税额	19			
红字专用发票信息表注明的进项税额	20			
上期留抵税额抵减欠税	21			
上期留抵税额退税	22			
异常凭证转出进项税额	23a			
其他应作进项税额转出的情形	23b			
三、待抵扣进项税额				
项目	栏次	份数	金额	税额
（一）认证相符的增值税专用发票	24	—	—	—
期初已认证相符但未申报抵扣	25			
本期认证相符且本期未申报抵扣	26			
期末已认证相符但未申报抵扣	27			
其中：按照税法规定不允许抵扣	28			
（二）其他扣税凭证	29=30至33之和			
其中：海关进口增值税专用缴款书	30			
农产品收购发票或者销售发票	31			
代扣代缴税收缴款凭证	32		—	
其他	33			
	34			
四、其他				
项目	栏次	份数	金额	税额
本期认证相符的增值税专用发票	35	28	4 000 000.00	520 000.00
代扣代缴税额	36	—	—	

表2-40

增值税及附加税费申报表附列资料（三）

（服务、不动产和无形资产扣除项目明细）

税款所属时间：2022年01月01日至2022年01月31日

纳税人名称：（公章）厦门喜燕啤酒有限公司　　　　　　　　金额单位：元（列至角分）

项目及栏次		本期服务、不动产和无形资产价税合计额（免税销售额）1	服务、不动产和无形资产扣除项目				
			期初余额 2	本期发生额 3	本期应扣除金额 4=2+3	本期实际扣除金额 5（5≤1且5≤4）	期末余额 6=4-5
13%税率的项目	1						
9%税率的项目	2						
6%税率的项目（不含金融商品转让）	3						
6%税率的金融商品转让项目	4						
5%征收率的项目	5						
3%征收率的项目	6						
免抵退税的项目	7						
免税的项目	8						

表2-41

增值税及附加税费申报表附列资料（四）

（税额抵减情况表）

纳税人名称：（公章）厦门喜燕啤酒有限公司

税款所属时间：2022年01月01日至2022年01月31日　　　　　　　　　　金额单位：元（列至角分）

一、税额抵减情况

序号	抵减项目	期初余额 1	本期发生额 2	本期应抵减税额 3=1+2	本期实际抵减税额 4≤3	期末余额 5=3-4
1	增值税税控系统专用设备费及技术维护费	0.00	480.00	480.00	480.00	0.00
2	分支机构预征缴纳税款			0.00		0.00
3	建筑服务预征缴纳税款			0.00		0.00
4	销售不动产预征缴纳税款			0.00		0.00
5	出租不动产预征缴纳税款			0.00		0.00

二、加计抵减情况

序号	加计抵减项目	期初余额 1	本期发生额 2	本期调减额 3	本期可抵减额 4=1+2-3	本期实际抵减额 5	期末余额 6=4-5
6	一般项目加计抵减额计算				0.00		0.00
7	即征即退项目加计抵减额计算				0.00		0.00
8	合计	0.00	0.00	0.00	0.00		0.00

表2—42

增值税减免税申报明细表

纳税人名称（公章）：厦门喜燕啤酒有限公司

税款所属时间：自2022年01月01日至2022年01月31日

金额单位：元（列至角分）

一、减税项目

减税性质代码及名称	栏次	期初余额 1	本期发生额 2	本期应抵减税额 3=1+2	本期实际抵减税额 4≤3	期末余额 5=3-4
合计	1	0.00	480.00	480.00	480.00	0.00
《财政部 国家税务总局关于增值税税控系统专用设备和技术维护费用抵减增值税税额有关政策的通知》	2		480.00	480.00	480.00	0.00
	3					
	4					
	5					
	6					

二、免税项目

免税性质代码及名称	栏次	免征增值税项目销售额 1	免税销售额扣除项目本期实际扣除金额 2	扣除后免税销售额 3=1-2	免税销售额对应的进项税额 4	免税额 5
合计	7	500 000.00	—	500 000.00	—	—
出口免税	8	—	—	—	—	—
其中：跨境服务	9	—	—	—	—	—
	10	500 000.00	—	500 000.00	—	—
	11					
	12					
	13					
	14					
	15					
	16					

表2-43

增值税及附加税费申报表
（一般纳税人适用）

根据国家税收法律法规及增值税相关规定制定本表。纳税人不论有无销售额，均应按税务机关核定的纳税期限填写本表，并向当地税务机关申报。

税款所属时间：自2022年01月01日至2022年01月31日　　填表日期：2022年02月07日

纳税人识别号（统一社会信用代码）：3040643182262816000

金额单位：元（列至角分）

所属行业：

纳税人名称：厦门喜燕啤酒有限公司		注册地址：		生产经营地址：	
开户银行及账号：		法定代表人姓名：	登记注册类型：	电话号码：	

	项　目	栏次	一般项目 本月数	一般项目 本年累计	即征即退项目 本月数	即征即退项目 本年累计
销售额	（一）按适用税率计税销售额	1	4 500 000.00	4 500 000.00		
	其中：应税货物销售额	2	4 500 000.00	4 500 000.00		
	应税劳务销售额	3	0.00	0.00		
	纳税检查调整的销售额	4	0.00	0.00		
	（二）按简易办法计税销售额	5	0.00	0.00		
	其中：纳税检查调整的销售额	6	0.00	0.00		
	（三）免、抵、退办法出口销售额	7	0.00	0.00	—	—
	（四）免税销售额	8	500 000.00	500 000.00	—	—
	其中：免税货物销售额	9	500 000.00	500 000.00	—	—
	免税劳务销售额	10	—	—	—	—
税款计算	销项税额	11	585 000.00	585 000.00		
	进项税额	12	520 000.00	520 000.00		
	上期留抵税额	13	0.00	0.00		
	进项税额转出	14	39 000.00	39 000.00		
	免、抵、退应退税额	15	0.00	0.00		
	按适用税率计算的纳税检查应补缴税额	16	0.00	0.00		
	应抵扣税额合计	17=12+13-14-15+16	481 000.00	481 000.00	—	—
	实际抵扣税额	18（如17<11，则为17，否则为11）	481 000.00	481 000.00		
	应纳税额	19=11-18	104 000.00	104 000.00		
	期末留抵税额	20=17-18	0.00	0.00		
	简易计税办法计算的应纳税额	21	0.00	0.00	0.00	0.00
	按简易计税办法计算的纳税检查应补缴税额	22	0.00	0.00		
	应纳税额减征额	23	480.00	480.00		
	应纳税额合计	24=19+21-23	103 520.00	103 520.00	0.00	0.00

续表

项　目	栏次	一般项目		即征即退项目	
		本月数	本年累计	本月数	本年累计
期初未缴税额（多缴为负数）	25	0.00	0.00	—	
实收出口开具专用缴款书退税额	26	0.00	0.00	—	—
本期已缴税额 27=28+29+30+31	27=28+29+30+31	0.00	0.00	0.00	—
①分次预缴税额	28		—	—	—
②出口开具专用缴款书预缴税额	29	0.00	—	—	—
③本期缴纳上期应纳税额	30	0.00	0.00	0.00	0.00
④本期缴纳欠缴税额	31	0.00	0.00	0.00	0.00
期末未缴税额（多缴为负数） 32=24+25+26-27	32=24+25+26-27	103 520.00	103 520.00	0.00	0.00
其中：欠缴税额（≥0） 33=25+26-27	33=25+26-27	0.00	0.00	0.00	—
本期应补（退）税额 34 = 24-28-29	34 = 24-28-29	103 520.00	103 520.00	0.00	0.00
即征即退实际退税额	35	—	—	0.00	0.00
期初未缴查补税额	36	0.00	0.00	—	
本期入库查补税额	37	0.00	0.00	—	
期末未缴查补税额 38=16+22+36-37	38=16+22+36-37	0.00	0.00	—	—
城市维护建设税本期应补（退）税额	39	7 246.40	7 246.40		
教育费附加本期应补（退）费额	40	3 105.60	3 105.60		
地方教育附加本期应补（退）费额	41	2 070.40	2 070.40		

（税款缴纳行跨越栏25-38；附加税费行跨越栏39-41）

声明：此表是根据国家税收收法律法规（及附带资料）的真实性、可靠性、完整性负责。

纳税人（签章）：

经办人：

经办人身份证号：

代理机构签章：

代理机构统一社会信用代码：

受理人：

受理税务机关（章）：

受理日期：　　　年　　月　　日

　　　　　　　　年　　月　　日

任务十五　增值税纳税申报
——一般纳税人申报表（简易计税）

一、实训目的

（1）能正确申报增值税及附加税费申报表（一般纳税人适用）；

（2）能正确申报增值税及附加税费申报表附列资料（一）（本期销售情况明细）；

（3）能正确申报增值税及附加税费申报表附列资料（二）（本期进项税额明细）；

（4）能正确申报增值税及附加税费申报表附列资料（三）（服务、不动产和无形资产扣除项目明细）；

（5）能正确申报增值税及附加税费申报表附列资料（四）（税额抵减情况表）；

（6）能正确申报增值税及附加税费申报表附列资料（五）（附加税费情况表）；

（7）能正确申报增值税减免税申报明细表；

（8）培养学生依法纳税的意识，提高社会责任感。

二、实训材料

增值税及附加税费申报表（一般纳税人适用）。

三、实训内容和步骤

（1）登录电子税务局，进入【我要办税】。

（2）选择【税费申报及缴纳】。

（3）选择应申报的报表，在【按期应申报】中，选择要申报的税种，点击【填写申报表】。

（4）依据增值税专用发票汇总表、增值税普通发票汇总表、增值税电子普通发票汇总表及未开票收入等填写增值税及附加税费申报表附列资料（一）。

（5）根据"增值税发票选择确认平台"认证通过的可抵扣发票份数数据及进项税额转出项目填写增值税及附加税费申报表附列资料（二）。

（6）根据不同税率服务、不动产和无形资产价税合计额及服务、不动产和无形资产扣除项目金额填写增值税及附加税费申报表附列资料（三）。

（7）根据不同抵减项目相应数额、不同加计抵减项目相应金额填写增值税及附加税费申报表附列资料（四）。

（8）根据本期应纳税额计算的城市维护建设税、教育费附加、地方教育附加填写增值税及附加税费申报表附列资料（五）。

（9）根据减免税性质代码填写增值税减免税申报明细表。

（10）完成"增值税及附加税费申报表（一般纳税人适用）"主表。

四、实训注意事项

（一）建筑业

（1）试点纳税人提供建筑服务适用简易计税方法的，以取得的全部价款和价外费用扣除支付的分包款后的余额为销售额。

（2）一般纳税人以清包工方式提供的建筑服务，可以选择适用简易计税方法计税。以清包工方式提供建筑服务，是指施工方不采购建筑工程所需的材料或只采购辅助材料，并收取人工费、管理费或者其他费用的建筑服务。

（3）一般纳税人为甲供工程提供的建筑服务，可以选择适用简易计税方法计税；甲供工程，是指全部或部分设备、材料、动力由工程发包方自行采购的建筑工程。

（4）一般纳税人为建筑工程老项目提供的建筑服务，可以选择适用简易计税方法计税。建筑工程老项目，是指"建筑工程施工许可证"注明的合同开工日期在2016年4月30日前的建筑工程项目；未取得"建筑工程施工许可证"的，建筑工程承包合同注明的开工日期在2016年4月30日前的建筑工程项目。

（二）人力资源外包服务

纳税人提供人力资源外包服务，按照经纪代理服务缴纳增值税，其销售额不包括受客户单位委托代为向客户单位员工发放的工资和代理缴纳的社会保险、住房公积金。向委托方收取并代为发放的工资和代理缴纳的社会保险、住房公积金，不得开具增值税专用发票，可以开具普通发票。一般纳税人提供人力资源外包服务，可以选择适用简易计税方法，按照5%的征收率计算缴纳增值税。

（三）培养学生依法纳税的意识，提高社会责任感

企业税收管理人员能规范、正确地进行应纳税额的申报，这不仅关系到企业的成本费用，而且关系到企业诚信经营的社会形象，关系到国家的财政收入。

五、实训任务

广州市万富建筑有限公司为增值税一般纳税人，2022年1月发生经济业务如下：

（1）在本区以清包工方式提供工程服务并选择适用简易计税方法，开具增值税专用发票，注明金额300万元，税额9万元。将该工程部分分包给甲建筑企业，取得12份增值税专用发票，注明金额100万元，税额3万元，当月已勾选确认。

（2）在本区为老项目提供装饰服务并选择适用简易计税方法，开具增值税普通发票，注明金额50万元，税额1.5万元。

（3）在本区为甲供工程提供安装服务并选择适用简易计税方法，收到含税预收款20.6万元，开具增值税普通发票。

（4）在本区提供修缮服务，适用一般计税方法，开具增值税专用发票，注明金额50万元，税额4.5万元；将部分工程分包给乙建筑公司，取得3份代开的增值税专用发票，注明金额30万元，税额0.9万元。

已知取得的增值税专用发票均已通过选择确认平台确认通过。

要求：根据上述业务完成增值税及附加税费申报表。

六、任务解答

[提示] 试点纳税人提供建筑服务适用简易计税方法的，以取得的全部价款和价外费用扣除支付的分包款后的余额为销售额。

（1）增值税及附加税费申报表附列资料（一）见表2-44。

表2-44

增值税及附加税费申报表附列资料（一）

（本期销售情况明细）

税款所属时间：2022年01月01日至2022年01月31日

纳税人名称：(公章) 广州市万富建筑有限公司　　　　　　　　　　　　　金额单位：元（列至角分）

项目及栏次	栏次	开具增值税专用发票 销售额 1	销项(应纳)税额 2	开具其他发票 销售额 3	销项(应纳)税额 4	未开具发票 销售额 5	销项(应纳)税额 6	纳税检查调整 销售额 7	销项(应纳)税额 8	合计 销售额 9=1+3+5+7	销项(应纳)税额 10=2+4+6+8	价税合计 11=9+10	服务、不动产和无形资产扣除项目本期实际扣除额 12	含税(免税)销售额 13=11-12	扣除后 销项(应纳)税额 14=13÷(100%+税率或征收率)×税率或征收率
一般计税方法计税 全部征税项目 13%税率的货物及加工修理修配劳务	1	0.00	0.00	0.00	0.00	—	0.00	—	0.00	0.00	0.00	0.00	—	—	—
13%税率的服务、不动产和无形资产	2	0.00	0.00	0.00	0.00	—	0.00	—	0.00	0.00	0.00	0.00	—	—	—
9%税率的货物及加工修理修配劳务	3	0.00	0.00	0.00	0.00	—	0.00	—	0.00	0.00	0.00	0.00	—	—	—
9%税率的服务、不动产和无形资产	4	500 000.00	45 000.00	0.00	0.00	—	0.00	—	0.00	500 000.00	45 000.00	545 000.00	—	—	—
6%税率	5	—	—	—	—	—	—	—	—	—	—	—	—	—	—
其中：即征即退项目 即征即退货物及加工修理修配劳务	6	—	—	—	—	—	—	—	—	—	—	—	—	—	—
即征即退服务、不动产和无形资产	7	—	—	—	—	—	—	—	—	—	—	—	—	—	—
二、简易计税方法计税 全部征税项目 6%征收率	8	0.00	0.00	0.00	0.00	—	0.00	—	0.00	0.00	0.00	0.00	—	—	—
5%征收率的货物及加工修理修配劳务	9a	0.00	0.00	0.00	0.00	—	0.00	—	0.00	0.00	0.00	0.00	—	—	—
5%征收率的服务、不动产和无形资产	9b	0.00	0.00	0.00	0.00	—	0.00	—	0.00	0.00	0.00	0.00	—	—	—
4%征收率	10	0.00	0.00	0.00	0.00	—	0.00	—	0.00	0.00	0.00	0.00	—	—	—
3%征收率的货物及加工修理修配劳务	11	0.00	0.00	0.00	0.00	—	0.00	—	0.00	0.00	0.00	0.00	—	—	—
3%征收率的服务、不动产和无形资产	12	3 000 000.00	90 000.00	700 000.00	21 000.00	—	0.00	—	0.00	3 700 000.00	111 000.00	3 811 000.00	1 030 000.00	2 781 000.00	81 000.00
预征率 ____ %	13a	—	—	—	—	—	—	—	—	—	—	—	—	—	—
预征率 ____ %	13b	—	—	—	—	—	—	—	—	—	—	—	—	—	—
预征率 ____ %	13c	—	—	—	—	—	—	—	—	—	—	—	—	—	—
其中：即征即退项目 即征即退货物及加工修理修配劳务	14	—	—	—	—	—	—	—	—	—	—	—	—	—	—
即征即退服务、不动产和无形资产	15	—	—	—	—	—	—	—	—	—	—	—	—	—	—
三、免抵退税 货物及加工修理修配劳务	16	—	—	—	—	—	—	—	—	—	—	—	—	—	—
服务、不动产和无形资产	17	—	—	—	—	—	—	—	—	—	—	—	—	—	—
四、免税 货物及加工修理修配劳务	18	—	—	—	—	—	—	—	—	—	—	—	—	—	—
服务、不动产和无形资产	19	—	—	—	—	—	—	—	—	—	—	—	—	—	—

（2）增值税及附加税费申报表附列资料（二）见表2-45。

表2-45　　　　　**增值税及附加税费申报表附列资料（二）**

（本期进项税额明细）

税款所属时间：2022年01月01日至2022年01月31日

纳税人名称：（公章）广州市万富建筑有限公司　　　　　　　　　金额单位：元（列至角分）

一、申报抵扣的进项税额				
项目	栏次	份数	金额	税额
（一）认证相符的增值税专用发票	1=2+3	15	1 300 000.00	39 000.00
其中：本期认证相符且本期申报抵扣	2	15	1 300 000.00	39 000.00
前期认证相符且本期申报抵扣	3	0		
（二）其他扣税凭证	4=5+6+7+8a+8b		0.00	0.00
其中：海关进口增值税专用缴款书	5			
农产品收购发票或者销售发票	6			
代扣代缴税收缴款凭证	7		—	
加计扣除农产品进项税额	8a		—	
其他	8b			
（三）本期用于购建不动产的扣税凭证	9			
（四）本期用于抵扣的旅客运输服务扣税凭证	10			
（五）外贸企业进项税额抵扣证明	11		—	
当期申报抵扣进项税额合计	12=1+4+11	15	1 300 000.00	39 000.00
二、进项税额转出额				
项目	栏次		税额	
本期进项税额转出额	13=14至23之和		30 000.00	
其中：免税项目用	14			
集体福利、个人消费	15			
非正常损失	16			
简易计税方法征税项目用	17		30 000.00	
免抵退税办法不得抵扣的进项税额	18			
纳税检查调减进项税额	19			
红字专用发票信息表注明的进项税额	20			
上期留抵税额抵减欠税	21			
上期留抵税额退税	22			
异常凭证转出进项税额	23a			
其他应作进项税额转出的情形	23b			
三、待抵扣进项税额				
项目	栏次	份数	金额	税额
（一）认证相符的增值税专用发票	24	—	—	—
期初已认证相符但未申报抵扣	25			
本期认证相符且本期未申报抵扣	26			
期末已认证相符但未申报抵扣	27			
其中：按照税法规定不允许抵扣	28			
（二）其他扣税凭证	29=30至33之和			
其中：海关进口增值税专用缴款书	30			
农产品收购发票或者销售发票	31			
代扣代缴税收缴款凭证	32		—	
其他	33			
	34			
四、其他				
项目	栏次	份数	金额	税额
本期认证相符的增值税专用发票	35			
代扣代缴税额	36		—	—

（3）增值税及附加税费申报表附列资料（三）见表2-46。

表2-46

增值税及附加税费申报表附列资料（三）

（服务、不动产和无形资产扣除项目明细）

税款所属时间：2022年01月01日至2022年01月31日

纳税人名称：（公章）广州市万富建筑有限公司　　　　　　　　　　　　　　金额单位：元（列至角分）

项目及栏次		本期服务、不动产和无形资产价税合计额（免税销售额）1	服务、不动产和无形资产扣除项目				
			期初余额 2	本期发生额 3	本期应扣除金额 4=2+3	本期实际扣除金额 5（5≤1且5≤4）	期末余额 6=4-5
13%税率的项目	1	0.00			0.00		0.00
9%税率的项目	2	545 000.00			0.00		0.00
6%税率的项目（不含金融商品转让）	3				0.00		0.00
6%税率的金融商品转让项目	4				0.00		0.00
5%征收率的项目	5	0.00			0.00		0.00
3%征收率的项目	6	3 811 000.00		1 030 000.00	1 030 000.00	1 030 000.00	0.00
免抵退税的项目	7	0.00			0.00		0.00
免税的项目	8	0.00			0.00		0.00

（4）增值税及附加税费申报表见表2-47。

表2-47

增值税及附加税费申报表

（一般纳税人适用）

根据国家税收法律法规及增值税相关法规定制定本表。纳税人不论有无销售额，均应按税务机关核定的纳税期限填写本表，并向当地税务机关申报。

税款所属时间：自2022年01月01日至2022年01月31日　填表日期：2022年02月07日　金额单位：元（列至角分）。

纳税人识别号（统一社会信用代码）：8040643102262628J000

纳税人名称：广州市万富建筑有限公司　登记注册类型：　　所属行业：

开户银行及账号：　　法定代表人姓名：　　电话号码：　生产经营地址：　注册地址：

	项　目	栏次	一般项目		即征即退项目	
			本月数	本年累计	本月数	本年累计
销售额	（一）按适用税率计税销售额	1	500 000.00	500 000.00	0.00	0.00
	其中：应税货物销售额	2	500 000.00	500 000.00		0.00
	应税劳务销售额	3	0.00	0.00		0.00
	纳税检查调整的销售额	4	0.00	0.00		0.00
	（二）按简易办法计税销售额	5	3 700 000.00	3 700 000.00		0.00
	其中：纳税检查调整的销售额	6	0.00	0.00	—	—
	（三）免、抵、退办法出口销售额	7	0.00	0.00	—	—
	（四）免税销售额	8	0.00	0.00	—	—
	其中：免税货物销售额	9			—	—
	免税劳务销售额	10			—	—
税款计算	销项税额	11	45 000.00	45 000.00	0.00	0.00
	进项税额	12	39 000.00	39 000.00	0.00	0.00
	上期留抵税额	13	0.00	0.00	0.00	—
	进项税额转出	14	30 000.00	30 000.00		0.00
	免、抵、退应退税额	15		0.00	—	—
	按适用税率计算的纳税检查应补缴税额	16		0.00	—	—
	应抵扣税额合计	17=12+13-14-15+16	9 000.00	9 000.00	0.00	0.00
	实际抵扣税额	18（如17<11，则为17，否则为11）	9 000.00	—	0.00	—
	应纳税额	19=11-18	36 000.00	36 000.00	0.00	0.00
	期末留抵税额	20=17-18	0.00	0.00	0.00	—
	简易计税办法计算的应纳税额	21	81 000.00	81 000.00	0.00	0.00
	按简易计税办法计算的纳税检查应补缴税额	22	0.00	0.00		—
	应纳税额减征额	23	0.00	0.00		0.00
	应纳税额合计	24=19+21-23	117 000.00	117 000.00	0.00	0.00

续表

项目	栏次	一般项目 本月数	一般项目 本年累计	即征即退项目 本月数	即征即退项目 本年累计
期初未缴税额(多缴为负数)	25	0.00	0.00	0.00	0.00
实收出口开具专用缴款书退税额	26	0.00	0.00	—	—
本期已缴税额	27=28+29+30+31	0.00	0.00	0.00	0.00
①分次预缴税额	28	0.00	—	—	—
②出口开具专用缴款书预缴税额	29	0.00	—	0.00	0.00
③本期缴纳上期应纳税额	30	0.00	0.00	0.00	0.00
④本期缴纳欠缴税额	31	0.00	0.00	—	0.00
期末未缴税额(多缴为负数)	32=24+25+26-27	117 000.00	117 000.00	0.00	—
其中:欠缴税额(≥0)	33=25+26-27	0.00	—	0.00	0.00
本期应补(退)税额	34=24-28-29	117 000.00	—	0.00	—
即征即退实际退税额	35	—	0.00	—	—
期初未缴查补税额	36	0.00	0.00	—	—
本期入库查补税额	37	0.00	0.00	—	—
期末未缴查补税额	38=16+22+36-37	0.00	0.00	—	—
城市维护建设税本期应补(退)税额	39	8 190.00	8 190.00	—	—
教育费附加本期应补(退)费额	40	3 510.00	3 510.00	—	—
地方教育附加本期应补(退)费额	41	2 340.00	2 340.00	—	—

(税款缴纳 / 附加税费)

声明:此表是根据国家税收法律法规及相关规定填写的,本人(单位)对填报内容(及附带资料)的真实性、可靠性、完整性负责。

纳税人(签章):

受理人:
受理税务机关(章):
受理日期:　　年　月　日

经办人:
经办人身份证号:
代理机构签章:
代理机构统一社会信用代码:

年　月　日

任务十六　增值税纳税申报
——小规模纳税人申报表（兼营业务）

一、实训目标

（1）能正确申报增值税及附加税费申报表（小规模纳税人适用）主表；

（2）能正确申报增值税及附加税费申报表（小规模纳税人适用）附列资料；

（3）能正确申报增值税减免税申报明细表；

（4）培养学生依法纳税的意识，提高社会责任感。

二、实训材料

增值税及附加税费申报表（小规模纳税人适用）。

三、实训内容和步骤

（1）登录电子税务局，进入【我要办税】；

（2）选择【税费申报及缴纳】；

（3）选择应申报的报表，在【按期应申报】中，选择要申报的税种，点击【填写申报表】；

（4）完成填列增值税及附加税费申报表（小规模纳税人适用）附列资料；

（5）根据税控盘发票及税控盘技术服务费普通发票等填写增值税减免税申报明细表；

（6）填列增值税及附加税费申报表（小规模纳税人适用）。

四、实训注意事项

（1）按照《财政部　税务总局关于明确增值税小规模纳税人免征增值税政策的公告》（财政部　税务总局公告2021年第11号）的规定，自2021年4月1日至2022年12月31日，对月销售额15万元以下（含本数）的增值税小规模纳税人，免征增值税，以1个季度为1个纳税期的，季度销售额未超过45万元的，免征增值税。此次提高增值税小规模纳税人月销售额免税标准，政策的适用对象是年应税销售额500万元以下、身份为小规模纳税人的纳税人。

（2）注意货物及劳务列与服务、不动产和无形资产列分别填写对应的收入，填报错误会影响税款的属性。

（3）如果可以享受小微政策，则直接将普通发票收入填写在第9行以下，第1—8行不填写数据。注意增值税专用发票收入都要填入前8行，一般填在第1—2行。

（4）小规模纳税人应将当期开具增值税专用发票的销售额，按照3%和5%的征收率，分别填写在"增值税及附加税费申报表（小规模纳税人适用）"第2栏和第5栏"增值税专用发票不含税销售额"的"本期数"相应栏次中。

（5）差额纳税人按照差额后的收入计算是否享受小微政策。

（6）企业税收管理人员能规范、正确地进行应纳税额的申报，这不仅关系到企业的成本费用，而且关系到企业诚信经营的社会形象，关系到国家的财政收入。

五、实训任务

新阳服装制造有限公司为增值税小规模纳税人，按季度申报纳税，2022年第1季度发生经济业务如下：

（1）销售服饰取得不含税销售收入5万元，开具增值税普通发票。

（2）出租不动产取得不含税销售收入10万元，开具增值税普通发票。

（3）销售自建不动产取得不含税销售收入10万元，开具增值税普通发票。

要求：根据以上业务完成增值税及附加税费申报表。

六、任务解答

增值税及附加税费申报表（小规模纳税人适用）见表2-48。

表2-48　　　　　　　　增值税及附加税费申报表

（小规模纳税人适用）

纳税人识别号（统一社会信用代码）：□□□□□□□□□□□□□□□□□□

纳税人名称：新阳服装制造有限公司　　　　　　　　金额单位：元（列至角分）

税款所属期：2022年01月01日至2022年03月31日　　　　填表日期：2022年04月11日

	项目	栏次	本期数		本年累计	
			货物及劳务	服务、不动产和无形资产	货物及劳务	服务、不动产和无形资产
一、计税依据	（一）应征增值税不含税销售额（3%征收率）	1				
	增值税专用发票不含税销售额	2				
	其他增值税发票不含税销售额	3				
	（二）应征增值税不含税销售额（5%征收率）	4	—		—	
	增值税专用发票不含税销售额	5	—		—	
	其他增值税发票不含税销售额	6	—		—	
	（三）销售使用过的固定资产不含税销售额	7（7≥8）		—		—
	其中：其他增值税发票不含税销售额	8		—		—
	（四）免税销售额	9=10+11+12	50 000	200 000	50 000	200 000
	其中：小微企业免税销售额	10	50 000	200 000	50 000	200 000
	未达起征点销售额	11				
	其他免税销售额	12				
	（五）出口免税销售额	13（13≥14）				
	其中：其他增值税发票不含税销售额	14				

续表

项目	栏次	本期数		本年累计	
		货物及劳务	服务、不动产和无形资产	货物及劳务	服务、不动产和无形资产
二、税款计算　本期应纳税额	15				
本期应纳税额减征额	16				
本期免税额	17	1 500	10 000	1 500	10 000
其中：小微企业免税额	18	1 500	10 000	1 500	10 000
未达起征点免税额	19				
应纳税额合计	20=15-16	0	0	0	0
本期预缴税额	21			—	—
本期应补（退）税额	22=20-21			—	—
三、附加税费　城市维护建设税本期应补（退）税额	23	0			
教育费附加本期应补（退）费额	24	0			
地方教育附加本期应补（退）费额	25	0			

声明：此表是根据国家税收法律法规及相关规定填写的，本人（单位）对填报内容（及附带资料）的真实性、可靠性、完整性负责。

纳税人（签章）：　　　　年　月　日

经办人： 经办人身份证号： 代理机构签章： 代理机构统一社会信用代码：	受理人： 受理税务机关（章）： 受理日期：　　　年　月　日

任务十七　增值税税收筹划

——选择纳税人身份

一、实训目的

1.能利用纳税人身份选择进行增值税税收筹划；
2.培养学生提高技能、参与管理、强化服务的意识。

二、实训材料

计算机、计算器、实训表单和《中华人民共和国增值税暂行条例》文本等。

三、实训内容和步骤

1.计算不同方案的不含税销售额；

2.计算不同方案的销项税额；

3.计算不同方案的不含税购进额；

4.计算不同方案的进项税额；

5.计算不同方案的应纳增值税税额；

6.根据应纳增值税税额选择合理方案。

四、实训注意事项

1.注意决策标准的不同会导致选择结果不一样；

2.实际决策中影响决策的因素会更多，需要综合考虑各因素的影响。

五、实训任务

某服装批发企业，年不含税销售额大约为500万元，会计核算制度比较健全，服装适用的增值税税率为13%。可抵扣购进货物的不含税金额为400万元，假设购进货物的税额都可以抵扣。企业管理层估计，在未来的一段时间，企业规模不会有太大增长，经营业务项目也不会有大的改变。

要求：填写表2-49，并确定该企业选择哪种增值税纳税人身份税负更轻。

表2-49　　　　　　　　　　　　纳税人身份选择对比表

项目	一般纳税人	小规模纳税人
不含税销售额		
销项税额		—
不含税购进额		
进项税额		—
增值率		
应纳增值税税额		
纳税人身份选择		

【思考】增值率为多少时，两种不同身份纳税人应纳增值税税额相同？如果选择净利润或者现金净流量作为判断标准，选择结果是否会变化？

六、任务解答

分别计算不同身份纳税人的应纳增值税税额，比较之后，选择应纳增值税税额小的方案。也可以分别计算不同身份纳税人的净利润或者现金净流量，比较之后，选择净利润或者现金净流量大的方案，具体见表2-50。

表2-50   纳税人身份选择对比表   单位：万元

项目	一般纳税人	小规模纳税人
不含税销售额	500	500
销项税额	65	—
不含税购进额	400	400
进项税额	52	—
增值率	（500 − 400）÷ 500 × 100% = 20%	
应纳增值税税额	65 − 52 = 13	500 × 3% = 15
纳税人身份选择	根据应纳增值税税额判断，选择一般纳税人身份可以少交增值税2万元	

任务十八　增值税税收筹划
——选择促销方案

一、实训目的

1. 能进行增值税销项税额筹划；
2. 培养学生提高技能、参与管理、强化服务的意识。

二、实训材料

计算机、计算器、实训表单和《中华人民共和国增值税暂行条例》文本等。

三、实训内容和步骤

1. 计算不同方案的不含税销售额；
2. 计算不同方案的销项税额；
3. 计算不同方案的不含税购进额；
4. 计算不同方案的进项税额；
5. 计算不同方案的应纳增值税税额；
6. 根据应纳增值税税额选择合理方案。

四、实训注意事项

1. 注意决策标准的不同会导致选择结果不一样；
2. 实际决策中影响决策的因素会更多，需要综合考虑各因素的影响。

五、实训任务

某大型商场为增值税一般纳税人。该商场决定在国庆期间进行商品促销。现有以下3个促销方案：

方案1：将商品九折销售。折扣额和销售额开在同一张发票上。

方案2：凡购物满100元者赠送价值10元的商品（成本为6元）。

方案3：凡购物满100元者返还10元现金。

假定该商场商品毛利率为40%，即100元商品的成本为60元，每个方案消费者都购买100元的商品。

要求：填写表2-51，以应纳增值税税额为标准，确定该商场选择哪个方案最有利。

表2-51　　　　　　　　　　　　促销方案选择对比表

项目	方案1	方案2	方案3
不含税销售额			
销项税额			
不含税购进额			
进项税额			
应纳增值税税额			
促销方案选择			

六、任务解答

分别计算不同促销方案的应纳增值税税额，比较之后，选择应纳增值税税额小的方案。也可以分别计算不同促销方案的净利润或者现金净流量，比较之后，选择净利润或者现金净流量大的方案。具体见表2-52。

表2-52　　　　　　　　　　　　促销方案选择对比表　　　　　　　　　　单位：元

项目	方案1	方案2	方案3
不含税销售额	79.65	97.35	88.50
销项税额	10.35	12.65	11.50
不含税购进额	53.10	58.41	53.10
进项税额	6.90	7.59	6.90
应纳增值税税额	3.45	5.06	4.60
促销方案选择	根据应纳增值税税额判断，应该选择方案1		

思政专栏

警钟长鸣

税警联合查处5起增值税发票虚开骗税案件：（一）大连破获"5·03"虚开增值税专用发票案。2017年12月，大连税警联合行动，成功破获"5·03"虚开增值税专用发票案。经查，犯罪团伙通过设立"空壳公司"的方式对外虚开增值税专用发票35 217

份，虚开金额达 38.58 亿元。2020 年 6 月，该案主犯因犯虚开增值税专用发票罪被判处无期徒刑，其余 13 名涉案人员分别依法判处 4—15 年不等的有期徒刑，并处罚金。（二）江西破获"黄金票"虚开案件。2019 年 4 月，江西省吉安市税警协作成功打掉了一个利用"黄金票"虚开团伙，抓获犯罪嫌疑人 4 人，网上追逃 1 人，查封犯罪用的生产设备、电脑、银行卡若干。经查，该团伙伪造生产假象、拉长资金链条掩盖虚开轨迹，通过票货分离的方式，向 9 个省的 25 户企业虚开增值税专用发票 2 496 份，虚开金额达 25.49 亿元。2021 年 5 月，该案主犯因犯虚开增值税专用发票罪被判处有期徒刑 15 年。（三）广西破获"7·31"虚开增值税发票案。2019 年 7 月，广西桂林市税警协作成功打掉一个虚开发票犯罪团伙，捣毁窝点 1 个，抓获犯罪嫌疑人 4 人，查获身份证、印章、银行卡、手机、税控装置等作案工具一批。经查，犯罪团伙在没有提供真实劳务派遣服务的情况下，通过签订虚假的"劳务合同"和"劳务派遣合同"，虚构劳务派遣业务，虚开增值税普通发票 501 份，虚开金额 8 041 万元。2021 年 1 月，该案 4 名犯罪嫌疑人因犯虚开发票罪，分别被判处 1 年 6 个月至 2 年 6 个月不等的有期徒刑，并处罚金。（四）安徽破获废旧物资虚开增值税发票案。2019 年 6 月，安徽池州市税警协作成功破获铜陵某公司池州分公司虚开发票案。经查，该公司虚设交易环节，虚开增值税专用发票 1 764 份、普通发票 22 份，虚开金额达 3.68 亿元。2021 年 1 月，该案主犯因犯虚开增值税专用发票罪和虚开发票罪被判处有期徒刑 12 年，并处罚金。（五）山东破获"11·28"虚开增值税专用发票案。2018 年 11 月，山东省济南市税警协作打掉 3 个"暴力虚开"犯罪团伙，捣毁窝点 5 个，抓获犯罪嫌疑人 10 人，查获身份证、营业执照、印章、税控装置、U 盾等作案工具。经查，犯罪团伙利用 463 户"空壳公司"，向全国 30 个省（区、市）11 000 多家企业虚开增值税专用发票等 2 万余份，虚开金额达 64.4 亿余元。2020 年 10 月，该案主犯因犯虚开增值税专用发票罪被判处有期徒刑 10 年 6 个月。

国家税务总局稽查局负责人表示，下一步，税务部门将深入贯彻落实《关于进一步深化税收征管改革的意见》，持续提升防范风险、发现问题、精准监管的能力，联合有关部门持续加大对涉税违法行为的常态化打击力度，进一步保障国家税收安全，切实维护守法纳税人的合法权益。对重大涉税违法犯罪案件，依法从严查处曝光，并按照有关规定纳入企业和个人信用记录，共享至全国信用信息平台，推动建设公平有序的税收营商环境。

【启示】一是财务人员应该在政治思想上、精神境界上、作风纪律上始终坚持高标准、严要求。二是财务人员应该勤学善思笃行，切实加强实践锻炼和专业训练，不断提高综合素质、专业能力和工作水平。三是财务人员应该认真履职尽责，做一名有担当、有作为的财务人，苦干实干加油干。四是财务人员应该自觉崇法守纪，做一名讲规矩、有底线的财务人。

资料来源：蔡岩红.税务总局通报 5 起虚开增值税专用发票案［EB/OL］.［2021-09-01］. http: legaldaily.com.cn.

项目三

消费税

任务一　消费税税款计算
——直接对外销售应税消费品

一、实训目的

1.能正确计算直接对外销售应税消费品应纳税额；

2.培养学生诚实守信、坚持准则的职业道德。

二、实训材料

1.北京起众汽车制造有限公司销售小轿车增值税专用发票1张；

2.北京永醇酒业有限公司销售啤酒增值税专用发票1张；

3.北京永醇酒业有限公司销售白酒增值税专用发票1张。

三、实训内容和步骤

（一）确定应税消费品的销售额或销售数量

销售额为纳税人销售应税消费品向购买方收取的全部价款和价外费用。价外费用，是指价外向购买方收取的手续费、补贴、基金、集资费等。

（二）确定应税消费品的消费税税率

消费税税率有从价税、从量税、复合税。

（三）计算应税消费品的应纳消费税税额

1.采用从价定率计算

在从价定率计算方式下，应纳税额等于应税消费品的销售额乘以适用税率。基本计算公式为：

$$应纳税额 = 应税消费品的销售额 \times 比例税率$$

2.采用从量定额计算

在从量定额计算方式下，应纳税额等于应税消费品的销售数量乘以单位税额。基本计算公式为：

$$应纳税额 = 应税消费品的销售数量 \times 定额税率$$

3.采用从价定率和从量定额复合计算

复合计税是指实行从价定率和从量定额相结合的计税方式计算消费税。基本计算公式为：

$$应纳税额 = 应税消费品的销售额 \times 比例税率 + 应税消费品的销售数量 \times 定额税率$$

四、实训注意事项

1.应根据不同税目判断该消费品的应纳税额是从价计征、从量计征还是复合计征；

2.注意销售数量单位的转化；

3.自2022年11月1日起，对电子烟生产（进口）、批发环节征收消费税。

4.培养学生诚实守信、坚持准则的职业道德。

五、实训任务

（1）2022年6月5日，北京起众汽车制造有限公司销售气缸容量为1.6升的小轿车4辆，开具增值税专用发票一张，金额400 000元，税额52 000元，款项已收。

（2）2022年6月2日，北京永醇酒业有限公司销售啤酒30吨，含税价为115 269元，款项已收。

（3）2022年9月13日，北京永醇酒业有限公司销售白酒20吨，开具增值税专用发票一张，不含税金额360 000元，增值税税率13%，款项已收。

要求：计算各任务应纳消费税。

六、任务解答

（1）销售额为增值税专用发票上不含税金额，为400 000元；

小汽车适用的消费税税率为5%；

应纳税额 = 400 000 × 5% = 20 000（元）

（2）销售数量为30吨；

应纳税额 = 30 × 250 = 7 500（元）

（3）销售数量为20吨；

从量计税应纳税额 = 20 × 2 000 × 0.5 = 20 000（元）

销售额为增值税专用发票上不含税金额，为360 000元；

从价计税应纳税额 = 360 000 × 20% = 72 000（元）

应纳税额 = 20 000 + 72 000 = 92 000（元）

任务二　消费税税款计算
——自产自用应税消费品

一、实训目的

1.能正确计算自产自用应税消费品应纳税额；

2.培养学生诚实守信、坚持准则的职业道德。

二、实训材料

1.北京永醇酒业有限公司以白酒对外投资开具的增值税发票1张；

2.北京博森生物技术有限公司高档化妆品销售资料和增值税发票1张；

3.北京丰赢油田股份有限公司销售及自产自用应税消费品资料；

4.北京金浦烟草有限公司销售及产品领用应税消费品资料；

5.应交消费税计算表。

三、实训内容和步骤

1.确定应税消费品的销售额或销售数量;

2.判断是按照平均售价还是最高售价确定计税金额;

3.若无法取得销售价格,需要计算组成计税价格;

4.计算应纳消费税税额。

四、实训注意事项

(1)纳税人生产的同类消费品的销售价格,按照当月销售的同类消费品的销售价格计算纳税,如果当月同类消费品销售价格高低不同,应按销售数量加权平均。如果当月无销售或当月未完结,应按照同类消费品上月或最近几个月的销售价格计算纳税。没有同类消费品销售价格的,按照组成计税价格计算纳税。

实行从价定率办法计算纳税的组成计税价格的计算公式为:

$$组成计税价格 = (成本 + 利润) \div (1 - 消费税比例税率)$$

实行复合计税办法计算纳税的组成计税价格的计算公式为:

$$组成计税价格 = \left(成本 + 利润 + \frac{自产自用}{数量} \times \frac{消费税}{定额税率}\right) \div \left(1 - \frac{消费税}{比例税率}\right)$$

(2)纳税人将自产的应税消费品用于换取生产资料和消费资料、投资入股和抵偿债务等方面,应当以纳税人同类应税消费品的最高销售价格为计税依据计算消费税。

(3)培养学生诚实守信、坚持准则的职业道德。

五、实训任务

(1)以自产的应税消费品作为投资。2022年8月24日,北京永醇酒业有限公司以其生产的白酒对外投资,开具增值税发票一张,数量为50吨,单价为8 000元/吨,增值税税率为13%(该企业白酒采用统一售价,白酒消费税单位税额为0.5元/斤,比例税率为20%)。请填写应纳消费税计算表(见表3-1)。

表3-1　　　　　　　　　　应纳消费税计算表　　　　　　　　　　金额单位:元

品名	销售数量(吨)	单位税额(元/斤)	销售量	税率(%)	从量税	从价税	合计
白酒							
合计	—	—	—	—			

审核:王梦媛　　　　　　　　　　　　制表:斐迪

(2)以自产的应税消费品抵偿债务。2022年10月31日,北京博森生物技术有限公司用自产的天仙高档化妆品70套抵偿前欠北京广华商贸有限公司的胶原蛋白货款55 000元。该天仙高档化妆品本月不含税售价在600元/套至700元/套之间浮动,平均不含税售价为650元/套,增值税税率为13%。开具增值税专用发票一张,不含税价款为45 500

元（高档化妆品的消费税税率为15%）。请填写应交消费税计算表（见表3-2）。

表3-2　　　　　　　　　　　　　应交消费税计算表　　　　　　　　金额单位：元

项目	金额
计税金额	
税率（%）	
应纳税额	

审核：卢昊　　　　　　　　　制表：干英文

（3）以自产应税消费品用于在建工程。2022年5月28日，北京丰赢油田股份有限公司将自产的柴油800升用于本厂的职工宿舍在建工程。该柴油不含税单位售价为6.83元/升，单位成本为5.5元/升，增值税税率为13%（该类柴油的消费税单位税额为1.2元/升）。请填写应交消费税计算表（见表3-3）。

表3-3　　　　　　　　　　　　　应交消费税计算表　　　　　　　　金额单位：元

项目	金额
数量（升）	
单位税额	
应纳税额	

审核：熊英　　　　　　　　　制表：康威

（4）以自产应税消费品发放职工福利。2022年8月31日，北京金浦烟草有限公司将自产的12标准箱卷烟发放给职工作为福利，该卷烟的出厂价格为19 000元/标准箱（不含增值税），成本为12 000元，增值税税率为13%（该类卷烟的单位税额为150元/标准箱，比例税率为56%。）公司共有职工200人，其中170名为生产工人，30名为管理人员，每名职工分发15标准条卷烟。领用单见表3-4。请填写应交消费税计算表（见表3-5）。

表3-4　　　　　　　　　　　　　　领用单

领用时间：2022年8月31日

品名	单位	数量	用途
卷烟	标准箱	1.80	管理人员的职工福利
卷烟	标准箱	10.20	生产人员的职工福利
合计	—	12.00	—

表3-5　　　　　　　　　　　　　应交消费税计算表　　　　　　　　金额单位：元

品名	销售数量（标准箱）	单位税额（元/标准箱）	销售额	税率（%）	从量税	从价税	合计
卷烟							
合计	—	—	—	—	—	—	

审核：王恒　　　　　　　　　制表：朱璇璇

六、任务解答

（1）应纳消费税计算表见表3-6。

表3-6   应纳消费税计算表   金额单位：元

品名	销售数量（吨）	单位税额（元/斤）	销售额	税率（%）	从量税	从价税	合计
白酒	50	0.5	400 000.00	20	50 000.00	80 000.00	130 000.00
合计	—	—	—	—	—	—	130 000.00

审核：王梦媛   制表：斐迪

销售数量为50吨：

从量计税应纳税额 = 50 × 2 000 × 0.5 = 50 000（元）

销售额为增值税专用发票上的不含税金额，为400 000元：

从价计税应纳税额 = 400 000 × 20% = 80 000（元）

应纳税额 = 50 000 + 80 000 = 130 000（元）

（2）应交消费税计算表见表3-7。

表3-7   应交消费税计算表   金额单位：元

项目	金额
计税金额	49 000.00
税率（%）	15
应纳税额	7 350.00

审核：卢昊   制表：干英文

计税金额 = 70 × 700 = 49 000（元）（抵偿债务从高确定计税单价）

应纳税额 = 49 000 × 15% = 7 350（元）

（3）应交消费税计算表见表3-8。

销售数量为800升：

应纳税额 = 800 × 1.20 = 960（元）

表3-8   应交消费税计算表   金额单位：元

项目	金额
数量（升）	800.00
单位税额	1.20
应纳税额	960.00

审核：熊英   制表：康威

（4）应交消费税计算表见表3-9。

从量计税应纳税额 = 12 × 150 = 1 800（元）

销售额 = 12 × 19 000 = 228 000（元）

从价计税应纳税额 = 228 000 × 56% = 127 680（元）

应纳税额 = 1 800 + 127 680 = 129 480（元）

表3-9　　　　　　　　　　　应交消费税计算表　　　　　　　　　　金额单位：元

品名	销售数量 （标准箱）	单位税额 （元/标准箱）	销售额	税率 （%）	从量税	从价税	合计
卷烟	12	150.00	228 000.00	56.00	1 800.00	127 680.00	129 480.00
合计	—	—	—	—	—	—	129 480.00

审核：王恒　　　　　　　　　　　　　制表：朱璇璇

任务三　消费税税款计算
——委托加工应税消费品

一、实训目的

1. 能正确计算委托加工应税消费品应纳税额；
2. 培养学生诚实守信、坚持准则的职业道德。

二、实训材料

1. 北京丰赢油田股份有限公司委托加工资料；
2. 被代收代缴消费税计算表；
3. 应交消费税计算表。

三、实训内容和步骤

（一）确定或计算计税依据

委托加工从价计征或复合计征应税消费品的计税依据在不同情况下有两种确定方法：

（1）按照受托方的同类消费品的销售价格计算纳税。

（2）没有同类消费品销售价格的，按照组成计税价格计算纳税。

实行从价计税办法计算纳税的组成计税价格的计算公式为：

$$组成计税价格 = （材料成本 + 加工费）÷ （1 - 消费税比例税率）$$

实行复合计税办法计算纳税的组成计税价格的计算公式为：

$$组成计税价格 = （材料成本 + 加工费 + 委托加工数量 × 消费税定额税率）÷ （1 - 消费税比例税率）$$

（二）计算应交消费税金额

根据具体应税消费品确定从价计征或从量计征或复合计征。

四、实训注意事项

（一）委托加工应税消费品的确定

委托加工的应税消费品，是指由委托方提供原料和主要材料，受托方只收取加工费和代垫部分辅助材料加工的应税消费品。对于由受托方提供原材料生产的应税消费品，或者受托方先将原材料卖给委托方，然后接受加工的应税消费品，以及由受托方以委托方名义购进原材料生产的应税消费品，无论纳税人在财务上是否作为销售处理，都不得作为委托加工应税消费品，而应当按照销售自制应税消费品缴纳消费税。

（二）代收代缴税款的规定

委托加工的应税消费品除受托方为个人外，由受托方在向委托方交货时代收代缴税款。委托加工的应税消费品，委托方收回后直接出售的，不再缴纳消费税；委托方用于连续生产应税消费品的，所纳税款准予按规定抵扣。

（三）委托加工收回的应税消费品已纳税款的扣除

（1）《中华人民共和国消费税暂行条例》规定，委托加工的应税消费品因为已由受托方代收代缴消费税，因而对部分加工收回后用于连续生产的应税消费品，在计税时按当期生产领用数量计算，准予扣除委托加工的应税消费品已纳的消费税税款。

（2）当期准予扣除委托加工收回的应税消费品已纳消费税税款的计算公式为：

$$\text{当期准予扣除的委托加工应税消费品已纳税款} = \text{期初库存委托加工应税消费品已纳税款} + \text{当期收回的委托加工应税消费品已纳税款} - \text{期末库存的委托加工应税消费品已纳税款}$$

（四）培养学生诚实守信、坚持准则的职业道德

五、实训任务

（1）收回后直接用于销售。2022年6月2日，北京金浦烟草有限公司委托北京福安加工有限公司加工烟丝。北京金浦烟草有限公司提供原材料烟叶4 000千克，不含税单价15元/千克。2022年6月8日，支付加工费，取得增值税专用发票，注明加工费20 000元，进项税额2 600元。受托方无同类消费品销售价格；烟丝的消费税税率为30%。计算委托加工业务将由受托方代收代缴的消费税税额，并填写代收代缴消费税计算表（见表3-10）。

表3-10　　　　　　　　代收代缴消费税计算表　　　　　　　　金额单位：元

项目	金额
组成计税价格	
税率（%）	
代收代缴消费税	

审核：王恒　　　　　　　　　　　　　制表：朱璇璇

（2）收回后连续生产应税消费品。2022年6月14日，北京金浦烟草有限公司委托北京福安加工有限公司加工烟丝，北京金浦烟草有限公司提供原材料烟叶2 500千克，不含税单价16元/千克。

2022年6月22日，支付加工费，取得增值税发票，注明加工费16 000元，进项税额2 080元。2022年6月22日，北京金浦烟草有限公司收回委托加工的烟丝2 125千克并入库。

2022年6月25日，北京金浦烟草有限公司对外销售卷烟5标准箱，单价18 000元/标准箱，增值税税率13%。

请完成以下任务：（注：该批烟丝收回后用于连续生产卷烟）

①2022年6月22日，计算北京金浦烟草有限公司当日委托加工业务将由受托方代收代缴的消费税税额。请将表3-11填写完整。（注：受托方无同类消费品销售价格；烟丝的消费税税率为30%）

表3-11　　　　　　　　　　代收代缴消费税计算表　　　　　　　　金额单位：元

项目	金额
组成计税价格	
税率（%）	
代收代缴消费税	

审核：王恒　　　　　　　　　　　　制表：朱璇璇

②2022年6月30日，北京金浦烟草有限公司计算当月销售业务的应纳消费税税额。请将表3-12填写完整。（该类别卷烟的单位税额为150元/标准箱，比例税率为56%）

表3-12　　　　　　　　应交消费税计算表　　　　　　　金额单位：元

品名	销售数量（标准箱）	单位税额（元/标准箱）	销售额	税率（%）	从量税	从价税	合计
卷烟							
合计	—	—		—			

审核：王恒　　　　　　　　　　　　制表：朱璇璇

③北京金浦烟草有限公司2022年6月初库存委托加工应税烟丝已纳消费税3 480元，月末库存委托加工烟丝已纳消费税23 650元。2022年6月30日，请计算当月准予抵扣的消费税税额及当月应纳消费税税额。

六、任务解答

（1）填写代收代缴消费税计算表（见表3-13）。

表3-13　　　　　　　　　代收代缴消费税计算表　　　　　　　金额单位：元

项目	金额
组成计税价格	114 285.71
税率（%）	30
代收代缴消费税	34 285.71

审核：王恒　　　　　　　　　　　　制表：朱璇璇

组成计税价格 =（材料成本 + 加工费）÷（1-消费税税率）

　　　　　　 =（60 000 + 20 000）÷（1 - 30%）= 114 285.71（元）

应纳消费税税额 = 114 285.71 × 30% = 34 285.71（元）

（2）填写代收代缴消费税计算表（见表3-14）和应交消费税计算表（见表3-15）。

表3-14　　　　　　　　　　代收代缴消费税计算表　　　　　　　　　金额单位：元

项目	金额
组成计税价格	80 000.00
税率（%）	30
代收代缴消费税	24 000.00

审核：王恒　　　　　　　　　　　　制表：朱璇璇

①组成计税价格＝（材料成本＋加工费）÷（1－消费税税率）

　　　　　　　＝（40 000＋16 000）÷（1－30%）＝80 000（元）

应纳消费税税额＝80 000×30%＝24 000（元）

表3-15　　　　　　　　　　　应交消费税计算表　　　　　　　　　　金额单位：元

品名	销售数量（标准箱）	单位税额（元/标准箱）	销售额	税率（%）	从量税	从价税	合计
卷烟	5	150.00	90 000.00	56	750.00	50 400.00	51 150.00
合计	—	—					51 150.00

审核：王恒　　　　　　　　　　　　制表：朱璇璇

②销售数量＝5标准箱，从量税＝5×150＝750（元）

销售额＝90 000元，从价税＝90 000×56%＝50 400（元）

应纳消费税税额合计＝750＋50 400＝51 150（元）

③当月准予扣除的消费税税额＝3 480＋24 000－23 650＝3 830（元）

本月应纳消费税税额＝51 150－3 830＝47 320（元）

任务四　消费税税款计算

——进口应税消费品

一、实训目的

1.能正确计算进口应税消费品应纳税额；

2.培养学生诚实守信、坚持准则的职业道德。

二、实训材料

1.北京志达汽车销售有限公司进口小轿车海关进口关税专用缴款书；

2.进口环节应交消费税计算表。

三、实训内容和步骤

（1）确定应税消费品的关税完税价格和关税。

（2）计算进口应税消费品组成计税价格。

实行从价定率办法计算纳税的组成计税价格的计算公式为：

组成计税价格＝（关税完税价格＋关税）÷（1－消费税比例税率）

实行复合计税办法计算纳税的组成计税价格的计算公式为：

$$组成计税价格 = （关税完税价格 + 关税 + 进口数量 × 消费税定额税率）÷（1 - 消费税比例税率）$$

（3）计算应税消费品应纳税额。

四、实训注意事项

1.进口应税消费品于报关进口时缴纳消费税，此消费税由海关代征；

2.培养学生诚实守信、坚持准则的职业道德。

五、实训任务

2022年6月20日，北京志达汽车销售有限公司进口小轿车2辆，取得海关进口关税专用缴款书，注明关税完税价格为500 000元，关税税率为15%。（注：相关消费税比例税率为9%）

要求：计算消费税，并填写进口环节应交消费税计算表（见表3-16）。

表3-16　　　　　　　　　　进口环节应交消费税计算表　　　　　　　　金额单位：元

项目	金额
关税完税价格	
应纳关税	
消费税比例税率（%）	
组成计税价格	
应纳消费税	

审核：李旭仓　　　　　　　　　　　制表：张天弼

六、任务解答

填写进口环节应交消费税计算表（见表3-17）。

（1）关税完税价格为海关进口关税专用缴款书中完税价格500 000元。

（2）应纳关税＝500 000×15%＝75 000（元）

（3）组成计税价格＝（关税完税价格＋关税）÷（1－消费税税率）

＝（500 000＋75 000）÷（1－9%）＝631 868.13（元）

（4）海关代收代缴的消费税＝631 868.13×9%＝56 868.13（元）

表3-17   **进口环节应交消费税计算表**   金额单位：元

项目	金额
关税完税价格	500 000.00
应纳关税	75 000.00
消费税比例税率（%）	9
组成计税价格	631 868.13
应纳消费税	56 868.13

审核：李旭仓   制表：张天弼

任务五   消费税纳税申报

——一般销售

一、实训目的

1. 能正确填写销售商品消费税及附加税费申报表；

2. 培养学生依法纳税的意识，提高社会责任感。

二、实训材料

1. 企业基本情况；

2. 电子缴款付款凭证；

3. 专用发票汇总表。

三、实训内容和步骤

（1）填写纳税申报表的表头。

①本表"税款所属期"：指纳税人申报的消费税应纳税额所属时间，应填写具体的起止年、月、日。

②本表"纳税人识别号（统一社会信用代码）"：填写纳税人识别号或者统一社会信用代码。

③本表"纳税人名称"：填写纳税人名称全称。

（2）本表"应税消费品名称"栏、第1栏"定额税率"、第2栏"比例税率"和第3栏"计量单位"根据"应税消费品名称、税率和计量单位对照表"内容对应填写。

（3）本表第4栏"本期销售数量"：填写税法规定的本期应当申报缴纳消费税的应税消费品销售数量（不含出口免税销售数量）。用自产汽油生产的乙醇汽油，按照生产乙醇汽油所耗用的汽油数量填写；以废矿物油生产的润滑油基础油为原料生产的润滑油，按扣除耗用的废矿物油生产的润滑油基础油后的数量填写。

（4）本表第5栏"本期销售额"：填写税法规定的本期应当申报缴纳消费税的应税消费品销售额（不含出口免税销售额）。

（5）本表第6栏"本期应纳税额"。

计算公式如下：

$$实行从价定率办法计算的应纳税额 = 销售额 \times 比例税率$$
$$实行从量定额办法计算的应纳税额 = 销售数量 \times 定额税率$$

实行复合计税办法计算的应纳税额 = 销售额 × 比例税率 + 销售数量 × 定额税率

暂缓征税的应税消费品，不计算应纳税额。

（6）本表第7栏"本期减（免）税额"：填写本期按照税法的规定减免的消费税应纳税额，不包括暂缓征收的应税消费品的税额以及出口应税消费品的免税额。本期减免消费税应纳税额情况，需同时填报附表2"本期减（免）税额明细表"。本栏数值应等于附表2"本期减（免）税额明细表"第8栏"减（免）税额""合计"栏数值。

（7）本表第8栏"期初留抵税额"：填写上期申报表第12栏"期末留抵税额"数值。

（8）本表第9栏"本期准予扣除税额"：填写税法规定的本期外购、进口或委托加工收回应税消费品用于连续生产应税消费品准予扣除的消费税已纳税额，以及委托加工收回应税消费品以高于受托方计税价格销售的，在计税时准予扣除的消费税已纳税额。

成品油消费税纳税人：本表"本期准予扣除税额"栏数值 = 附表1-2"本期准予扣除税额计算表（成品油消费税纳税人适用）"第6栏"本期准予扣除税额""合计"栏数值。

其他消费税纳税人：本表"本期准予扣除税额"栏数值 = 附表1-1"本期准予扣除税额计算表"第19栏"本期准予扣除税款合计""合计"栏数值。

（9）本表第10栏"本期应扣除税额"：填写纳税人本期应扣除的消费税税额。

计算公式为：

$$本期应扣除税额 = 期初留抵税额 + 本期准予扣除税额$$

（10）本表第11栏"本期实际扣除税额"：填写纳税人本期实际扣除的消费税税额。

计算公式为：

当本期应纳税额合计 - 本期减（免）税额 ≥ 本期应扣除税额时，本期实际扣除税额 = 本期应扣除税额。

当本期应纳税额合计 - 本期减（免）税额 < 本期应扣除税额时，本期实际扣除税额 = 本期应纳税额合计 - 本期减（免）税额。

（11）本表第12栏"期末留抵税额"：计算公式为：

$$期末留抵税额 = 本期应扣除税额 - 本期实际扣除税额$$

（12）本表第13栏"本期预缴税额"：填写纳税申报前纳税人已预先缴纳入库的本

期消费税税额。

（13）本表第14栏"本期应补（退）税额"：填写纳税人本期应纳税额中应补缴或应退回的数额。

计算公式为：

$$\begin{array}{l}\text{本期应补} \\ \text{（退）税额}\end{array} = \begin{array}{l}\text{本期应纳} \\ \text{税额合计}\end{array} - \begin{array}{l}\text{本期减} \\ \text{（免）税额}\end{array} - \begin{array}{l}\text{本期实际} \\ \text{扣除税额}\end{array} - \begin{array}{l}\text{本期} \\ \text{预缴税额}\end{array}$$

（14）填写其他税费额。

①本表第15栏"城市维护建设税本期应补（退）税额"：填写附表6"消费税附加税费计算表""城市维护建设税"对应的"本期应补（退）税（费）额"栏数值。

②本表第16栏"教育费附加本期应补（退）费额"：填写附表6"消费税附加税费计算表""教育费附加"对应的"本期应补（退）税（费）额"栏数值。

③本表第17栏"地方教育附加本期应补（退）费额"：填写附表6"消费税附加税费计算表""地方教育附加"对应的"本期应补（退）税（费）额"栏数值。

四、实训注意事项

（1）注意报表类别的选择；

（2）区分从量定额、从价定率和复合计税的应纳消费税的计算公式；

（3）培养学生依法纳税的意识，提高社会责任感。

五、实训任务

北京博森生物技术有限公司于2022年9月销售索伏特高档化妆品（消费税税率15%），2022年8月期初未缴税额为32 500元，已预缴消费税325 100元，取得电子缴税付款凭证。本月开具增值税发票5张，销售额为3 541 240.50元，税率13%，增值税销项税额为460 361.27元。已知该企业城市维护建设税税率7%，教育费附加费率3%，地方教育附加费率2%。

要求：填写消费税及附加税费申报表。

六、任务解答

纳税申报表填写见表3-18，表中数据如下：

（1）销售额从专用发票汇总表取值，本月销售额为3 541 240.50元；

（2）应纳税额 = 3 541 240.5 × 15% = 531 186.08（元）；

（3）本期应补税额就是主表算出的应纳税额；

（4）城市维护建设税本期应补（退）税额 = 531 186.08 × 7% = 37 183.03（元）；

（5）教育费附加本期应补（退）费额 = 531 186.08 × 3% = 15 935.58（元）；

（6）地方教育附加本期应补（退）费额 = 531 186.08 × 2% = 10 623.72（元）。

表3-18　　　　　　　　　　消费税及附加税费申报表

税款所属期：自2022年09月01日至2022年09月30日

纳税人识别号（统一社会信用代码）：********************

纳税人名称：北京博森生物技术有限公司　　　　　　　　　金额单位：人民币元（列至角分）

应税消费品名称	适用税率		计量单位	本期销售数量	本期销售额	本期应纳税额
	定额税率	比例税率				
	1	2	3	4	5	6 = 1×4 + 2×5
高档化妆品		15%			3 541 240.50	531 186.08
合计	—	—	—	—	—	531 186.08

	栏次	本期税费额
本期减（免）税额	7	
期初留抵税额	8	
本期准予扣除税额	9	
本期应扣除税额	10 = 8 + 9	
本期实际扣除税额	11〔10< （6-7），则为10，否则为6-7〕	
期末留抵税额	12 = 10-11	
本期预缴税额	13	
本期应补（退）税额	14 = 6-7-11-13	531 186.08
城市维护建设税本期应补（退）税额	15	37 183.03
教育费附加本期应补（退）费额	16	15 935.58
地方教育附加本期应补（退）费额	17	10 623.72

声明：此表是根据国家税收法律法规及相关规定填写的，本人（单位）对填报内容（及附带资料）的真实性、可靠性、完整性负责。

纳税人（签章）：　　　年　　月　　日

经办人：	受理人：
经办人身份证号：	受理税务机关（章）：
代理机构签章：	
代理机构统一社会信用代码：	受理日期：　　年　　月　　日

任务六　消费税纳税申报
——卷烟批发

一、实训目的

1.能正确填写卷烟批发环节消费税及附加税费申报表；

2.能正确填写卷烟批发企业月份销售明细清单；

3.培养学生依法纳税的意识，提高社会责任感。

二、实训材料

1.企业基本情况；

2.出库单汇总表；

3.电子缴款凭证；

4.专用发票汇总表。

三、实训内容和步骤

（一）填写消费税及附加税费申报表

（二）填写卷烟批发企业月份销售明细清单

（1）本表第2栏"卷烟牌号规格"名称为经国家烟草专卖局批准生产的卷烟牌号规格。

（2）本表第3栏"卷烟类别"为国家烟草专卖局划分的卷烟类别，即一类卷烟、二类卷烟、三类卷烟、四类卷烟和五类卷烟。

（3）本表第4栏"卷烟类型"为国产卷烟、进口卷烟、罚没卷烟、其他。

（4）本表第5栏"销售价格"为卷烟批发企业向零售单位销售卷烟的实际价格，不含增值税，计量单位为"元/条（200支）"，非标准条包装的卷烟应折算成标准条卷烟价格。

（5）本表第6栏"销量数量"为卷烟批发企业向零售单位销售卷烟的数量，计量单位为"万支"。

（6）本表第7栏"销售额"为卷烟批发企业向零售单位销售卷烟的实际销售额，不含增值税，计量单位为"元"。

四、实训注意事项

（1）填表时应注意卷烟销售数量的单位，是支、万支还是箱，注意销售数量的单位换算；

（2）培养学生依法纳税的意识，提高社会责任感。

五、实训任务

北京天域卷烟批发有限公司2022年6月共批发卷烟1标准箱，本月销售金额共125 000元。

要求：填写消费税及附加税费申报表。

六、任务解答

该企业消费税及附加税费申报表见表3-19，具体方法如下：

（1）销售数量从出库单汇总表中查找，1标准箱=5万支

（2）销售额从专用发票汇总表第5行"实际销售金额"取值，销售额为125 000元

（3）应纳税额 = 5 × 50 + 125 000 × 11% = 14 000（元）

（4）本期应补（退）税额就是主表算出的应纳税额 = 14 000元

（5）城市维护建设税本期应补（退）税额 = 14 000 × 7% = 980（元）

（6）教育费附加本期应补（退）费额 = 14 000 × 3% = 420（元）

（7）地方教育附加本期应补（退）费额 = 14 000 × 2% = 280（元）

表3-19　　　　　　　　　　消费税及附加税费申报表

税款所属期：自2022年06月01日至2022年06月30日

纳税人识别号（统一社会信用代码）：

纳税人名称：北京天域卷烟批发有限公司　　　　　　　　　　金额单位：人民币元（列至角分）

应税消费品名称	适用税率		计量单位	本期销售数量	本期销售额	本期应纳税额
	定额税率	比例税率				
	1	2	3	4	5	6 = 1×4 + 2×5
卷烟	50元/万支	11%	万支	5	125 000.00	14 000.00
合计	—	—	—	—	—	14 000.00

	栏次	本期税费额
本期减（免）税额	7	
期初留抵税额	8	
本期准予扣除税额	9	
本期应扣除税额	10 = 8 + 9	
本期实际扣除税额	11〔10<（6-7），则为10，否则为6-7〕	
期末留抵税额	12 = 10-11	
本期预缴税额	13	
本期应补（退）税额	14 = 6-7-11-13	14 000.00
城市维护建设税本期应补（退）税额	15	980.00
教育费附加本期应补（退）费额	16	420.00
地方教育附加本期应补（退）费额	17	280.00

声明：此表是根据国家税收法律法规及相关规定填写的，本人（单位）对填报内容（及附带资料）的真实性、可靠性、完整性负责。

　　　　　　　　　　　　　　　　　　　　　　　　纳税人（签章）：　　年　月　日

经办人：	受理人：
经办人身份证号：	受理税务机关（章）：
代理机构签章：	
代理机构统一社会信用代码：	受理日期：　　年　月　日

该卷烟批发企业月份销售明细清单见表3-20，具体填列方法如下：

（1）卷烟类别为一类卷烟；

（2）卷烟类型为国产卷烟；

（3）卷烟销售价格为200支的价格；

（4）卷烟销售数量为5万支；

（5）卷烟销售额为125 000元。

表3-20　　　　　　　　　　卷烟批发企业月份销售明细清单

（卷烟批发环节消费税纳税人适用）

卷烟条包装商品条码	卷烟牌号规格	卷烟类别	卷烟类型	销售价格	销售数量	销售额	备注
1	2	3	4	5	6	7	8
*****	*****	一类卷烟	国产卷烟	100	5	125 000	

任务七　消费税纳税申报

——外购已税消费品连续加工

一、实训目的

1.能正确填写外购应税消费品连续加工应税消费品消费税及附加税费申报表；

2.培养学生依法纳税的意识，提高社会责任感。

二、实训材料

1.企业基本情况；

2.存货盘点报告表（期初）（期末）；

3.入库单、出库单汇总表；

4.电子缴款付款凭证；

5.专用发票汇总表。

三、实训内容和步骤

（一）填写本期准予扣除税额计算表

本期准予扣除税额计算表见表3-21。

（1）本表由外购（含进口）或委托加工收回的应税消费品用于连续生产应税消费品、委托加工收回的应税消费品以高于受托方计税价格出售的纳税人（成品油消费税纳税人除外）填写。

（2）本表"应税消费品名称""适用税率""计量单位"栏的填写同主表。

（3）本表第1栏"期初库存委托加工应税消费品已纳税款"：填写上期本表第3栏数值。

表 3-21　　　　　　　　　本期准予扣除税额计算表　　　　　金额单位：元（列至角分）

准予扣除项目		应税消费品名称					合计
一、本期准予扣除的委托加工应税消费品已纳税款计算		期初库存委托加工应税消费品已纳税款	1				
		本期收回委托加工应税消费品已纳税款	2				
		期末库存委托加工应税消费品已纳税款	3				
		本期领用不准予扣除委托加工应税消费品已纳税款	4				
		本期准予扣除委托加工应税消费品已纳税款	$5 = 1 + 2 - 3 - 4$				
二、本期准予扣除的外购应税消费品已纳税款计算	（一）从价计税	期初库存外购应税消费品买价	6				
		本期购进应税消费品买价	7				
		期末库存外购应税消费品买价	8				
		本期领用不准予扣除外购应税费品买价	9				
		适用税率	10				
		本期准予扣除外购应税消费品已纳税款	$11 = (6 + 7 - 8 - 9) \times 10$				
	（二）从量计税	期初库存外购应税消费品数量	12				
		本期外购应税消费品数量	13				
		期末库存外购应税消费品数量	14				
		本期领用不准予扣除外购应税消费品数量	15				
		适用税率	16				
		计量单位	17				
		本期准予扣除外购应税消费品已纳税款	$18 = (12 + 13 - 14 - 15) \times 16$				
三、本期准予扣除税款合计			$19 = 5 + 11 + 18$				

（4）本表第 2 栏"本期收回委托加工应税消费品已纳税款"：填写纳税人委托加工收回的应税消费品在委托加工环节已纳消费税税额。

（5）本表第 3 栏"期末库存委托加工应税消费品已纳税款"：填写纳税人期末库存

委托加工收回的应税消费品在委托加工环节已纳消费税税额合计。

（6）本表第4栏"本期领用不准予扣除委托加工应税消费品已纳税款"：填写纳税人委托加工收回的应税消费品，按税法的规定不允许扣除的在委托加工环节已纳消费税税额。

（7）本表第5栏"本期准予扣除委托加工应税消费品已纳税款"：填写按税法的规定，本期委托加工收回应税消费品中符合扣除条件准予扣除的消费税已纳税额，计算公式为：

$$
\begin{array}{l}
\text{本期准予扣除} \\
\text{委托加工应税} \\
\text{消费品已纳税款}
\end{array}
=
\begin{array}{l}
\text{期初库存} \\
\text{委托加工应税} \\
\text{消费品已纳税款}
\end{array}
+
\begin{array}{l}
\text{本期收回} \\
\text{委托加工应税} \\
\text{消费品已纳税款}
\end{array}
-
\begin{array}{l}
\text{期末库存} \\
\text{委托加工应税} \\
\text{消费品已纳税款}
\end{array}
-
\begin{array}{l}
\text{本期领用不准予} \\
\text{扣除委托加工} \\
\text{应税消费品已纳税款}
\end{array}
$$

（8）本表第6栏"期初库存外购应税消费品买价"：填写本表上期第8栏"期末库存外购应税消费品买价"的数值。

（9）本表第7栏"本期购进应税消费品买价"：填写纳税人本期外购用于连续生产的从价计税的应税消费品买价。

（10）本表第8栏"期末库存外购应税消费品买价"：填写纳税人外购用于连续生产应税消费品期末买价余额。

（11）本表第9栏"本期领用不准予扣除外购应税消费品买价"：填写纳税人本期领用外购的从价计税的应税消费品，按税法的规定不允许扣除的应税消费品买价。

（12）本表第11栏"本期准予扣除外购应税消费品已纳税款"：计算公式为：

$$
\begin{array}{l}
\text{本期准予扣除} \\
\text{外购应税消费品} \\
\text{已纳税款（从价计税）}
\end{array}
=
\left(
\begin{array}{l}
\text{期初库存} \\
\text{外购应税} \\
\text{消费品买价}
\end{array}
+
\begin{array}{l}
\text{本期购进} \\
\text{应税} \\
\text{消费品买价}
\end{array}
-
\begin{array}{l}
\text{期末库存} \\
\text{外购应税} \\
\text{消费品买价}
\end{array}
-
\begin{array}{l}
\text{本期领用不准} \\
\text{予扣除外购应} \\
\text{税消费品买价}
\end{array}
\right)
\times
\begin{array}{l}
\text{适用} \\
\text{税率}
\end{array}
$$

（13）本表第12栏"期初库存外购应税消费品数量"：填写本表上期第14栏"期末库存外购应税消费品数量"的数值。

（14）本表第13栏"本期外购应税消费品数量"：填写纳税人本期外购用于连续生产的从量计税的应税消费品数量。

（15）本表第14栏"期末库存外购应税消费品数量"：填写纳税人用于连续生产的外购应税消费品期末库存数量。

（16）本表第15栏"本期领用不准予扣除外购应税消费品数量"：填写纳税人本期领用外购的从量计税的应税消费品，按税法的规定不允许扣除的应税消费品数量。

（17）本表第18栏"本期准予扣除外购应税消费品已纳税款"：计算公式为：

$$
\begin{array}{l}
\text{本期准予扣除} \\
\text{外购应税消费品} \\
\text{已纳税款（从量计税）}
\end{array}
=
\left(
\begin{array}{l}
\text{期初库存} \\
\text{外购应税} \\
\text{消费品数量}
\end{array}
+
\begin{array}{l}
\text{本期购进} \\
\text{应税} \\
\text{消费品数量}
\end{array}
-
\begin{array}{l}
\text{期末库存} \\
\text{外购应税} \\
\text{消费品数量}
\end{array}
-
\begin{array}{l}
\text{本期领用不准} \\
\text{予扣除外购应} \\
\text{税消费品数量}
\end{array}
\right)
\times
\begin{array}{l}
\text{适用} \\
\text{税率}
\end{array}
$$

（18）本表第19栏"本期准予扣除税款合计"：计算公式为：

$$
\begin{array}{l}
\text{本期准予} \\
\text{扣除} \\
\text{税款合计}
\end{array}
=
\begin{array}{l}
\text{本期准予扣除} \\
\text{委托加工应税} \\
\text{消费品已纳税款}
\end{array}
+
\begin{array}{l}
\text{本期准予扣除外购} \\
\text{应税消费品已纳} \\
\text{税款（从价计税）}
\end{array}
+
\begin{array}{l}
\text{本期准予扣除外购} \\
\text{应税消费品已纳} \\
\text{税款（从量计税）}
\end{array}
$$

（二）填写消费税及附加税费申报表

（1）本表"本期准予扣除税额"填写按税收法规的规定本期外购或委托加工收回应

税消费品后连续生产应税消费品准予扣除的消费税应纳税额。其准予扣除的消费税应纳税额情况，需填报附表1"本期准予扣除税额计算表"予以反映。"本期准予扣除税额"栏数值与附表1"本期准予扣除税额计算表""本期准予扣除税款合计"栏数值一致。

（2）本表"本期应补（退）税额"填写纳税人本期应纳税额中应补缴或应退回的数额，计算公式如下（多缴为负数）：

$$\begin{array}{l}本期应补\\（退）税额\end{array}=\begin{array}{l}应纳税额\\（合计栏金额）\end{array}-\begin{array}{l}本期减\\（免）税额\end{array}-\begin{array}{l}本期实际\\扣除税额\end{array}-\begin{array}{l}本期\\预缴税额\end{array}$$

（3）本表"期末未缴税额"填写纳税人本期期末应缴未缴的消费税税额，计算公式如下（多缴为负数）：

期末未缴税额 = 期初未缴税额 + 本期应补（退）税额 − 本期缴纳前期应纳税额

四、实训注意事项

（1）对于连续加工应税消费品的当期应纳消费税的计算，需要扣除本期准予扣除税额；
（2）纳税申报时，需要先填写附表1"本期准予扣除税额计算表"，再填写主表；
（3）培养学生依法纳税的意识，提高社会责任感。

五、实训任务

北京康健烟草有限公司主要从事卷烟的生产与加工、销售，公司于2022年7月外购烟丝用于生产销售卷烟。

（1）2022年6月30日，存货盘点报告表上，烟丝数量为2 081.87千克，单价30元/千克。2022年7月31日，存货盘点报告表上，烟丝数量为1 700.77千克，单价30元/千克。
（2）本月入库单汇总表中，本月入库烟丝共11 894千克，单价30元/千克，金额356 820元。
（3）本月出库单汇总表显示，本月卷烟共出库200标准箱。
（4）专用发票汇总表第5行显示，本月实际销售额为8 400 000元。
要求：根据背景资料，请代为申报消费税。

六、任务解答

先填写本期准予扣除税额计算表（见表3-22），再填写烟类应税消费品消费税及附加税费申报表（见表3-23）。具体方法如下：

（1）期初库存外购应税消费品买价 = 单价 × 期初库存烟丝实存数量 = 30 × 2 081.87 = 62 456.10（元），其中期初库存烟丝实存数量、单价在6月份存货盘点报告表中取值。
（2）本期购进应税消费品买价从入库单汇总表合计栏取值，为356 820元。
（3）期末库存外购应税消费品买价 = 单价 × 期末库存烟丝实存数量 = 30 × 1 700.77 = 51 023.10（元），其中期末库存烟丝实存数量、单价在7月份存货盘点报告表中取值。
（4）本期准予扣除外购应税消费品已纳税款 =（期初库存外购应税消费品买价 + 本期购进应税消费品买价 − 期末库存外购应税消费品买价）× 外购烟丝适用税率 =（62 456.10 + 356 820 − 51 023.10）× 30% = 110 475.90（元）
（5）消费税及附加税费申报表中销售额从专用发票汇总表第5行"实际销售金额"

取值。销售数量从出库单汇总表中取值，将200标准箱转换为1 000万支。

（6）应纳税额 = 1 000 × 30 + 8 400 000 × 56% = 4 734 000（元）

（7）本期准予扣除税额为附表一本期准予扣除税额计算表中本期准予扣除税款合计数。

（8）本期应扣除税额 = 期初留抵税额 + 本期准予扣除税额 = 110 475.90（元）

（9）本期应补税额 = 本期应纳税额 – 本期实际扣除税额

$$= 4\ 734\ 000 - 110\ 475.90 = 4\ 623\ 524.10（元）$$

（10）城市维护建设税本期应补（退）税额 = 4 623 524.10 × 7% = 323 646.69（元）

（11）教育费附加本期应补（退）费额 = 4 623 524.10 × 3% = 138 705.72（元）

（12）地方教育附加本期应补（退）费额 = 4 623 524.10 × 2% = 92 470.48（元）

表3-22　　　　　　　　　　　　　本期准予扣除税额计算表　　　　　金额单位：元（列至角分）

准予扣除项目		应税消费品名称		烟丝	合计
一、本期准予扣除的委托加工应税消费品已纳税款计算		期初库存委托加工应税消费品已纳税款	1		
		本期收回委托加工应税消费品已纳税款	2		
		期末库存委托加工应税消费品已纳税款	3		
		本期领用不准予扣除委托加工应税消费品已纳税款	4		
		本期准予扣除委托加工应税消费品已纳税款	5 = 1 + 2 – 3 – 4		
二、本期准予扣除的外购应税消费品已纳税款计算	（一）从价计税	期初库存外购应税消费品买价	6	62 456.10	62 456.10
		本期购进应税消费品买价	7	356 820.00	356 820.00
		期末库存外购应税消费品买价	8	51 023.10	51 023.10
		本期领用不准予扣除外购应税消费品买价	9		
		适用税率	10	30%	30%
		本期准予扣除外购应税消费品已纳税款	11 =（6 + 7 – 8 – 9）× 10	110 475.90	110 475.90
	（二）从量计税	期初库存外购应税消费品数量	12		
		本期外购应税消费品数量	13		
		期末库存外购应税消费品数量	14		
		本期领用不准予扣除外购应税消费品数量	15		
		适用税率	16		
		计量单位	17		
		本期准予扣除外购应税消费品已纳税款	18 =（12 + 13 – 14 – 15）× 16		
三、本期准予扣除税款合计			19 = 5 + 11 + 18	110 475.90	110 475.90

表3-23　　　　　　　　　　　　　消费税及附加税费申报表

税款所属期：自2022年07月01日至2022年07月31日

纳税人识别号（统一社会信用代码）：

纳税人名称：北京康健烟草有限公司　　　　　　　　　　　　金额单位：人民币元（列至角分）

应税消费品名称	适用税率		计量单位	本期销售数量	本期销售额	本期应纳税额
	定额税率	比例税率				
	1	2	3	4	5	6 = 1×4 + 2×5
卷烟	30元/万支	56%	万支	1 000	8 400 000.00	4 734 000.00
合计	—	—	—	—	—	4 734 000.00

	栏次	本期税费额
本期减（免）税额	7	
期初留抵税额	8	
本期准予扣除税额	9	110 475.90
本期应扣除税额	10 = 8 + 9	110 475.90
本期实际扣除税额	11〔10<（6-7），则为10，否则为6-7〕	110 475.90
期末留抵税额	12 = 10-11	
本期预缴税额	13	
本期应补（退）税额	14 = 6-7-11-13	4 623 524.10
城市维护建设税本期应补（退）税额	15	323 646.69
教育费附加本期应补（退）费额	16	138 705.72
地方教育附加本期应补（退）费额	17	92 470.48

声明：此表是根据国家税收法律法规及相关规定填写的，本人（单位）对填报内容（及附带资料）的真实性、可靠性、完整性负责。

纳税人（签章）：　　　年　　月　　日

经办人：
经办人身份证号：
代理机构签章：
代理机构统一社会信用代码：

受理人：
受理税务机关（章）：

受理日期：　　　年　　月　　日

任务八　消费税税收筹划

——选择定价方案

一、实训目的

1.能合理利用定价策略进行消费税筹划；
2.培养学生提高技能、参与管理、强化服务的意识。

二、实训材料

计算机、计算器、实训表单和《中华人民共和国消费税暂行条例》文本等。

三、实训内容和步骤

1.计算不同方案的不含税销售额；
2.计算不同方案的应纳消费税税额；
3.计算不同方案的净利润；
4.根据应纳消费税税额或净利润选择合理方案。

四、实训注意事项

1.注意决策标准的不同会导致选择结果不一样；
2.实际决策中影响决策的因素会更多，需要综合考虑各因素的影响；
3.培养学生提高技能、参与管理、强化服务的意识。

五、实训任务

甲企业生产手表，成本为7 000元/只，目前售价为9 500元/只（不含增值税），购进材料等取得增值税专用发票，每只进项税额780元，企业产品销路很好，每年可以销售10万只，销售部门建议可以提价10%，假设提价不会减少购买量，城市维护建设税、教育费附加、地方教育附加合计税费率为12%，企业所得税税率为25%。

要求：填写表3-24，并按照净利润确定销售部门提价是否合理。

【思考】提价为多少时，提价后的方案和原销售方案净利润相同？

六、任务解答

分别计算不同定价方案的净利润或者现金净流量，比较之后，选择净利润或者现金净流量大的方案。也可以分别计算不同定价方案的应纳消费税税额，比较之后，选择应纳消费税税额小的方案，具体见表3-25。

表3-24 定价方案选择对比表 单位：万元

项目	按原价格销售	提价10%销售
不含税销售额		
销项税额		
不含税购进金额		
进项税额		
应纳增值税税额		
应纳消费税税额		
应纳城市维护建设税、教育费附加、地方教育附加		
利润		
净利润		
定价方案选择		

表3-25 定价方案选择对比表 单位：万元

项目	按原价格销售	提价10%销售
不含税销售额	95 000	104 500
销项税额	12 350	13 585
不含税购进金额	60 000	60 000
进项税额	7 800	7 800
应纳增值税税额	4 550	5 785
应纳消费税税额	0	20 900
应纳城市维护建设税、教育费附加、地方教育附加	546	3 202
利润	24 454	10 398
净利润	18 340.50	7 798.50
定价方案选择	选择不提价方案	

任务九　消费税税收筹划
——选择包装方式

一、实训目的

1.能合理利用包装方式进行消费税筹划；
2.培养学生提高技能、参与管理、强化服务的意识。

二、实训材料

计算机、计算器、实训表单和《中华人民共和国消费税暂行条例》文本等。

三、实训内容和步骤

1.计算不同方案的不含税销售额；
2.计算不同方案的应纳消费税税额；
3.计算不同方案的净利润；
4.根据应纳消费税税额或净利润选择合理方案。

四、实训注意事项

1.注意决策标准的不同会导致选择结果不一样；
2.实际决策中影响决策的因素会更多，需要综合考虑各因素的影响；
3.培养学生提高技能、参与管理、强化服务的意识。

五、实训任务

某酒厂生产各种类型的酒，以适应不同消费者的需求。春节来临，大部分消费者都以酒作为馈赠亲朋好友的礼品，针对这种市场情况，该酒厂于1月初推出"组合装礼品酒"的促销活动，将白酒、白兰地酒和葡萄酒各一瓶组成价值115元的成套礼品酒进行销售，三种酒的出厂价分别为50元/瓶、40元/瓶，25元/瓶，白酒的消费税税率从量为0.5元/斤、从价为20%，白兰地酒和葡萄酒的消费税税率为10%。假设这三种酒每瓶均为1斤装，该月共销售10 000套礼品酒。该酒厂可以采取下列两个促销方案：

方案1：先包装后销售；
方案2：先销售后包装。

要求：填写表3-26相应项目，以应纳消费税税额为标准，确定该酒厂选择哪个方案最有利。

表3-26   促销方案选择对比表   单位：万元

项目	先包装后销售	先销售后包装
不含税销售额		
应纳消费税税额		
促销方案选择		

【思考】如果选择净利润或者现金净流量为判断标准，选择结果是否会有变化？

六、任务解答

分别计算不同促销方案的应纳消费税税额，比较之后，选择应纳消费税税额小的方案。也可以分别计算不同促销方案的净利润或者现金净流量，比较之后，选择净利润或者现金净流量大的方案，具体见表3-27。

表3-27   促销方案选择对比表   单位：万元

项目	先包装后销售	先销售后包装
不含税销售额	115	115
应纳消费税税额	24.5	17
促销方案选择	选择先销售后包装的促销方案，应纳消费税少	

任务十 消费税税收筹划
——选择非货币性资产交换方式

一、实训目的

1.能合理利用非货币性资产交换进行消费税筹划；
2.培养学生提高技能、参与管理、强化服务的意识。

二、实训材料

计算机、计算器、实训表单和《中华人民共和国消费税暂行条例》文本等。

三、实训内容和步骤

1.计算不同方案的不含税销售额；
2.计算不同方案的应纳消费税税额；
3.计算不同方案的净利润；
4.根据应纳消费税税额或净利润选择合理方案。

四、实训注意事项

1.注意决策标准的不同会导致选择结果不一样；

2.实际决策中影响决策的因素会更多，需要综合考虑各因素的影响；

3.培养学生提高技能、参与管理、强化服务的意识。

五、实训任务

嘉美实木地板生产企业，当月对外销售了3批次同种实木地板，单价80元的销售1 000㎡，单价85元的销售800㎡，单价90元的销售200㎡。当月拟以500㎡同种实木地板与B木材加工厂换取原材料，实木地板消费税税率为5%。该企业有下列两个备选方案：

方案1：直接交换；

方案2：先销售再购买。

要求：填写表3-28相应项目，以应纳消费税税额为标准，确定该地板生产企业选择哪个方案最有利。

表3-28   非货币性资产交换方案对比表   单位：元

项目	直接交换	先销售再购买
不含税销售额		
应纳消费税税额		
交换方式选择		

【思考】如果选择净利润或者现金净流量为判断标准，选择结果是否会有变化？

六、任务解答

分别计算不同非货币性资产交换方案的应纳消费税税额，比较之后，选择应纳消费税税额小的方案。也可以分别计算不同非货币性资产交换方案的净利润或者现金净流量，比较之后，选择净利润或者现金净流量大的方案，具体见表3-29。

表3-29   非货币性资产交换方案对比表   单位：元

项目	直接交换	先销售再购买
不含税销售额	45 000	41 500
应纳消费税税额	2 250	2 075
交换方式选择	选择先销售再购买方式，应纳消费税少	

思政专栏

与时俱进，关注消费税改革动态

《中华人民共和国国民经济和社会发展第十四个五年规划和2035年远景目标纲要》在谈及完善现代税收制度时，要求调整优化消费税征收范围和税率，推进征收环节后移并稳步下划地方。

中国政法大学财税法研究中心主任施正文告诉"第一财经"，这意味着下一步消费税改革重点依然包括征收范围和税率的调整，下一步消费税征收范围有进有出，可以将一些高污染、高档奢侈品纳入消费税征收范围。现有部分税目的消费税税率也应该有所调整，可以考虑提高高档奢侈品税率，适当降低成品油等税率。

消费税征税对象是特殊消费品，目前包括烟、酒、油、车等15个税目，目的在于抑制高污染高能耗、不可再生资源、奢侈品等商品消费，并筹集财政收入。根据财政部数据，去年中国国内消费税收入为12 028亿元，同比下降4.3%。消费税目前是国内第三大税种。

2014年开启的消费税改革重点，主要是调整和优化征收范围和税率。比如酒精、小排量摩托车、普通化妆品等不再征收消费税；电池、涂料等高污染产品纳入消费税征收范围。2014年以来成品油消费税税率三次上调，2015年烟草消费税税率大幅提高，2016年对超豪华小汽车加征10%的消费税等。由于部分高档奢侈品、污染环境消费品等未纳入征收范围，而且部分税目税率尚未适应当前经济社会发展形势，这限制了消费税调控消费功能的发挥，因此业内人士普遍认为消费税征收范围和税率应进一步调整优化。

中国社科院财经战略研究院副研究员蒋震的研究表明，消费税扩围可以将高标准、高耗能、高污染产品纳入，比如私人飞机、高档皮草产品、高档箱包、红木家具、不可降解包装物等。一些高档生活性服务、高耗能、高污染服务类产品也可以考虑纳入消费税征收范围，比如高尔夫、高档演出等文化娱乐产品、高档医疗保健、高档桑拿洗浴等服务类产品、赛车等高档体育等。

2021年两会，民盟中央一份《关于实行消费税动态调节机制的提案》（以下简称《提案》）称，现行消费税关于高档奢侈品的税目已显不足。如私人飞机、高档时装、高档电子产品等，在生活中已经开始出现，但尚未对其征收消费税，限制了消费税功能的发挥。另外仍有一部分污染环境的消费品未纳入征收范围，如白色污染塑料袋、含磷洗衣粉等。《提案》建议，动态调整征收范围。比如高档家具、高档电子产品等，其价格大多非常昂贵，税基宽广，对其征收消费税，可以更好地扩充消费税的税收收入，并且能够正确引导消费者合理消费。另外，对白色污染塑料袋、含磷洗衣粉等污染环境类的消费品进行征税，增强消费税保护环境的生态功能。

部分消费税税率应该根据经济社会发展的实际情况，进行相应调整。蒋震认为，成品油是私家车消费的重要燃料，又是企业或个人开展生产经营的中间投入品，在当前宏观经济下，为减轻市场主体负担，可以酌情降低税负。另外，小排量汽车已经不再是高档奢侈品，而是满足通勤需要的必需耐用消费品，可以针对小排量汽车作出更加优化的税率安排。另外酌情提高烟草制品的消费税水平。

【启示】一项税收立法需从多方面来衡量其公平性、正义性以及对社会产生正反两方面的作用。只有对其正反两方面作用进行充分评估，才能确保其科学性和合理性，使得各方利益处于均衡水平。消费税是一种涉及面比较广的税，既有政府财政收入利益，也有企业与居民个人消费者的利益，牵一发而动全身。过高的税负虽然可增加国家财政收入，但会加重企业和居民的负担，使税收不具有公平性，最终大大增加企业的生产经营成本和居民个人的生活成本，导致企业生产经营的萎缩与居民消费能力的下降，使消费税税源枯竭，变成一种不可持续的"竭泽而渔"行为。而过低的税负又会影响国家财政收入的增长，使政府用于公共基础设施的投资及民生保障工程不能顺利实施，进而会拖经济社会发展的"后腿"，最终也会影响企业的生产扩大与民众生活品质的提高。所以，搞好我国消费税征管工作是一项事关国计民生的大事，对政府财政收入、企业生产经营及居民个人生活消费等方面都将产生重大的影响。

资料来源：陈益刊. 万亿消费税改革，"十四五"规划透露哪些方向［EB/OL］.［2021-03-18］. https://www.ctax.org.cn/mtbd/202103/t20210318_1115749.shtml.

项目四

企业所得税

任务一　企业所得税税款计算
——计算纳税调增项目

一、实训目的

1.能正确判断纳税调增项目；
2.能正确计算税法确认的金额；
3.能正确计算纳税调增金额；
4.培养学生诚实守信、坚持准则的职业道德。

二、实训材料

1.福利发放表；
2.部分明细账簿。

三、实训内容和步骤

（一）确定账载金额

账载金额，即财务人员根据企业会计准则进行的日常账簿记录，从企业科目余额表中可以查到。

（二）计算税法确认金额

税法确认金额，即按照税法的规定，可以确认的收入、成本、费用、税金。

（三）比较差异，进行纳税调整

如果税法规定与企业会计准则一致，税法确认的金额与账载金额一致，不需要进行调整；如果税法规定与企业会计准则不一致，需要将会计确认金额按税法的规定进行调整。

（四）确定纳税调增金额

会计确认收入<税法确认收入，差额纳税调增；
会计确认成本费用>税法确认成本费用，差额纳税调增。

（五）纳税调增额汇总

将所有需要纳税调增的金额进行汇总。

四、实训注意事项

（一）正确判断会计应确认收入小于税法确认收入的情形

按照会计准则不确认收入，按照税法的要求需要确认收入，如将自产或委托加工物资无偿赠送给其他企业或个人。

（二）正确判断会计应确认成本费用大于税法确认成本费用的情形

（1）会计确认的成本费用超过税法扣除的限额，如三项经费、借款利息、业务招待费、广告及业务宣传费、公益性捐赠等。

（2）营业外支出中税法不得扣除的项目，如税收滞纳金、罚金、罚款和被没收财物的损失、超过规定标准的捐赠支出、赞助支出等。

（3）未经核定的准备金支出，如计提的坏账准备、存货跌价准备等。

（4）会计计提的折旧、摊销大于按税法规定计提的折旧、摊销。

（三）扣除限额计算注意事项

（1）业务招待费的扣除限额为发生额的60%和当年销售（营业）收入的5‰之间的较低者，广告费扣除限额为当年销售（营业）收入的15%。其中销售（营业）收入=主营业务收入＋其他业务收入＋视同销售收入。

（2）超限额的职工教育经费、广告及业务宣传费可以在以后年度扣除；超限额的公益性捐赠可以在以后3年内扣除。

五、实训任务

某企业2022年部分明细科目发生额及相关情况见表4-1至表4-7，已知当年营业收入为11 000万元，会计利润为1 000万元。

表4-1　　　　　　　　　　　全年实物福利发放明细表　　　　　　　　　　　单位：元

序号	实物	数量	成本价格	市场价格	备注
1	甲型取暖器	30	800.00	1 000.00	实物领用时，会计处理直接计入福利费用，未计入营业收入
2	乙型取暖器	40	900.00	1 200.00	
3	丙型取暖器	30	1 000.00	1 400.00	

表4-2　　　　　　　　　　　营业外支出明细表　　　　　　　　　　　单位：元

序号	扣除项目明细	实际支出数额	备注
1	工商罚款	71 500.00	1.通过红十字会向灾区捐赠现金320 000.00元；2.通过C公司向贫困地区捐赠物资200 000.00元；3.向合作公司举办的活动赞助54 500.00元
2	税收滞纳金	2 000.00	
3	赞助支出	54 500.00	
4	捐赠支出	520 000.00	
合　计		648 000.00	

表4-3　　　　　　　　　　　管理费用明细表　　　　　　　　　　　单位：元

序号	扣除项目明细	入账金额	备注
1	工资薪金	6 888 000.00	
2	咨询顾问费	1 050 000.00	
3	业务招待费	1 300 000.00	
4	办公费	1 700 000.00	
5	房租费	800 000.00	
6	差旅费	50 000.00	

表4-4　　　　　　　　　　　　　　销售费用明细表　　　　　　　　　　　　　　单位：元

序号	扣除项目明细	入账金额	备注
1	广告宣传费	10 000 000.00	2022年发生的广告宣传费中有1 600 000.00元不符合扣除条件。去年结转到今年扣除的金额为0

表4-5　　　　　　　　　　　　　　财务费用明细表　　　　　　　　　　　　　　单位：元

序号	扣除项目明细	利息	备注
1	向C企业（非金融非关联企业）借款	240 000.00	2022年1月1日借入400万元，合同规定还款日期为2022年12月31日，利率为6%；2022年金融企业同类贷款业务的利率为5.6%

表4-6　　　　　　　　　　　　　"坏账准备"科目明细表　　　　　　　　　　　　单位：元

科目	期初余额	本期计提	期末余额
坏账准备	154 150.00	377 542.83	531 692.83

表4-7　　　　　　　　　　　　　　工资及三项经费明细表　　　　　　　　　　　　单位：元

项目	账载金额	实际发生额
职工薪酬	6 888 000.00	6 888 000.00
职工福利费	914 320.00	914 320.00
职工教育经费	193 010.00	193 010.00
工会经费	157 850.00	157 850.00

要求：计算纳税调增金额。

六、任务解答

（1）实物福利发放，由于会计未确认收入，但税法需要视同销售，确认主营业务收入 = 1 000 × 30 + 1 200 × 40 + 1 400 × 30 = 120 000（元），主营业务成本 = 800 × 30 + 900 × 40 + 1 000 × 30 = 90 000（元）。纳税调增金额 = 120 000 - 90 000 = 30 000（元）。

（2）营业外支出中工商罚款、税收滞纳金、赞助支出、非公益性捐赠支出均不得税前扣除，纳税调增金额 = 71 500 + 2 000 + 54 500 + （520 000 - 320 000）= 328 000（元）。公益性捐赠320 000元，扣除限额 = 利润总额 × 12% = 10 000 000 × 12% = 1 200 000（元），可以据实扣除。

（3）管理费用中业务招待费为1 300 000元，税法允许扣除限额为实际发生额的60%（1 300 000 × 60% = 780 000（元））和当年营业收入的5‰（（110 000 000 + 120 000）× 5‰ = 550 600（元））之间的较低者，纳税调增金额 = 1 300 000 - 550 600 = 749 400（元）。

（4）销售费用中广告宣传费10 000 000元，去掉不符合扣除条件的1 600 000元，还有8 400 000元，扣除限额为当年营业收入的15%（（110 000 000 + 120 000）× 15% = 16 518 000（元）），经比较税前可以扣除8 400 000元，纳税调增1 600 000元。

（5）财务费用中利息240 000元，税法规定非金融企业向非金融企业（包括个人，即自然人）借款的利息支出不超过按照金融企业同期同类贷款利率计算的数额的部分可据实扣除，超过部分不允许扣除。按照金融企业同期同类贷款利率计算的利息 = 4 000

000 × 5.6% = 224 000（元），需要纳税调增金额 = 240 000 − 224 000 = 16 000（元）。

（6）坏账准备，本期计提 377 542.83 元，税法不允许扣除，纳税调增 377 542.83 元。

（7）工资及三项经费调整见表 4-8。

表 4-8　　　　　　　　　　　　工资及三项经费调整表　　　　　　　　　　单位：元

项目	账载金额	税法扣除限额	税法允许扣除金额	纳税调增	说明
职工薪酬	6 888 000.00		6 888 000.00	0.00	合理部分允许扣除
职工福利费	914 320.00	964 320.00	914 320.00	0.00	不超过工资 14% 的部分允许扣除
职工教育经费	193 010.00	551 040.00	193 010.00	0.00	不超过工资 8% 的部分允许扣除，超支部分可在以后年度无限期结转
工会经费	157 850.00	137 760.00	137 760.00	20 090.00	不超过工资 2% 的部分允许扣除

（8）纳税调增金额合计 = 30 000 + 328 000 + 749 400 + 1 600 000 + 16 000 + 377 542.83 + 20 090 = 3 121 032.83（元）

任务二　企业所得税税款计算
——计算纳税调减项目

一、实训目的

（1）能正确判断纳税调减项目；

（2）能正确计算税法确认的金额；

（3）能正确计算纳税调减金额；

（4）培养学生诚实守信、坚持准则的职业道德。

二、实训材料

（1）部分明细账；

（2）部分备查账。

三、实训内容和步骤

（一）确定账载金额

账载金额，即财务人员根据企业会计准则进行的日常账簿记录，从企业科目余额表中可以查到。

（二）计算税法确认金额

税法确认金额，即按照税法的规定，可以确认的收入、成本、费用、税金。

（三）比较差异，进行纳税调整

如果税法规定与企业会计准则一致，税法确认的金额与账载金额一致，不需要进行调整；如果税法规定与企业会计准则不一致，需要将会计确认金额按税法的规定进行调整。

（四）确定纳税调减金额

会计确认收入>税法确认收入，差额纳税调减；会计确认成本费用<税法确认成本费用，差额纳税调减。

（五）纳税调减额汇总

将所有需要纳税调减的金额进行汇总。

四、实训注意事项

（一）正确判断会计应确认收入大于税法确认收入的情形

（1）按照会计准则确认收入，按照税法要求不确认收入，如企业取得财政性拨款，会计确认政府补助收入，税法则为不征税收入；

（2）税法规定的免税收入，如国债利息收入、投资居民企业取得的股息红利等；

（3）税法中规定减计收入的其他情形，如综合利用资源生产符合规定产品取得的收入，减按90%计入收入总额。

（二）正确判断会计应确认成本费用小于税法确认成本费用的情形

（1）会计计提的折旧、摊销小于按税法的规定计提的折旧、摊销；

（2）扣除以前年度的广告费、业务宣传费、职工教育经费、公益性捐赠；

（3）按税法的规定可以加计扣除的费用，如企业发生的研发费用、支付给残疾员工的工资。

（三）纳税调减填写申报表时的注意事项

会计与税法规定不一致导致的纳税调减与税收优惠政策导致的纳税调减在计算应纳税所得额时没有区别，但是纳税申报时要分别填报。

五、实训任务

某企业2022年部分明细科目发生额及相关情况见表4-9至表4-11。

表4-9　　　　　　　　　　　　　　资产折旧/摊销表　　　　　　　　　　　　金额单位：元

资产项目	初始成本	会计		
		折旧（摊销）年限（年）	折旧（摊销）额	累计折旧（摊销）额
自行研发的无形资产	1 050 000	10	105 000	315 000

表4-10　　　　　　　　　　　　　　　投资收益　　　　　　　　　　　　　　单位：元

一级科目	明细科目	金额
投资收益	国债利息收入	10 000
	投资A公司获得分红	250 000

表 4-11	研发费用明细表	单位：元

序号	费用项目明细	入账金额
1	直接从事研发活动人员工资薪金	1 428 571.43
2	直接从事研发活动人员五险一金	571 428.57
3	通过经营租赁方式租入的用于研发活动的仪器设备的租赁费	200 000.00
4	用于研发活动的仪器的折旧费	30 000.00
	合 计	2 230 000.00

要求：计算企业纳税调减项目（企业研发费用全部为费用化支出）。

六、任务解答

（1）自行研发的无形资产，税法允许加计100%计提折旧（摊销），资产折旧（摊销）调整见表4-12。

表 4-12									金额单位：元

资产折旧（摊销）调整表

资产项目	初始成本	会计			税法				纳税调减额
		折旧（摊销）年限（年）	折旧（摊销）额	累计折旧（摊销）额	初始成本	折旧年限	折旧（摊销）额	累计折旧（摊销）额	
自行研究的无形资产	1 050 000	10	105 000	315 000	2 100 000	10	210 000	630 000	105 000

（2）国债利息收入、投资居民企业取得的股息红利免税，纳税调减金额 = 10 000 + 250 000 = 260 000（元）。

（3）研发费用费用化部分加计100%扣除，纳税调减金额 = 2 230 000 × 100% = 2 230 000（元）。

（4）纳税调减金额合计 = 105 000 + 260 000 + 2 230 000 = 2 595 000（元）

任务三 企业所得税税款计算
——计算应纳税所得额

一、实训目的

1.能正确计算企业所得税应纳税所得额；
2.能正确计算弥补以前年度亏损金额；
3.培养学生诚实守信、坚持准则的职业道德。

二、实训材料

1.公司财务数据；
2.所得税计算表。

三、实训内容和步骤

（一）确定会计利润

根据年度损益类科目发生额确定利润总额，或者从利润表中找出申报年度利润总额。

（二）确定纳税调增金额

会计确认收入<税法确认收入，差额纳税调增；会计确认成本费用>税法确认成本费用，差额纳税调增。

（三）确定纳税调减金额

会计确认收入>税法确认收入，差额纳税调减；会计确认成本费用<税法确认成本费用，差额纳税调减。

（四）确定弥补亏损前应纳税所得额

应纳税所得额 = 利润总额 + 纳税调增 – 纳税调减

（五）确定以前年度可税前弥补金额

一般企业亏损结转年限为5年，符合条件的高新技术企业、符合条件的科技型中小企业亏损结转年限为10年。

（六）确定应纳税所得额

应纳税所得额 = 利润总额 + 纳税调增 – 纳税调减 – 弥补以前年度亏损

四、实训注意事项

（1）弥补以前年度亏损时，以"以前年度纳税调整后所得"为依据，而不是"以前年度利润总额"；

（2）计算应纳税所得额时要考虑企业适用的所得税税收优惠政策。

五、实训任务

华夏公司是增值税一般纳税人，2022年经济业务如下：

（1）取得销售收入4 000万元；

（2）发生销售成本2 430万元；

（3）发生销售费用820万元（其中广告费620万元）、管理费用600万元（其中业务招待费75万元）、财务费用98万元；

（4）发生销售税金360万元（含增值税280万元）；

（5）发生营业外收入280万元、营业外支出160万元（含通过公益性社会团体向贫困山区捐款30万元，支付税收滞纳金10万元、赞助汽车接力赛的支出50万元）；

（6）计入成本、费用中的实发工资总额为300万元，拨缴工会经费7万元，支出职工福利费45万元、职工教育经费7万元。

（7）华夏公司近5年应纳税所得额见表4-13。

表4-13　　　　　　　　　　　　近5年应纳税所得额　　　　　　　　　单位：万元

年度	2017	2018	2019	2020	2021
应纳税所得额	100	200	300	-80	-100

要求：计算华夏公司本年度应纳税所得额。

六、任务解答

（1）会计利润总额 = 4 000 + 280 - 2 430 - 820 - 600 - 98 - （360-280） - 160 = 92（万元）

（2）广告费调增应纳税所得额 = 620 - 4 000 × 15% = 20（万元）

（3）4 000 × 5‰ = 20（万元）< 75 × 60% = 45（万元）

业务招待费调增应纳税所得额 = 75 - 20 = 55（万元）

（4）捐赠支出调增应纳税所得额 = 30 - 92 × 12% = 18.96（万元）

税收滞纳金和非广告性的赞助支出不得在税前扣除，应全额调增。

（5）工会经费调增应纳税所得额 = 7 - 300 × 2% = 1（万元）

职工福利费调增应纳税所得额 = 45 - 300 × 14% = 3（万元）

职工教育经费实际支出7万元 < 300 × 8% = 24（万元），不予调整。

（6）弥补亏损前应纳税所得额 = 92 + 20 + 55 + 18.96 + 10 + 50 + 4 = 249.96（万元）

2022年所得可以弥补2020年度、2021年度亏损180万元。

（7）弥补亏损后应纳税所得额 = 249.96 - 180 = 69.96（万元）

任务四　企业所得税税款计算
——计算应纳税额

一、实训目的

1.能选择正确税率；

2.能正确计算应纳税额；

3.培养学生诚实守信、坚持准则的职业道德。

二、实训材料

1.公司财务数据；

2.所得税计算表。

三、实训内容和步骤

（一）确定应纳税所得额

根据利润总额进行纳税调整，得到应纳税所得额。

（二）确定所得税税率

一般企业税率为25%，小型微利企业税率为20%，高新技术企业税率为15%。

（三）计算应纳税额

$$应纳所得税额 = 应纳税所得额 \times 税率$$

（四）确认是否享受抵免税额优惠

企业购买符合条件的环境保护、节能节水、安全生产等专用设备的，该专用设备的投资额的10%可以从企业当年的应纳税额中抵免；当年不足抵免的，可以在以后5个纳税年度结转抵免。

四、实训注意事项

（1）小型微利企业、高新技术企业在享受低税率优惠政策时，纳税申报是通过税额减免来进行计算的。

（2）根据财政部税务总局2023年第12号公告，对所有小型微利企业减按25%计算应纳税所得额，按20%的税率计算缴纳企业所得税，政策执行期至2027年12月31日。

五、实训任务

华夏公司是增值税一般纳税人，公司资产总额年均4 500万元，从业人数年均200人，2023年经济业务如下：

（1）取得销售收入4 000万元；

（2）发生销售成本2 430万元；

（3）发生销售费用820万元（其中广告费620万元）、管理费用600万元（其中业务招待费75万元）、财务费用98万元；

（4）发生销售税金360万元（含增值税280万元）；

（5）取得营业外收入280万元、发生营业外支出160万元（含通过公益性社会团体向贫困山区捐款30万元、支付税收滞纳金10万元、赞助汽车接力赛的支出50万元）；

（6）计入成本、费用中的实发工资总额300万元、工会经费7万元、职工福利费45万元、职工教育经费7万元；

（7）华夏公司近5年应纳税所得额见表4-14。

表4-14　　　　　　　　　　　近5年应纳税所得额　　　　　　　　　　单位：万元

年度	2018	2019	2020	2021	2022
应纳税所得额	100	200	300	− 80	− 100

要求：计算华夏公司本年度应纳企业所得税。

六、任务解答

（1）会计利润总额 = 4 000 + 280 − 2 430 − 820 − 600 − 98 − （360 − 280） − 160 = 92（万元）

（2）广告费调增应纳税所得额 = 620 − 4 000 × 15% = 20（万元）

（3）4 000 × 5‰ = 20（万元）< 75 × 60% = 45（万元），业务招待费调增应纳税所得额 = 75 − 20 = 55（万元）

（4）捐赠支出调增应纳税所得额 = 30 − 92 × 12% = 18.96（万元），税收滞纳金和非广告性的赞助支出不得在税前扣除，应全额调增。

（5）工会经费调增应纳税所得额 = 7 − 300 × 2% = 1（万元）

职工福利费调增应纳税所得额 = 45 − 300 × 14% = 3（万元）

职工教育经费实际支出 7 万元 < 300 × 8% = 24（万元），不予调整。

（6）弥补亏损前应纳税所得额 = 92 + 20 + 55 + 18.96 + 10 + 50 + 4 = 249.96（万元）

2023 年应纳税所得额可以弥补 2021 年、2022 年度亏损 180 万元。

（7）弥补亏损后应纳税所得额 = 249.96 − 180 = 69.96（万元）

（8）该公司年均资产总额 4 500 万元，从业人数 200 人，应纳税所得额不足 300 万元，属于小型微利企业。

应纳所得税额 = 69.96 × 25% × 20% = 3.498（万元）

任务五　企业所得税纳税申报
——填写预缴申报表（查账征收）

一、实训目的

（1）能正确填写小型微利企业查账征收的企业所得税预缴申报表；

（2）培养学生依法纳税的意识，提高社会责任感。

二、实训材料

（1）利润表；

（2）企业所得税预缴申报表。

三、实训内容和步骤

（一）确定申报表类别

对于查账征收的企业，适用 A 类申报表，报表编号为 A200000。

（二）填写优惠及附报事项有关信息

本表所有项目按季度填报。按月申报的纳税人，在季度最后一个月份的属期填报。企业类型为"跨地区经营汇总纳税企业分支机构"的，不填报"优惠及附报事项有关信息"所有项目。优惠及附报事项有关信息见表 4-15。

表 4-15　　　　　　　　　　优惠及附报事项有关信息

项　　目	一季度		二季度		三季度		四季度		季度平均值
	季初	季末	季初	季末	季初	季末	季初	季末	
从业人数									
资产总额（万元）									
国家限制或 禁止行业	□是□否				小型微利企业				□是□否
附报事项名称									金额或选项
事项 1	（填写特定事项名称）								
事项 2	（填写特定事项名称）								

从业人数、资产总额、国家限制或禁止行业、小型微利企业，这四个项目均为必报项目。从业人数是指与企业建立劳动关系的职工人数和企业接受的劳务派遣用工人数之和。资产总额填写第一季度至税款所属季度各季度的季初、季末、季度平均资产总额的金额。本纳税年度截至本期末的从业人数季度平均值不超过300人、资产总额季度平均值不超过5 000万元、本表"国家限制或禁止行业"选择"否"且本期本表第10行"实际利润额\按照上一纳税年度应纳税所得额平均额确定的应纳税所得额"不超过300万元的纳税人，"小型微利企业"项目选择"是"；否则选择"否"。

附报事项填报：纳税人根据《企业所得税申报事项目录》，发生符合税法相关规定的支持新型冠状病毒感染的肺炎疫情防控捐赠支出、扶贫捐赠支出、软件集成电路企业优惠政策适用类型等特定事项时，填报事项名称、该事项本年累计享受金额或选择享受优惠政策的有关信息。同时发生多个事项，可以增加行次。

（三）填写"预缴税款计算"报表项目

预缴方式为"按照实际利润额预缴"的纳税人，填报第1行至第16行；预缴方式为"按照上一纳税年度应纳税所得额平均额预缴"的纳税人填报第10、11、12、13、14、16行；预缴方式为"按照税务机关确定的其他方法预缴"的纳税人填报第16行。

（四）填写附表 A201020

如果企业有固定资产适用加速折旧优惠政策，需要填写附表 A201020（见表4-16），填报资产税收上享受加速折旧、摊销优惠政策计算的折旧额、摊销额大于同期会计折旧额、摊销额发生纳税调减的本年累计金额。

表 4-16　　　　　　　资产加速折旧、摊销（扣除）优惠明细表

行次	项目	本年享受优惠的资产原值	本年累计折旧\摊销（扣除）金额				
			账载折旧\摊销金额	按照税收一般规定计算的折旧\摊销金额	享受加速政策计算的折旧\摊销金额	纳税调减金额	享受加速政策优惠金额
		1	2	3	4	5	6（4-3）
1	一、加速折旧、摊销（不含一次性扣除（1.1 + 1.2 + …）						
1.1	（填写优惠事项名称）						
1.2	（填写优惠事项名称）						
2	二、一次性扣除（2.1 + 2.2 + …）						

续表

行次	项目	本年享受	本年累计折旧\摊销（扣除）金额				
			账载折旧\摊销金额	按照税收一般规定计算的折旧\摊销金额	享受加速政策计算的折旧\摊销金额	纳税调减金额	享受加速政策优惠金额
			1	2	3	4	5	6 (4-3)
2.1	（填写优惠事项名称）						
2.2	（填写优惠事项名称）						
3	合计（1+2）						

（五）填写"汇总纳税企业总分机构税款计算"报表项目

"跨地区经营汇总纳税企业总机构"的纳税人填报第17、18、19、20行；"跨地区经营汇总纳税企业分支机构"的纳税人填报第21、22行。

（六）填写"实际缴纳企业所得税计算"报表项目

此部分适用于民族自治地区纳税人填报。第23行"民族自治地区企业所得税地方分享部分：□免征 □减征：减征幅度____%"，纳税人填报该行次时，根据享受政策的类型选择"免征"或"减征"，二者必选其一。选择"免征"是指免征企业所得税税收地方分享部分。选择"减征：减征幅度____%"是指减征企业所得税税收地方分享部分，此时需填写"减征幅度"，减征幅度填写范围为1至100，表示企业所得税税收地方分享部分的减征比例。例如，地方分享部分减半征收，则选择"减征"，并在"减征幅度"后填写"50%"。

四、实训注意事项

（一）税款所属期间的填报

正常经营的纳税人，填报税款所属期月（季）度第一日至税款所属期月（季）度最后一日；年度中间开业的纳税人，在首次月（季）度预缴纳税申报时，填报开始经营之日至税款所属期月（季）度最后一日，以后月（季）度预缴纳税申报时按照正常情况填报；年度中间终止经营活动的纳税人，在终止经营活动当期纳税申报时，填报税款所属期月（季）度第一日至终止经营活动之日，以后月（季）度预缴纳税申报时不再填报。

（二）所得减免的填报

根据《企业所得税申报事项目录》，在第8.1行、第8.2行……填报税收规定的所得减免优惠事项的名称和本年累计金额。发生多项且根据税收规定可以同时享受的优惠事项，可以增加行次，但每个事项仅能填报一次。每项优惠事项下有多个具体项目的，应分别确定各具体项目所得，并填写盈利项目（项目所得>0）的减征、免征所得额的合计金额。

（三）减免所得税额的填报

根据《企业所得税申报事项目录》，在第13.1行、第13.2行……填报税收规定的减免所得税额优惠事项的具体名称和本年累计金额。发生多项且根据税收规定可以同时享受的优惠事项，可以增加行次，但每个事项仅能填报一次。

五、实训任务

企业名称：深圳市康达人家政服务有限公司

纳税人识别号（统一社会信用代码）：914403054012162000

行业分类：服务（生活服务）

企业类型：小型微利企业

企业注册登记类型：内资企业（有限责任公司）

年应纳税所得额不超过100万元

从业人数：11人

资产总额：1 000万元

企业第三季度利润表见表4-17。

表4-17　　　　　　　　　　　　利润表　　　　　　　　　会小企02表

编制单位:深圳市康达人家政服务有限公司　　2023年7—9月　　　　单位：元

项目	本期合计	本年累计
一、营业收入	568 300.00	1 172 600.00
减：营业成本	328 568.00	645 773.00
税金及附加	2 757.68	5 270.53
其中：消费税		
城市维护建设税	1 349.21	2 526.29
资源税		
土地增值税		
城镇土地使用税、房产税、车船税、印花税	444.75	939.75
教育费附加、矿产资源补偿费、排污费	963.72	1 804.49
销售费用	68 325.00	136 395.00
其中：商品维修费		
广告费和业务宣传费		
管理费用	18 572.00	175 272.00
其中：开办费		
业务招待费		
研发费用		
财务费用	5 908.00	14 928.00
其中：利息费用	5 348.00	12 583.00
利息收入		
加：投资收益（损失以"－"号填列）		
二、营业利润（亏损以"－"号填列）	144 169.32	194 961.47
加：营业外收入	420 000.00	580 000.00
其中：政府补助		
减：营业外支出	680.00	1 680.00
其中：坏账损失		
无法收回的长期债券投资损失		
无法收回的长期股权投资损失		
自然灾害等不可抗力因素造成的损失		
税收滞纳金		
三、利润总额（亏损总额以"－"号填列）	563 489.32	773 281.47
减：所得税费用	28 174.47	38 664.08
四、净利润（净亏损以"－"号填列）	535 314.85	734 617.39

要求：根据企业第三季度利润表，填写第三季度企业所得税预缴纳税申报表（前两个季度已经累计预缴所得税10 489.61元）。

六、任务解答

第三季度企业所得税预缴纳税申报表见表4-18。

表4-18　　中华人民共和国企业所得税月（季）度预缴纳税申报表（A类）

税款所属期间：2023年7月1日至2023年9月30日

纳税人识别号（统一社会信用代码）：914403054012162000

纳税人名称：深圳市康达人家政服务有限公司　　　　　　　　金额单位：人民币元（列至角分）

优惠及附报事项有关信息									
项　　目	一季度		二季度		三季度		四季度		季度平均值
	季初	季末	季初	季末	季初	季末	季初	季末	
从业人数	11	11	11	11	11	11			11
资产总额（万元）	1 000	1 000	1 000	1 000	1 000	1 000			1 000
国家限制或禁止行业	□是☑否				小型微利企业				☑是□否
附报事项名称									金额或选项
事项1	（填写特定事项名称）								
事项2	（填写特定事项名称）								
预缴税款计算									本年累计
1	营业收入								1 172 600.00
2	营业成本								645 773.00
3	利润总额								773 281.47
4	加：特定业务计算的应纳税所得额								
5	减：不征税收入								
6	减：资产加速折旧、摊销（扣除）调减额（填写A201020）								
7	减：免税收入、减计收入、加计扣除（7.1+7.2+…）								
7.1	（填写优惠事项名称）								
7.2	（填写优惠事项名称）								
8	减：所得减免（8.1+8.2+…）								
8.1	（填写优惠事项名称）								
8.2	（填写优惠事项名称）								
9	减：弥补以前年度亏损								
10	实际利润额（3+4-5-6-7-8-9）\按照上一纳税年度应纳税所得额平均额确定的应纳税所得额								773 281.47
11	税率（25%）								25%
12	应纳所得税额（10×11）								193 320.37
13	减：减免所得税额（13.1+13.2+…）								154 656.29
13.1	符合条件的小型微利企业减免企业所得税								154 656.29
13.2	（填写优惠事项名称）								
14	减：本年实际已缴纳所得税额								10 489.61
15	减：特定业务预缴（征）所得税额								
16	本期应补（退）所得税额（12-13-14-15）\税务机关确定的本期应纳所得税额								28 174.47
汇总纳税企业总分机构税款计算									
17	总机构	总机构本期分摊应补（退）所得税额（18+19+20）							
18		其中：总机构分摊应补（退）所得税额（16×总机构分摊比例__%）							
19		财政集中分配应补（退）所得税额（16×财政集中分配比例__%）							
20		总机构具有主体生产经营职能的部门分摊所得税额（16×全部分支机构分摊比例__%×总机构具有主体生产经营职能部门分摊比例__%）							

续表

21	分支机构	分支机构本期分摊比例	
22		分支机构本期分摊应补（退）所得税额	
		实际缴纳企业所得税计算	
23		减：民族自治地区企业所得税地方分享部分：□ 免征 □ 减征：减征幅度__%	本年累计应减免金额 ［（12 − 13 − 15）× 40% × 减征幅度］
24		实际应补（退）所得税额	

谨声明：本纳税申报表是根据国家税收法律法规及相关规定填报的，是真实的、可靠的、完整的。

纳税人（签章）：   年 月 日

经办人：
经办人身份证号：
代理机构签章：
代理机构统一社会信用代码：

受理人：
受理税务机关（章）：

受理日期：   年 月 日

填表说明：

（1）主表第 1、2、3 行直接从利润表营业收入、营业成本、利润总额本年累计金额取数；

（2）案例企业属于小型微利企业，主表第 13 行数据根据财政部税务总局 2023 年第 12 号公告，对所有小型微利企业减按 25% 计算应纳税所得额，按 20% 的税率计算缴纳企业所得税，企业前三季度实际应预缴企业所得税 = 773 281.47 × 25% × 20% = 38 664.08（元），减免所得税 = 193 320.37 − 38 664.08 = 154 656.29（元）。

任务六　企业所得税纳税申报
——填写预缴申报表（核定征收）

一、实训目的

（1）能正确填写小型微利企业核定征收的企业所得税预缴申报表。

（2）培养学生依法纳税的意识，提高社会责任感。

二、实训材料

（1）利润表；

（2）企业所得税预缴申报表。

三、实训内容和步骤

（一）确定申报表类别

对于核定征收的企业，适用 B 类申报表。

（二）确定核定征收方式

核定征收方式选择"核定应税所得率（能核算收入总额的）"的纳税人填报第1行至第21行；核定征收方式选择"核定应税所得率（能核算成本费用总额的）"的纳税人填报第12行至第21行；核定征收方式选择"核定应纳所得税额"的纳税人填报第19行至第21行。

（三）填写"收入总额"或"成本费用总额"

根据利润表本年累计金额填写报表项目第1行"收入总额"或者第12行"成本费用总额"。

（四）计算应纳税所得额

$$应纳税所得额 = 应税收入额 \times 税务机关核定的应税所得率$$

或者：

$$应纳税所得额 = 成本费用总额 \div \left(1 - \frac{税务机关核定}{的应税所得率}\right) \times \frac{税务机关核定}{的应税所得率}$$

（五）计算应纳所得税额

$$应纳所得税额 = 应纳税所得额 \times 25\%$$

（六）计算小型微利企业税收优惠

根据财政部税务总局2023年第12号公告，对所有小型微利企业减按25%计算应纳税所得额，按20%的税率计算缴纳企业所得税。

（七）填写"实际已缴纳所得税额"

填报纳税人按照税收规定已在此前月（季）度申报预缴企业所得税的本年累计金额。

四、实训注意事项

本表适用于实行核定征收企业所得税的居民企业纳税人（以下简称"纳税人"）在月（季）度预缴纳税申报时填报。核定征收也需要进行年度汇算清缴，实行核定应税所得率方式的纳税人在年度纳税申报时也是填报本表。

五、实训任务

企业名称：杭州洁帮家政服务有限公司

纳税人识别号（统一社会信用代码）：913301028727382475

行业分类：居民服务

企业类型：小型微利企业

企业注册登记类型：内资企业（有限责任公司）

税务机关核定的应税所得率：3.5%

年应纳税所得额：不超过100万元

资产总额：200万元

从业人数：6人

第四季度利润表见表4-19。

表4-19 利润表 会小企02表

编制单位：杭州洁帮家政服务有限公司 2023年10—12月 单位：元

项目	本期合计	本年累计
一、营业收入	272 500.00	988 000.00
减：营业成本	177 125.00	642 200.00
税金及附加	1 200.00	4 200.00
其中：消费税		
城市维护建设税		
资源税		
土地增值税		
城镇土地使用税、房产税、车船税、印花税	1 200.00	4 200.00
教育费附加、矿产资源补偿费、排污费		
销售费用	16 350.00	59 280.00
其中：商品维修费		
广告费和业务宣传费	10 000.00	30 000.00
管理费用	35 425.00	128 440.00
其中：开办费		
业务招待费	5 000.00	11 500.00
研发费用		
财务费用	1 090.00	5 740.75
其中：利息费用	730.00	4 130.00
利息收入		
加：投资收益（损失以"－"号填列）		
二、营业利润（亏损以"－"号填列）	41 310.00	148 139.25
加：营业外收入		50 000.00
其中：政府补助		
减：营业外支出		
其中：坏账损失		
无法收回的长期债券投资损失		
无法收回的长期股权投资损失		
自然灾害等不可抗力因素造成的损失		
税收滞纳金		
三、利润总额（亏损总额以"－"号填列）	41 310.00	198 139.25
减：所得税费用	476.88	1 729.00
四、净利润（净亏损以"－"号填列）	40 833.12	196 410.25

要求：根据第四季度利润表，填写第四季度预缴企业所得税申报表（前三个季度已经累计预缴企业所得税252.13元）。

六、任务解答

第四季度企业所得税预缴纳税申报表见表4-20。

表4-20　　中华人民共和国企业所得税月（季）度预缴和年度纳税申报表（B类）

税款所属期间：2023年10月01日至2023年12月31日

纳税人识别号（统一社会信用代码）：913301028727382478

纳税人名称：杭州洁帮家政服务有限公司　　　　　　　　　　金额单位：人民币元（列至角分）

核定征收方式	☑核定应税所得率（能核算收入总额的）　□核定应税所得率（能核算成本费用总额的）　□核定应纳所得税额								

按　季　度　填　报　信　息

项　　目	一季度		二季度		三季度		四季度		季度平均值
	季初	季末	季初	季末	季初	季末	季初	季末	
从业人数	6	6	6	6	6	6			6
资产总额（万元）	200	200	200	200	200	200			200
国家限制或禁止行业		□是　☑否			小型微利企业		☑是　□否		

按　年　度　填　报　信　息

从业人数（填写平均值）		资产总额（填写平均值，单位：万元）	
国家限制或禁止行业	□是　□否	小型微利企业	

行次	项　　目	本年累计金额
1	收入总额	988 000.00
2	减：不征税收入	
3	减：免税收入（4＋5＋10＋11）	
4	国债利息收入免征企业所得税	
5	符合条件的居民企业之间的股息、红利等权益性投资收益免征企业所得税（6＋7.1＋7.2＋8＋9）	
6	其中：一般股息红利等权益性投资收益免征企业所得税	
7.1	通过沪港通投资且连续持有H股满12个月取得的股息红利所得免征企业所得税	
7.2	通过深港通投资且连续持有H股满12个月取得的股息红利所得免征企业所得税	
8	居民企业持有创新企业CDR取得的股息红利所得免征企业所得税	
9	符合条件的居民企业之间属于股息、红利性质的永续债利息收入免征企业所得税	
10	投资者从证券投资基金分配中取得的收入免征企业所得税	
11	取得的地方政府债券利息收入免征企业所得税	
12	应税收入额（1－2－3）\成本费用总额	988 000.00
13	税务机关核定的应税所得率（%）	3.5%
14	应纳税所得额（第12×13行）\［第12行÷（1－第13行）×第13行］	34 580.00
15	税率（25%）	25%
16	应纳所得税额（14×15）	8 645.00
17	减：符合条件的小型微利企业减免企业所得税	6 916.00
18	减：实际已缴纳所得税额	252.13
L19	减：符合条件的小型微利企业延缓缴纳所得税额（是否延缓缴纳所得税　□是　☑否）	
19	本期应补（退）所得税额（16－17－18－L19）\税务机关核定本期应纳所得税额	1 476.87
20	民族自治地方的自治机关对本民族自治地方的企业应缴纳的企业所得税中属于地方分享的部分减征或免征（　□免征　　□减征:减征幅度____%）	
21	本期实际应补（退）所得税额	

填表说明：

（1）季报需要填写"按季度填报信息"基本内容；

（2）主表第1行直接从利润表营业收入本年累计金额取数；

（3）案例企业不存在不征税收入和免税收入，第12行应税收入额等于第1行数据；

（4）第13行税务机关核定的应税所得率根据案例要求为3.5%；

（5）第14行应纳税所得额＝应税收入额×3.5%；

（6）第17行符合条件的小型微利企业减免企业所得税需要先计算出企业实际需预缴的企业所得税，根据财政部税务总局2023年第12号公告，对所有小型微利企业减按25%计算应纳税所得额，按20%的税率计算缴纳企业所得税。企业本年度实际应预缴的企业所得税 = 34 580 × 25% × 20% = 1 729（元），减免所得税 8 645 – 1 729 = 6 916（元）。

任务七　企业所得税纳税申报
——年度汇算清缴流程

一、实训目的

1.掌握企业所得税年度汇算清缴流程；

2.掌握企业基础信息表的填写；

3.掌握企业申报表表单的填写；

4.培养学生依法纳税的意识，提高社会责任感。

二、实训材料

企业所得税年度汇算清缴信息表。

三、实训内容和步骤

（1）进入企业信息系统，了解主体企业信息，下载企业财务报表、科目余额表、固定资产明细表等。进入待办业务，打开所得税汇算清缴，结合查账汇总资料及年度企业所得税申报说明了解企业相关信息。

（2）登录网上税务局，选择"企业所得税申报"—"居民企业（查账征收）企业所得税年度申报"（如图4-1所示）。

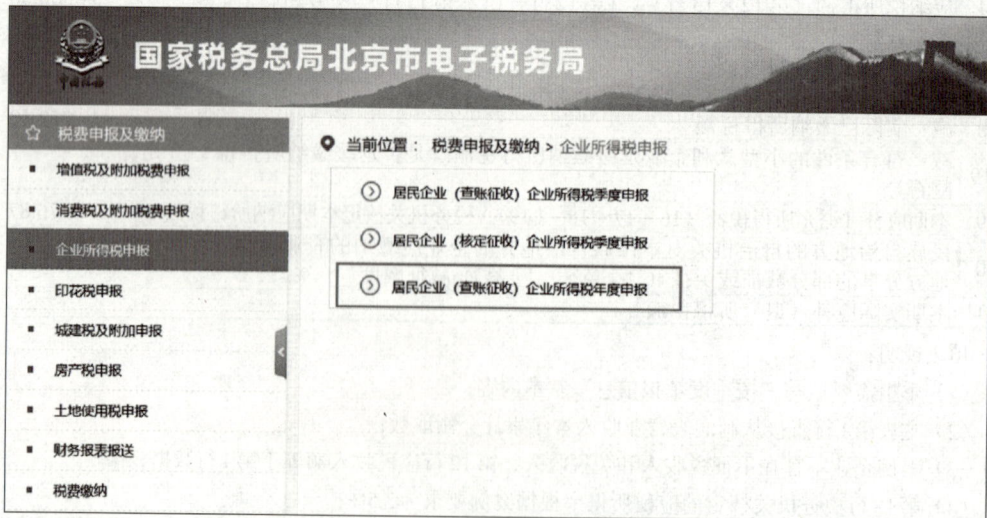

图 4-1　电子税务局 – 查账征收

（3）填写封面，点击"企业信息"–"主体企业信息"（如图4-2所示），查看法定代表人和会计主管。

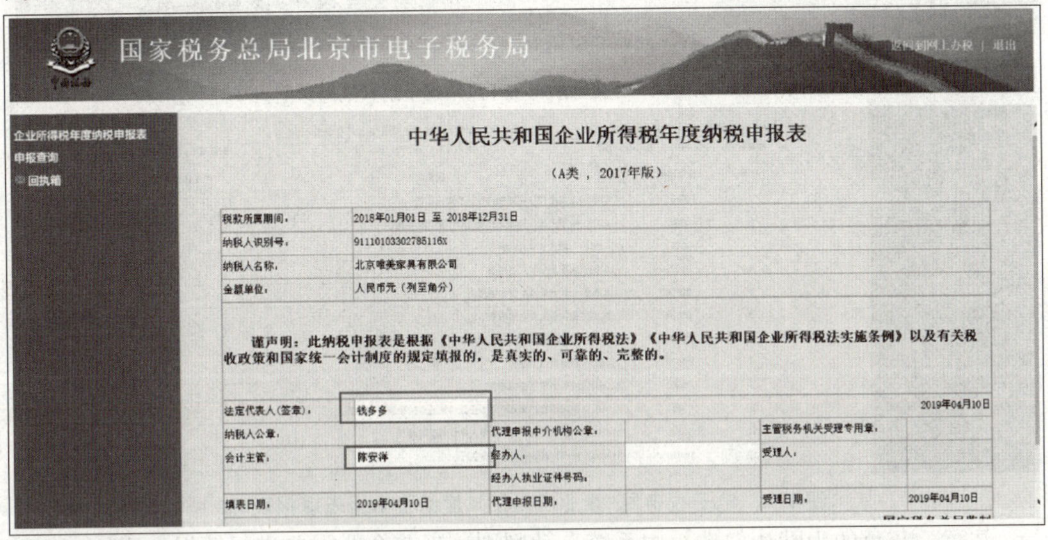

图4-2 电子税务局 – 企业信息

（4）填写"企业所得税年度纳税申报基础信息表（A000000）"，如图4-3所示，灰色的部分为系统根据企业备案信息自动带出，白色部分为须填项目。填写完成后，点击下方"保存"按钮。

图4-3 电子税务局 – 企业所得税年度纳税申报基础信息表

（5）点击"申报表填报表单"进入表单填报界面，如图4-4所示，企业可根据自身情况勾选相应的表单进行填写。

常用表单：①一般企业收入明细表（A101010）、一般企业成本支出明细表（A102010）；②纳税调整项目明细表（A105000）；③职工薪酬支出及纳税调整明细表（A105050）；④资产折旧、摊销及纳税调整明细表（A105080）；⑤企业所得税弥补亏损明细表（A106000）。

图4-4　电子税务局-企业所得税年度纳税申报表填报表单

注意：灰色的为默认勾选，由系统自动判别，当前企业需要进行填报。比如，如果纳税人是高新技术企业，且处于高新资格有效期内，那么无论是否享受优惠政策，均需填报高新技术企业优惠情况及明细表（A107041），这张表格会自动被勾选。

（6）逐一填写表单，填写完成后点击保存。如果您在填报过程中需要增减表单，可以再次点击"申报表填报表单"对表单进行增减。申报表填报逻辑：按照表单编号填写，先填最下一级表单，再点开上一级表单取数后保存，最后打开主表取数后保存。具体步骤如下：

①填写一般企业收入明细表（A101010）、一般企业成本支出明细表（A102010）、期间费用明细表（A104000）；

②填写纳税调整项目类明细表（A105000－A105120），先填写最下一级表单，最后填写A105000；

③填写税收优惠类明细表（A107010－A107050）；

④填写境外所得税调整类明细表（A108000－A108030）；

⑤填写跨地区经营汇总类纳税表（A109000－A109010）；

⑥填写企业所得税弥补亏损明细表（A106000）；

⑦填写中华人民共和国企业所得税年度纳税申报表（A类）（A100000），灰色的部分为系统自动关联其他表单数据，白色部分为须填项目，填写完成后点击保存。

注：所有表单都保存后，如果再去修改某一表单，修改完必须对其上一级表单和主表重新保存。

（7）所有表单填写完成后，点击申报。

任务八　企业所得税纳税申报

——年度汇算清缴（填写收入、成本支出明细表）

一、实训目的

1.掌握一般企业收入明细表的填写；

2.掌握一般企业成本支出明细表的填写；

3.培养学生依法纳税的意识，提高社会责任感。

二、实训材料

1.科目汇总表；

2.一般企业收入明细表（A101010）；

3.一般企业成本支出明细表（A102010）。

三、实训内容和步骤

（一）根据收入类明细科目余额表填写一般企业收入明细表

一般企业收入明细表见表4-21。

表4-21　　　　　　　　　（A101010）一般企业收入明细表

行次	项　目	金　额
1	一、营业收入（2＋9）	
2	（一）主营业务收入（3＋5＋6＋7＋8）	
3	1.销售商品收入	
4	其中：非货币性资产交换收入	
5	2.提供劳务收入	
6	3.建造合同收入	
7	4.让渡资产使用权收入	
8	5.其他	
9	（二）其他业务收入（10＋12＋13＋14＋15）	
10	1.销售材料收入	
11	其中：非货币性资产交换收入	
12	2.出租固定资产收入	
13	3.出租无形资产收入	
14	4.出租包装物和商品收入	
15	5.其他	
16	二、营业外收入（17＋18＋19＋20＋21＋22＋23＋24＋25＋26）	
17	（一）非流动资产处置利得	
18	（二）非货币性资产交换利得	
19	（三）债务重组利得	
20	（四）政府补助利得	
21	（五）盘盈利得	
22	（六）捐赠利得	
23	（七）罚没利得	
24	（八）确实无法偿付的应付款项	
25	（九）汇兑收益	
26	（十）其他	

（二）根据费用支出类明细科目余额表填写一般企业成本支出明细表

一般企业成本支出明细表见表4-22。

表4-22　　　　　　　　　（A102010）一般企业成本支出明细表

行次	项　　目	金　额
1	一、营业成本（2＋9）	
2	（一）主营业务成本（3＋5＋6＋7＋8）	
3	1.销售商品成本	
4	其中：非货币性资产交换成本	
5	2.提供劳务成本	
6	3.建造合同成本	
7	4.让渡资产使用权成本	
8	5.其他	
9	（二）其他业务成本（10＋12＋13＋14＋15）	
10	1.销售材料成本	
11	其中：非货币性资产交换成本	
12	2.出租固定资产成本	
13	3.出租无形资产成本	
14	4.包装物出租成本	
15	5.其他	
16	二、营业外支出（17＋18＋19＋20＋21＋22＋23＋24＋25＋26）	
17	（一）非流动资产处置损失	
18	（二）非货币性资产交换损失	
19	（三）债务重组损失	
20	（四）非常损失	
21	（五）捐赠支出	
22	（六）赞助支出	
23	（七）罚没支出	
24	（八）坏账损失	
25	（九）无法收回的债券股权投资损失	
26	（十）其他	

四、实训注意事项

（1）一般企业收入明细表（A101010）适用于除金融企业、事业单位和民间非营利组织外的纳税人填报，反映一般企业按照国家统一会计制度的规定取得收入的情况。一般企业成本支出明细表（A102010）适用于除金融企业、事业单位和民间非营利组织外的纳税人填报,反映一般企业按照国家统一会计制度的规定发生成本支出的情况。

(2)注意科目余额表的明细科目与申报表明细科目是否一致,如果不一致需要根据企业备查账簿资料分析填写。

(3)正式申报时,申报明细表中第1、2、9、16行自动计算,不用填写。

五、实训任务

企业名称:北京永醇酒业有限公司

经营范围:销售日用品、生活产品

适用的会计准则:企业会计准则

会计档案的存放地:北京永醇酒业有限公司财务室

该公司2021年12月31日收入、成本类科目余额表见表4-23和表4-24。

表4-23　　　　　　　　　　　收入类科目余额表　　　　　　　　单位:元

总账科目	明细科目	本年累计借方发生额	本年累计贷方发生额	期末余额
主营业务收入	商品收入	8 123 000.00	8 123 000.00	0.00
其他业务收入	材料收入	78 500.00	78 500.00	0.00
营业外收入	罚没利得	23 000.00	23 000.00	0.00
合计		8 224 500.00	8 224 500.00	0.00

审核:张军　　　　　　　　制表:裴迪

表4-24　　　　　　　　　　　成本类科目余额表　　　　　　　　单位:元

总账科目	明细科目	本年累计借方发生额	本年累计贷方发生额	期末余额
主营业务成本	商品成本	4 078 000.00	4 078 000.00	0.00
其他业务成本	材料成本	51 000.00	51 000.00	0.00
营业外支出	捐赠支出	300 000.00	300 000.00	0.00
合计		4 429 000.00	4 429 000.00	0.00

审核:张军　　　　　　　　制表:裴迪

2022年2月9日,北京永醇酒业有限公司申报2021年度企业所得税。

要求:根据原始单据填制一般企业收入、成本支出明细表。

六、任务解答

北京永醇酒业有限公司申报2021年度企业所得税一般企业收入明细表见表4-25,一般企业成本支出明细表见表4-26。

表 4-25　　　　　　　　　　（A101010）一般企业收入明细表

行次	项目	金额
1	一、营业收入（2＋9）	8 201 500.00
2	（一）主营业务收入（3＋5＋6＋7＋8）	8 123 000.00
3	1.销售商品收入	8 123 000.00
4	其中：非货币性资产交换收入	
5	2.提供劳务收入	
6	3.建造合同收入	
7	4.让渡资产使用权收入	
8	5.其他	
9	（二）其他业务收入（10＋12＋13＋14＋15）	78 500.00
10	1.销售材料收入	78 500.00
11	其中：非货币性资产交换收入	
12	2.出租固定资产收入	
13	3.出租无形资产收入	
14	4.出租包装物和商品收入	
15	5.其他	
16	二、营业外收入（17＋18＋19＋20＋21＋22＋23＋24＋25＋26）	23 000.00
17	（一）非流动资产处置利得	
18	（二）非货币性资产交换利得	
19	（三）债务重组利得	
20	（四）政府补助利得	
21	（五）盘盈利得	
22	（六）捐赠利得	
23	（七）罚没利得	23 000.00
24	（八）确实无法偿付的应付款项	
25	（九）汇兑收益	
26	（十）其他	

　　填表说明：根据主营业务收入、其他业务收入、营业外收入明细科目余额表贷方发生额填写表 A101010。

表 4-26 　　　　　　（A102010）一般企业成本支出明细表

行次	项目	金额
1	一、营业成本（2＋9）	4 129 000.00
2	（一）主营业务成本（3＋5＋6＋7＋8）	4 078 000.00
3	1.销售商品成本	4 078 000.00
4	其中：非货币性资产交换成本	
5	2.提供劳务成本	
6	3.建造合同成本	
7	4.让渡资产使用权成本	
8	5.其他	
9	（二）其他业务成本（10＋12＋13＋14＋15）	51 000.00
10	1.销售材料成本	51 000.00
11	其中：非货币性资产交换成本	
12	2.出租固定资产成本	
13	3.出租无形资产成本	
14	4.包装物出租成本	
15	5.其他	
16	二、营业外支出（17＋18＋19＋20＋21＋22＋23＋24＋25＋26）	300 000.00
17	（一）非流动资产处置损失	
18	（二）非货币性资产交换损失	
19	（三）债务重组损失	
20	（四）非常损失	
21	（五）捐赠支出	300 000.00
22	（六）赞助支出	
23	（七）罚没支出	
24	（八）坏账损失	
25	（九）无法收回的债券股权投资损失	
26	（十）其他	

　　填表说明：根据主营业务成本、其他业务成本、营业外支出明细科目余额表借方发生额填写表A102010。

任务九　企业所得税纳税申报

——年度汇算清缴（填写期间费用明细表）

一、实训目的

（1）掌握一般企业期间费用明细表的填写；

（2）培养学生依法纳税的意识，提高社会责任感。

二、实训材料

（1）科目汇总表；

（2）期间费用明细表（A104000）。

三、实训内容和步骤

（一）编制工作底稿

将期间费用按照纳税申报表明细进行整理，编制底稿。

（二）根据期间费用明细科目余额表填写表A104000

期间费用明细表见表4-27，具体填列方法如下：

（1）第1列"销售费用"：填报在销售费用科目进行核算的相关明细项目的金额，其中金融企业填报在业务及管理费科目进行核算的相关明细项目的金额；

（2）第2列"其中：境外支付"：填报在销售费用科目进行核算的向境外支付的相关明细项目的金额，其中金融企业填报在业务及管理费科目进行核算的相关明细项目的金额；

（3）第3列"管理费用"：填报在管理费用科目进行核算的相关明细项目的金额；

（4）第4列"其中：境外支付"：填报在管理费用科目进行核算的向境外支付的相关明细项目的金额；

（5）第5列"财务费用"：填报在财务费用科目进行核算的相关明细项目的金额；

（6）第6列"其中：境外支付"：填报在财务费用科目进行核算的向境外支付的有关明细项目的金额；

（7）第1行至第25行：根据费用科目核算的具体项目金额进行填报，如果贷方发生额大于借方发生额，应填报负数。

表 4-27　　　　　　　　　（A104000）期间费用明细表

行次	项　目	销售费用	其中：境外支付	管理费用	其中：境外支付	财务费用	其中：境外支付
		1	2	3	4	5	6
1	一、职工薪酬		—		—	—	—
2	二、劳务费						—
3	三、咨询顾问费						—
4	四、业务招待费		—		—		—
5	五、广告费和业务宣传费		—		—		—
6	六、佣金和手续费						
7	七、资产折旧摊销费						
8	八、财产损耗、盘亏及毁损损失						
9	九、办公费						
10	十、董事会费				—		
11	十一、租赁费						—
12	十二、诉讼费						—
13	十三、差旅费						—
14	十四、保险费		—		—		—
15	十五、运输、仓储费						
16	十六、修理费						
17	十七、包装费		—		—		
18	十八、技术转让费						
19	十九、研究费用						
20	二十、各项税费		—		—	—	—
21	二十一、利息收支		—		—	—	—
22	二十二、汇兑差额		—		—		
23	二十三、现金折扣		—		—		
24	二十四、党组织工作经费		—		—	—	—
25	二十五、其他						
26	合计（1＋2＋3＋…＋25）						

四、实训注意事项

（一）本表适用范围

期间费用明细表（A104000）适用于除事业单位和民间非营利组织外的纳税人填报，反映纳税人根据国家统一会计制度发生的期间费用明细情况。

（二）费用类账户填写注意事项

如果费用类账户贷方发生额大于借方发生额，应填报负数。

（三）与主表 A100000 的钩稽关系

（1）第 26 行第 1 列 = 表 A100000 第 4 行；

（2）第 26 行第 3 列 = 表 A100000 第 5 行；

（3）第 26 行第 5 列 = 表 A100000 第 6 行。

五、实训任务

企业名称：北京永醇酒业有限公司

经营范围：销售日用品、生活产品

适用的会计准则：企业会计准则

2021 年 12 月 31 日期间费用明细科目余额表见表 4-28。2022 年 2 月 9 日，北京永醇酒业有限公司申报 2021 年度企业所得税。

表 4-28　　　　　　　　　期间费用明细科目余额表　　　　　　　　　单位：元

总账科目	明细科目	本年累计借方发生额	本年累计贷方发生额	期末余额
销售费用	职工薪酬	186 391.20	186 391.20	0.00
销售费用	业务招待费	130 000.00	130 000.00	0.00
销售费用	广告费和业务宣传费	230 000.00	230 000.00	0.00
销售费用	资产折旧摊销费	75 999.96	75 999.96	0.00
销售费用	办公费	7 200.00	7 200.00	0.00
销售费用	差旅费	54 000.00	54 000.00	0.00
销售费用	保险费	3 000.00	3 000.00	0.00
小计		686 591.16	686 591.16	0.00
管理费用	职工薪酬	1 138 821.12	1 138 821.12	0.00
管理费用	业务招待费	20 000.00	20 000.00	0.00
管理费用	资产折旧摊销费	441 588.40	441 588.40	0.00
管理费用	财产损耗、盘亏及毁损	8 500.00	8 500.00	0.00
管理费用	办公费	36 000.00	36 000.00	0.00
管理费用	保险费	6 000.00	6 000.00	0.00
管理费用	修理费	4 500.00	4 500.00	0.00
管理费用	其他	48 100.00	48 100.00	0.00
小计		1 703 509.52	1 703 509.52	0.00
财务费用	利息支出	2 688.00	2 688.00	0.00
财务费用	手续费	34 000.00	34 000.00	0.00
小计		36 688.00	36 688.00	0.00

审核：张军　　　　　　　　　制表：裴迪

要求：请根据原始单据填制期间费用明细表。

六、任务解答

2022年2月9日，北京永醇酒业有限公司申报2021年度企业所得税，期间费用明细表见表4-29。

表4-29 　　　　　　　　　　　　（A104000）期间费用明细表

行次	项　目	销售费用	其中：境外支付	管理费用	其中：境外支付	财务费用	其中：境外支付
		1	2	3	4	5	6
1	一、职工薪酬	186 391.20	—	1 138 821.12	—	—	—
2	二、劳务费					—	—
3	三、咨询顾问费					—	—
4	四、业务招待费	130 000.00	—	20 000.00	—	—	—
5	五、广告费和业务宣传费	230 000.00	—			—	—
6	六、佣金和手续费					34 000.00	—
7	七、资产折旧摊销费	75 999.96	—	441 588.40	—	—	—
8	八、财产损耗、盘亏及毁损损失			8 500.00		—	—
9	九、办公费	7 200.00		36 000.00		—	—
10	十、董事会费					—	—
11	十一、租赁费					—	—
12	十二、诉讼费					—	—
13	十三、差旅费	54 000.00				—	—
14	十四、保险费	3 000.00		6 000.00		—	—
15	十五、运输、仓储费					—	—
16	十六、修理费			4 500.00		—	—
17	十七、包装费					—	—
18	十八、技术转让费					—	—
19	十九、研究费用					—	—
20	二十、各项税费	—		—		—	—
21	二十一、利息收支	—	—	—	—	2 688.00	
22	二十二、汇兑差额	—		—			
23	二十三、现金折扣	—		—			
24	二十四、党组织工作经费						
25	二十五、其他			48 100.00			
26	合计（1+2+3+…+25）	686 591.16	0	1 703 509.52	0	36 688.00	0

填表说明：

（1）第1列根据销售费用各明细填列；

（2）第3列根据管理费用各明细填列；

（3）第5列根据财务费用各明细填列。

任务十　企业所得税纳税申报

——年度汇算清缴（填写职工薪酬支出及纳税调整明细表）

一、实训目的

（1）掌握企业所得税职工薪酬支出及纳税调整明细表的填写；

（2）培养学生依法纳税的意识，提高社会责任感。

二、实训材料

（1）科目汇总表；

（2）职工薪酬支出及纳税调整明细表（A105050）。

三、实训内容和步骤

（一）计算税法允许扣除的限额

（1）工资薪金支出：实际发放的合理的工资薪金支出可以全额税前扣除；

（2）职工福利费支出：不超过工资薪金总额14%的部分准予税前扣除；

（3）职工教育经费支出：一般企业按照工资薪金总额的8%税前扣除，经国家认定的高新技术企业可按照工资薪金总额的8%税前扣除；

（4）工会经费支出：按照专用收据单最高不超过工资薪金总额的2%税前扣除；

（5）补充养老保险：可按照工资薪金总额的5%税前扣除；

（6）补充医疗保险：可按照工资薪金总额的5%税前扣除。

上述提到的工资薪金总额是指企业的"合理工资薪金"，不包括企业的职工福利费、职工教育经费、工会经费以及社会保险费和住房公积金等。

（二）根据应付职工薪酬明细科目余额表填写职工薪酬支出及纳税调整明细表

职工薪酬支出及纳税调整明细表见表4-30，填写方法如下：

（1）第1列"账载金额"：填报纳税人会计核算计入成本费用的工资薪金、职工福利费、职工教育经费、工会经费、各类基本社会保障性缴款、住房公积金、补充养老保险、补充医疗保险。

（2）第2列"实际发生额"：分析填报纳税人"应付职工薪酬"会计科目下的工资薪金本年借方发生额（本年实际发放的工资薪金）、"应付职工薪酬"会计科目下的职工福利费本年实际发生额、"应付职工薪酬"会计科目下的职工教育经费本年实际发生额、"应付职工薪酬"会计科目下的工会经费本年实际发生额、"应付职工薪酬"会计科目下的各类基本社会保障性缴款本年实际发生额、"应付职工薪酬"会计科目下的住房公积金本年实际发生额、"应付职工薪酬"会计科目下的补充养老保险和补充医疗保险本年实际发生额。

（3）第4列"以前年度累计结转扣除额"：只有职工教育经费支出以前年度税前未扣完、本期实际发生额小于税法允许扣除限额时才计算填写。

(4) 第5列"税收金额": 第1行第5列填报纳税人按照税收规定允许税前扣除的金额,按照第1列和第2列分析填报; 第3行第5列填报按照税收规定允许税前扣除的金额,按照第1行第5列"工资薪金支出/税收金额"×税收规定扣除率与第1列、第2列三者孰小值填报; 第5行第5列填报纳税人按照税收规定允许税前扣除的金额(不包括第6行"按税收规定全额扣除的职工培训费用"金额),按照第1行第5列"工资薪金支出/税收金额"×税收规定扣除率与第2+4列的孰小值填报; 第6行第5列填报按照税收规定允许税前扣除的金额,按照第2列金额填报; 第7行第5列填报按照税收规定允许税前扣除的金额,按照第1行第5列"工资薪金支出/税收金额"×税收规定扣除率与第1列、第2列三者孰小值填报; 第8行第5列填报按照税收规定允许税前扣除的各类基本社会保障性缴款的金额,按照纳税人依照国务院有关主管部门或者省级人民政府规定的范围和标准计算的各类基本社会保障性缴款的金额、第1列及第2列三者孰小值填报; 第9行第5列填报按照税收规定允许税前扣除的住房公积金金额,按照纳税人依照国务院有关主管部门或者省级人民政府规定的范围和标准计算的住房公积金金额、第1列及第2列三者孰小值填报; 第10、11行第5列填报按照税收规定允许税前扣除的补充养老保险、补充医疗保险的金额,按照第1行第5列"工资薪金支出/税收金额"×税收规定扣除率与第1列、第2列三者孰小值填报。

表4-30　　　　　　　　(A105050)职工薪酬支出及纳税调整明细表

行次	项　　目	账载金额	实际发生额	税收规定扣除率	以前年度累计结转扣除额	税收金额	纳税调整金额	累计结转以后年度扣除额
		1	2	3	4	5	6 (1-5)	7 (2+4-5)
1	一、工资薪金支出			—	—			—
2	其中: 股权激励			—	—			—
3	二、职工福利费支出			14.00%	—			—
4	三、职工教育经费支出				—			
5	其中: 按税收规定比例扣除的职工教育经费			8.00%				
6	按税收规定全额扣除的职工培训费用			100.00%	—			
7	四、工会经费支出			2.00%	—			
8	五、各类基本社会保障性缴款				—			
9	六、住房公积金			—	—			
10	七、补充养老保险			5.00%	—			
11	八、补充医疗保险			5.00%	—			
12	九、其他				—			—
13	合计 (1+3+4+7+8+9+10+11+12)			—				

四、实训注意事项

（一）工资薪金的确定

（1）表中的工资薪金支出不包括企业的职工福利费、职工教育经费、工会经费以及社会保险费和住房公积金等。

（2）如果实际发放的工资小于账面记载的金额，税收金额为实际发放的金额。

（二）职工教育经费超过限额的规定

职工教育经费当年支出超过税法规定限额的，可以结转以后年度扣除。

（三）"股权激励"的填报

适用于执行《上市公司股权激励管理办法》（中国证券监督管理委员会令第126号）的纳税人填报，具体如下：

（1）第1列"账载金额"：填报纳税人按照国家有关规定建立职工股权激励计划，会计核算计入成本费用的金额；

（2）第2列"实际发生额"：填报纳税人根据本年实际行权时股权的公允价格与激励对象实际行权支付价格的差额和数量计算确定的金额；

（3）第5列"税收金额"：填报行权时按照税收规定允许税前扣除的金额，按照第2列金额填报。

（四）与纳税调整项目明细表（A105000）的关系

（1）第13行第1列 = 表A105000第14行第1列；

（2）第13行第5列 = 表A105000第14行第2列；

（3）若第13行第6列≥0，第13行第6列 = 表A105000第14行第3列；若第13行第6列<0，第13行第6列的绝对值 = 表A105000第14行第4列。

五、实训任务

企业名称：北京永醇酒业有限公司

经营范围：销售日用品、生活产品

2021年12月31日应付职工薪酬科目余额表见表4-31。2022年2月9日，北京永醇酒业有限公司申报2021年度企业所得税。

表4-31　　　　　　　　　　应付职工薪酬科目余额表　　　　　　　　　　单位：元

总账科目	明细科目	期初余额	本年累计借方发生额	本年累计贷方发生额	期末余额
应付职工薪酬	工资	95 000.00	1 140 000.00	1 140 000.00	95 000.00
	社会保险费		122 812.32	122 812.32	0.00
	公积金		62 400.00	62 400.00	0.00
合计		95 000.00	1 325 212.32	1 325 212.32	95 000.00

审核：张军　　　　　　制表：裴迪

要求：根据原始单据填制职工薪酬支出及纳税调整明细表。

六、任务解答

2022年2月9日，北京永醇酒业有限公司申报2021年度企业所得税，填制职工薪酬支出及纳税调整明细表见表4-32。

表4-32　　　　　　　　（A105050）职工薪酬支出及纳税调整明细表

行次	项目	账载金额	实际发生额	税收规定扣除率	以前年度累计结转扣除额	税收金额	纳税调整金额	累计结转以后年度扣除额
		1	2	3	4	5	6 (1-5)	7 (2+4-5)
1	一、工资薪金支出	1 140 000.00	1 140 000.00	—	—	1 140 000.00	0	—
2	其中：股权激励						0	
3	二、职工福利费支出			14%			0	
4	三、职工教育经费支出	0	0		0	0	0	0
5	其中：按税收规定比例扣除的职工教育经费			8%			0	0
6	按税收规定全额扣除的职工培训费用			100%	—		0	—
7	四、工会经费支出			2%			0	
8	五、各类基本社会保障性缴款	122 812.32	122 812.32			122 812.32	0	
9	六、住房公积金	62 400.00	62 400.00			62 400.00	0	
10	七、补充养老保险			5%			0	
11	八、补充医疗保险			5%			0	
12	九、其他			—			0	
13	合计（1+3+4+7+8+9+10+11+12）	1 325 212.32	1 325 212.32	—	0	1 325 212.32	0	0

填表说明：

（1）第1行第1列账载金额按照应付职工薪酬-工资明细账贷方发生额填写；第2列实际发生额按照至汇算清缴时企业实际发放的申报年度的工资填写；第5列税收金额按照税收规定允许税前扣除的金额填报，本案例按照第1列和第2列孰低值填报。

（2）第8行第1列账载金额按照应付职工薪酬-社会保险费明细账贷方发生额合计填写；第2列实际发生额按照应付职工薪酬-社会保险费借方发生额合计填写；第5列税收金额按照税收规定允许税前扣除的金额填报，本案例按照第1列和第2列孰低值填报。

（3）第9行第1列账载金额按照应付职工薪酬-公积金明细账贷方发生额填写；第2列实际发生额按照应付职工薪酬-公积金明细账借方发生额填写；第5列税收金额按照税收规定允许税前扣除的金额填报，本案例按照第1列和第2列孰低值填报。

任务十一　企业所得税纳税申报

——年度汇算清缴（填写广告费和业务宣传费跨年度纳税调整明细表）

一、实训目的

1.掌握企业所得税广告费和业务宣传费跨年度纳税调整明细表的填写；
2.培养学生依法纳税的意识，提高社会责任感。

二、实训材料

1.费用类科目余额表；
2.广告费和业务宣传费跨年度纳税调整明细表（A105060）。

三、实训内容和步骤

（一）从科目汇总表中找出属于广告费、业务宣传费的部分

企业在筹建期间发生的广告费和业务宣传费，可按实际发生额计入企业筹办费，并按有关规定在税前扣除。

非广告性赞助支出不属于广告费、业务宣传费，广告费支出一般都是通过媒体，非广告性赞助支出则一般不通过媒体。非广告性赞助支出不得税前扣除。

（二）根据期间费用明细科目余额表填写广告费和业务宣传费跨年度纳税调整明细表

广告费和业务宣传费跨年度纳税调整明细表（A105060）见表4-33，主要填写方法如下：

（1）第1行"一、本年支出"：填报纳税人计入本年损益的支出金额。

（2）第2行"减：不允许扣除的支出"：填报税收规定不允许扣除的支出金额。

（3）第4行"三、本年计算扣除限额的基数"：填写计算扣除限额的当年销售（营业）收入，包括主营业务收入和其他业务收入。

（4）第5行"乘：税收规定扣除率"：一般企业扣除率为15%，化妆品制造与销售、医药制造、饮料制造（不含酒类制造）企业扣除率为30%。

（5）第7行"五、本年结转以后年度扣除额"：若第3行＞第6行，填报第3－6行的余额；若第3行≤第6行，填报0。

（6）第8行"加：以前年度累计结转扣除额"：填报以前年度允许税前扣除但超过扣除限额未扣除、结转扣除的支出金额。

（7）第9行"减：本年扣除的以前年度结转额"：若第3行＞第6行，填报0；若第3行≤第6行，填报第6－3行与第8行的孰小值。

（8）第10行"六、按照分摊协议归集至其他关联方的金额"：本行第1列填报签订广告费和业务宣传费分摊协议（以下简称分摊协议）的关联企业的一方，按照分摊协议，将其发生的不超过当年销售（营业）收入税前扣除限额比例内的广告费和业务宣传

费支出归集至其他关联方扣除的广告费和业务宣传费，本行应≤第3行与第6行的孰小值。本行第2列不可填报。

（9）第11行"按照分摊协议从其他关联方归集至本企业的金额"：本行第1列填报签订分摊协议的关联企业的一方，按照分摊协议，从其他关联方归集至本企业的广告费和业务宣传费。本行第2列不可填报。

（10）第12行"七、本年支出纳税调整金额"：若第3行＞第6行，填报第2＋3－6＋10－11行的金额；若第3行≤第6行，填报第2＋10－11－9行的金额。

表4-33　　　（A105060）广告费和业务宣传费跨年度纳税调整明细表

行次	项　目	广告费和业务宣传费	保险企业手续费及佣金支出
1	一、本年支出		
2	减：不允许扣除的支出		
3	二、本年符合条件的支出（1－2）		
4	三、本年计算扣除限额的基数		
5	乘：税收规定扣除率		
6	四、本企业计算的扣除限额（4×5）		
7	五、本年结转以后年度扣除额（3＞6，本行＝3－6；3≤6，本行＝0）		
8	加：以前年度累计结转扣除额		
9	减：本年扣除的以前年度结转额［3＞6，本行＝0；3≤6，本行＝8与（6－3）孰小值］		
10	六、按照分摊协议归集至其他关联方的金额（10≤3与6孰小值）		
11	按照分摊协议从其他关联方归集至本企业的金额		
12	七、本年支出纳税调整金额（3＞6，本行＝2＋3－6＋10－11；3≤6，本行＝2＋10－11－9）		
13	八、累计结转以后年度扣除额（7＋8－9）		

四、实训注意事项

（一）广告费、业务宣传费的确定

（1）广告费、业务宣传费不再区分扣除标准，统一计算扣除标准。

（2）广告费、业务宣传费可以结转以后年度扣除，填报时要注意上一年是否有结转的余额。

（3）"本年计算广告费和业务宣传费扣除限额的销售（营业）收入"填报时，注意是否有视同销售、分期收款销售等需要调整营业收入的项目。

（4）化妆品制造与销售、医药制造、饮料制造（不含酒类制造）企业发生的广告费和业务宣传费支出，不超过当年销售（营业）收入30%的部分，准予扣除；超过部分，

准予结转以后纳税年度扣除。烟草企业的广告费和业务宣传费，一律不得税前扣除。

（5）对签订分摊协议的关联企业，其中一方发生的不超过当年销售（营业）收入税前扣除限额比例内的广告费和业务宣传费支出可以在本企业扣除，也可以将其中的部分或全部按照分摊协议归集至另一方扣除。另一方在计算本企业广告费和业务宣传费支出企业所得税税前扣除限额时，按照上述办法归集至本企业的广告费和业务宣传费不计算在内。

（二）与纳税调整项目明细表（A105000）的关系

若第12行第1列≥0，第12行第1列＝表A105000第16行第3列；若第12行第1列＜0，第12行第1列的绝对值＝表A105000第16行第4列。

五、实训任务

企业名称：北京永醇酒业有限公司

经营范围：销售日用品、生活产品

2021年12月31日期间费用科目余额表见表4-34。2022年2月9日，北京永醇酒业有限公司申报2021年度企业所得税。

表4-34　　　　　　　　　　　　期间费用科目余额表　　　　　　　　　　　　单位：元

总账科目	明细科目	本年累计借方发生额	本年累计贷方发生额	期末余额
销售费用	职工薪酬	186 391.20	186 391.20	0.00
销售费用	业务招待费	130 000.00	130 000.00	0.00
销售费用	广告费和业务宣传费	230 000.00	230 000.00	0.00
销售费用	资产折旧摊销费	75 999.96	75 999.96	0.00
销售费用	办公费	7 200.00	7 200.00	0.00
销售费用	差旅费	54 000.00	54 000.00	0.00
销售费用	保险费	3 000.00	3 000.00	0.00
小计		686 591.16	686 591.16	0.00
管理费用	职工薪酬	1 138 821.12	1 138 821.12	0.00
管理费用	业务招待费	20 000.00	20 000.00	0.00
管理费用	资产折旧摊销费	441 588.40	441 588.40	0.00
管理费用	财产损耗、盘亏及毁损	8 500.00	8 500.00	0.00
管理费用	办公费	36 000.00	36 000.00	0.00
管理费用	保险费	6 000.00	6 000.00	0.00
管理费用	修理费	4 500.00	4 500.00	0.00
管理费用	其他	48 100.00	48 100.00	0.00
小计		1703 509.52	1703 509.52	0.00
财务费用	利息支出	2 688.00	2 688.00	0.00
财务费用	手续费	34 000.00	34 000.00	0.00
小计		36 688.00	36 688.00	0.00

审核：张军　　　　　　　　　　　　制表：裴迪

要求：请根据原始单据填制广告费和业务宣传费跨年度纳税调整明细表。（本年营业收入为8 201 500元）

六、任务解答

2022年2月9日，北京永醇酒业有限公司申报2021年度企业所得税，填制广告费和业务宣传费跨年度纳税调整明细表见表4-35。

表4-35　　　　（A105060）广告费和业务宣传费跨年度纳税调整明细表

行次	项　　目	广告费和业务宣传费	保险企业手续费及佣金支出
1	一、本年支出	230 000.00	
2	减：不允许扣除的支出		
3	二、本年符合条件的支出（1－2）	230 000.00	
4	三、本年计算扣除限额的基数	8 201 500.00	
5	乘：税收规定扣除率	15%	
6	四、本企业计算的扣除限额（4×5）	1 230 225.00	
7	五、本年结转以后年度扣除额（3＞6，本行＝3－6；3≤6，本行＝0）	0	
8	加：以前年度累计结转扣除额		
9	减：本年扣除的以前年度结转额［3＞6，本行＝0；3≤6，本行＝8与（6－3）孰小值］	0	
10	六、按照分摊协议归集至其他关联方的金额（10≤3与6孰小值）		
11	按照分摊协议从其他关联方归集至本企业的金额		
12	七、本年支出纳税调整金额（3＞6，本行＝2＋3－6＋10－11；3≤6，本行＝2＋10－11－9）	0	
13	八、累计结转以后年度扣除额（7＋8－9）	0	

填表说明：

（1）第1行根据销售费用－广告费和业务宣传费明细账户借方发生额填列；

（2）第4行根据表A101010第1行营业收入填写，如果存在视同销售收入，还需要加上视同销售收入（本案例已知为8 201 500元）；

（3）实际发生额230 000元＜扣除限额1 230 225元，所以不需要纳税调整。

任务十二　企业所得税纳税申报

——年度汇算清缴（填写捐赠支出及纳税调整明细表）

一、实训目的

1.掌握企业所得税捐赠支出及纳税调整明细表的填写；

2.培养学生依法纳税的意识，提高社会责任感。

二、实训材料

1.科目余额表；

2.捐赠支出证明；

3.捐赠支出及纳税调整明细表（A105070）。

三、实训内容和步骤

（一）判断捐赠类型

（1）"非公益性捐赠"包括直接捐赠等，不属于公益性捐赠的支出。

（2）允许全额扣除的捐赠：对北京2022年冬奥会、冬残奥会、测试赛的捐赠支出；用于目标脱贫地区的扶贫捐赠支出；对杭州2022年亚运会的捐赠支出；支持新型冠状病毒感染的肺炎疫情防控的捐赠支出。

（3）"限额扣除的公益性捐赠"，需要按年度利润总额12%计算税收规定的税前扣除额、捐赠支出结转额以及纳税调整额。纳税人发生相关支出（含捐赠支出结转），无论是否纳税调整，均应填报本表。

（二）根据科目余额表、捐赠证明填写捐赠支出及纳税调整明细表（A105070）

捐赠支出及纳税调整明细表（A105070）见表4-36，主要填写方法如下：

（1）第1行"非公益性捐赠"：填报纳税人本年发生且已计入本年损益的税收规定公益性捐赠以外的其他捐赠支出及纳税调整情况。具体如下：第1列"账载金额"：填报纳税人计入本年损益的税收规定公益性捐赠以外的其他捐赠支出金额；第5列"纳税调增金额"：填报非公益性捐赠支出纳税调整增加额，金额等于第1列"账载金额"。

（2）第2行"全额扣除的公益性捐赠"：填报纳税人发生的可全额税前扣除的公益性捐赠支出。具体如下：第1列"账载金额"：填报纳税人本年发生且已计入本年损益的按税收规定可全额税前扣除的捐赠支出金额；第4列"税收金额"：等于第1列"账载金额"。

（3）第4行"限额扣除的公益性捐赠"：填报纳税人本年发生的限额扣除的公益性捐赠支出、纳税调整额、以前年度结转扣除捐赠支出等。第2行等于第3+4+5+6行。其中本行第4列"税收金额"：当本行第1+2列大于第3列时，第4列=第3列；当本行第1+2列小于等于第3列时，第4列=第1+2列。

（4）第5行"前三年度"：填报纳税人前三年度发生的未税前扣除的公益性捐赠支出在本年度扣除的金额。具体如下：第2列"以前年度结转可扣除的捐赠额"：填报前三年度发生的尚未税前扣除的公益性捐赠支出金额；第6列"纳税调减金额"：根据本年扣除限额以及前三年度未扣除的公益性捐赠支出分析填报。

（5）第6行"前二年度"：填报纳税人前二年度发生的未税前扣除的公益性捐赠支出在本年度扣除的捐赠额以及结转以后年度扣除的捐赠额。具体如下：第2列"以前年度结转可扣除的捐赠额"：填报前二年度发生的尚未税前扣除的公益性捐赠支出金额；第6列"纳税调减金额"：根据本年剩余扣除限额、本年扣除前三年度捐赠支出、前二年度未扣除的公益性捐赠支出分析填报；第7列"可结转以后年度扣除的捐赠额"：填报前二年度未扣除、结转以后年度扣除的公益性捐赠支出金额。

（6）第7行"前一年度"：填报纳税人前一年度发生的未税前扣除的公益性捐赠支出在本年度扣除的捐赠额以及结转以后年度扣除的捐赠额。具体如下：第2列"以前年度结转可扣除的捐赠额"：填报前一年度发生的尚未税前扣除的公益性捐赠支出金额；第6列"纳税调减金额"：根据本年剩余扣除限额、本年扣除前三年度捐赠支出、本年扣除前二年度捐赠支出、前一年度未扣除的公益性捐赠支出分析填报；第7列"可结转以后年度扣除的捐赠额"：填报前一年度未扣除、结转以后年度扣除的公益性捐赠支出金额。

（7）第8行"本年"：填报纳税人本年度发生、本年税前扣除、本年纳税调增以及结转以后年度扣除的公益性捐赠支出。具体如下：第1列"账载金额"：填报计入本年损益的公益性捐赠支出金额；第3列"按税收规定计算的扣除限额"：按照本年利润总额乘以12%的金额填报，若利润总额为负数，则以0填报；第4列"税收金额"：填报本年实际发生的公益性捐赠支出以及结转扣除以前年度公益性捐赠支出情况分析填报；第5列"纳税调增金额"：填报本年公益性捐赠支出账载金额超过税收规定的税前扣除限额的部分。第7列"可结转以后年度扣除的捐赠额"：填报本年度未扣除、结转以后年度扣除的公益性捐赠支出金额。

（8）第9行"合计"：填报第1+2+4行的合计金额。

四、实训注意事项

（一）公益性捐赠的确认

（1）公益性捐赠需取得省级以上（含省级）财政部门印制并加盖接受捐赠单位印章的公益性捐赠票据或加盖接受捐赠单位印章的"非税收入一般缴款书"收据联；

（2）企业发生的公益性捐赠支出未在当年税前扣除的部分，准予向以后年度结转扣除，但结转年限自捐赠发生年度的次年起计算，最长不得超过3年；

（3）企业在对公益性捐赠支出计算扣除时，应先扣除以前年度结转的捐赠支出，再扣除当年发生的捐赠支出。

（二）与纳税调整项目明细表（A105000）的关系：

第9行第1列＝附表A105000第17行第1列；

第9行第4列＝附表A105000第17行第2列；

第9行第5列＝附表A105000第17行第3列；

第9行第6列＝附表A105000第17行第4列。

（三）与主表（A100000）的关系

第9行第3列＝表A100000第13行×12%（当表A100000第13行≤0，第9行第3列＝0）。

五、实训任务

企业名称：北京永醇酒业有限公司

经营范围：销售日用品、生活用品

表 4-36

A105070 捐赠支出及纳税调整明细表

行次	项目	账载金额 1	以前年度结转可扣除的捐赠额 2	按税收规定计算的扣除限额 3	税收金额 4	纳税调增金额 5	纳税调减金额 6	可结转以后年度扣除的捐赠额 7
1	一、非公益性捐赠		—	—	—		—	—
2	二、全额扣除的公益性捐赠		—	—	—	—	—	—
3	其中：扶贫捐赠		—	—	—	—	—	
4	三、限额扣除的公益性捐赠（5+6+7+8）							
5	前三年度（　年）	—		—	—	—		—
6	前二年度（　年）	—			—	—		
7	前一年度（　年）	—			—	—		
8	本　年（2021年）						—	
9	合计（1+2+4）			—			—	
附列资料	2015年度至本年发生的公益性扶贫捐赠合计金额		—					

2021年12月31日成本类科目余额表见表4-37。

表4-37　　成本类科目余额表　　单位：元

总账科目	明细科目	本年累计借方发生额	本年累计贷方发生额	期末余额
主营业务成本	商品成本	4 078 000.00	4 078 000.00	0.00
其他业务成本		51 000.00	51 000.00	0.00
营业外支出	捐赠支出	300 000.00	300 000.00	0.00
合计		4 429 000.00	4 429 000.00	0.00

审核：张军　　制表：裴迪

2021年捐赠证明如图4-5和图4-6所示。

收款收据

2021年08月21日　　№ 00102213

今收到 北京永醇酒业有限公司

交来 捐赠款

金额（大写） 零佰 壹拾 零万 零仟 零佰 零拾 零元 零角 零分

¥100 000.00　□现金　☑转账支票　□其他　　收款单位（盖章）

北京市昌平希望小学 财务专用章

第二联：交对方

核准：　会计：　记账：　出纳：周州　经手人：

图4-5　捐赠证明

公益事业捐赠统一票据

UNIFIED INVOICE OF EONATION FOR PUBLIC WELFARE

国财00202　　2021年10月25日　　NO50780092

捐赠人Donor：北京永醇酒业有限公司　　YMD

捐赠项目 For purpose	实物（外币）种类 Material objects (Currency)	数量 Amount	金额 Total amount
捐款			200 000.00
金额合计（小写）In Flgures			¥200 000.00
金额合计（大写）In Words 人民币贰拾万元整			

第二联 收据

接受单位（盖章） Receiver's Seal　　复核人： Verifled by　　开票人： Handling person

北京红十字会 财务专用章

感谢您对公益事业的支持！Thank you for support of public welfarel.

图4-6　捐赠证明

要求：2022年2月9日，北京永醇酒业有限公司申报2021年度企业所得税。请根据原始单据填制捐赠支出及纳税调整明细表。（申报年度利润总额为1 311 249.92元）

六、任务解答

2022年2月9日，北京永醇酒业有限公司申报2021年度企业所得税，填制捐赠支出及纳税调整明细表见表4-38。

表 4-38

A105070 捐赠支出及纳税调整明细表

行次	项　　目	账载金额	以前年度结转可扣除的捐赠额	按税收规定计算的扣除限额	税收金额	纳税调增金额	纳税调减金额	可结转以后年度扣除的捐赠额
		1	2	3	4	5	6	7
1	一、非公益性捐赠	100 000.00	—	—	—	100 000.00	—	—
2	二、全额扣除的公益性捐赠		—	—	—	—	—	—
3	其中：扶贫捐赠		—	—	—	—	—	—
4	三、限额扣除的公益性捐赠（5+6+7+8）	200 000.00	0	157 349.99	157 349.99	42 650.01	0	42 650.01
5	前三年度（　年）	—	—	—	—	—	—	—
6	前二年度（　年）	—	—	—	—	—	—	—
7	前一年度（　年）	—	—	—	—	—	—	—
8	本　年（2021年）	200 000.00	—	157 349.99	157 349.99	42 650.01	—	42 650.01
9	合计（1+2+4）	300 000.00	0	157 349.99	157 349.99	142 650.01	0	42 650.01
附列资料	2015年度至本年发生的公益性扶贫捐赠合计金额							—

填写说明：

（1）第1行非公益性捐赠，根据营业外支出－捐赠支出明细账，本年捐赠共300 000元，其中捐赠给希望小学的100 000元，由于没有取得公益事业捐赠统一票据，不得税前扣除，需要纳税调增。

（2）第8行本年限额扣除的公益性捐赠，根据营业外支出－捐赠支出明细账，本年捐赠共300 000元，其中取得公益事业捐赠统一票据200 000元，填入第1列。税前可扣除的限额＝利润总额×12%＝1 311 249.92×12%＝157 349.99（元），填入第3列。因为账载金额200 000元＞157 349.99元，税法允许扣除的金额为157 349.99元，纳税调增金额＝200 000－157 349.99＝42 650.01（元）。

任务十三　企业所得税纳税申报
——年度汇算清缴（填写资产折旧、摊销及纳税调整明细表）

一、实训目的

（1）掌握企业所得税资产折旧、摊销及纳税调整明细表的填写；
（2）培养学生依法纳税的意识，提高社会责任感。

二、实训材料

（1）固定资产折旧明细表；
（2）无形资产摊销明细表；
（3）资产折旧、摊销及纳税调整明细表（A105080）。

三、实训内容和步骤

（一）分析资产折旧、摊销会计计量与税法的差异

税法规定的折旧方法：固定资产按照直线法计算的折旧，准予扣除。企业应当自固定资产投入使用月份的次月起计算折旧；停止使用的固定资产，应当自停止使用月份的次月起停止计算折旧。

税法规定的最低折旧年限：①房屋、建筑物：20年；②飞机、火车、轮船、机器、机械和其他生产设备：10年；③与生产经营活动有关的器具、工具、家具等：5年；④飞机、火车、轮船以外的运输工具：4年；⑤电子设备：3年；⑥无形资产：10年。

（二）填写资产折旧、摊销及纳税调整明细表（A105080）

资产折旧、摊销及纳税调整明细表（A105080）见表4-39，主要填写方法如下：

（1）第1、2、3列填报纳税人资产原值，本年折旧、摊销额及累计折旧、摊销额。

（2）第4列"资产计税基础"：填报纳税人按照税收规定据以计算折旧、摊销的资产原值（或历史成本）的金额。

（3）第5列"税收折旧、摊销额"：填报纳税人按照税收规定计算的允许税前扣除的本年资产折旧、摊销额。第8行至第17行、第20行至32行第5列"税收折旧、摊销额"：填报享受相关加速折旧、摊销优惠政策的资产，采取税收加速折旧、摊销或一次性扣除方式计算的税收折旧额合计金额、摊销额合计金额。本列仅填报"税收折旧、摊销额"大于"享受加速折旧政策的资产按税收一般规定计算的折旧、摊销额"月份的金额合计。例如，享受加速折旧、摊销优惠政策的资产，发生本年度某些月份其"税收折旧、摊销额"大于"享受加速折旧政策的资产按税收一般规定计算的折旧、摊销额"，其余月份其"税收折旧、摊销额"小于"享受加速折旧政策的资产按税收一般规定计算的折旧、摊销额"的情形，仅填报"税收折旧、摊销额"大于"享受加速折旧政策的资产按税收一般规定计算的折旧、摊销额"月份的税收折旧额合计金额、摊销额合计金额。

表4-39

A105080 资产折旧、摊销及纳税调整明细表

行次	项目	账载金额			资产计税基础	税收金额		加速折旧、摊销统计额	累计折旧、摊销额	纳税调整金额
		资产原值	本年折旧、摊销额	累计折旧、摊销额		税收折旧、摊销额	享受加速折旧政策的资产按税收规定一般计算的折旧、摊销额			
		1	2	3	4	5	6	7 (5-6)	8	9 (2-5)
1	一、固定资产（2+3+4+5+6+7）									
2	（一）房屋、建筑物						—	—		—
3	（二）飞机、火车、轮船、机器、机械和其他生产设备						—	—		—
4	（三）与生产经营活动有关的器具、工具、家具等						—	—		—
5	（四）飞机、火车、轮船以外的运输工具						—	—		—
6	（五）电子设备						—	—		—
7	（六）其他						—	—		—
8	（一）重要行业固定资产加速折旧（不含一次性扣除）									—
9	（二）其他行业研发设备加速折旧							—		—
10	（三）特定地区企业固定资产加速折旧（10.1+10.2）									—
10.1	1.海南自由贸易港企业固定资产加速折旧									—
10.2	2.其他特定地区企业固定资产加速折旧									—
11	（四）500万元以下设备器具一次性扣除							—		—
12	（五）疫情防控重点保障物资生产企业单价500万元以上设备一次性扣除									—
13	（六）特定地区企业固定资产一次性扣除（13.1+13.2）									—
13.1	1.海南自由贸易港企业固定资产一次性扣除									—
13.2	2.其他特定地区企业固定资产一次性扣除									—
14	（七）技术进步、更新换代固定资产加速折旧									—
15	（八）常年强震动、高腐蚀固定资产加速折旧									—
16	（九）外购软件加速折旧									—
17	（十）集成电路企业生产设备加速折旧									—

注：行次1～7为"所有固定资产"；行次8～17为"其中：享受固定资产加速折旧及一次性扣除政策的资产的加速折旧大于一般折旧额的部分"。

续表

行次	项目						
18	二、生产性生物资产 (19+20)						
19	(一) 林木类	—		—			
20	(二) 畜类	—		—			
21	三、无形资产 (22+23+24+25+26+27+28+29)						
22	(一) 专利权			—			
23	(二) 商标权			—			
24	(三) 著作权			—			
25	(四) 土地使用权			—			
26	(五) 非专利技术			—			
27	(六) 特许权使用费			—			
28	(七) 软件			—			
29	(八) 其他			—			
30	其中:享受无形资产加速摊销及一次性摊销政策的资产 (一) 企业外购软件加速摊销				—		
31	(二) 特定地区企业无形资产加速摊销 (31.1+31.2)						
31.1	1.海南自由贸易港企业无形资产加速摊销				—		
31.2	2.其他特定地区企业无形资产加速摊销				—		
32	享受无形资产加速摊销及一次性摊销政策的摊销额大于一般摊销额的部分 (三) 特定地区企业无形资产一次性摊销 (32.1+32.2)						
32.1	1.海南自由贸易港企业无形资产一次性摊销	—		—			—
32.2	2.其他特定地区企业无形资产一次性摊销	—		—			—
33	四、长期待摊费用 (34+35+36+37+38)						
34	(一) 已足额提取折旧的固定资产的改建支出	—		—			—
35	(二) 租入固定资产的改建支出	—		—			—
36	(三) 固定资产的大修理支出	—		—			—
37	(四) 开办费	—		—			—
38	(五) 其他	—		—			—
39	五、油气勘探投资	—		—			—
40	六、油气开发投资	—		—			—
41	合计 (1+18+21+33+39+40)	—		—			—
附列资料	全民所有制企业公司制改制资产评估增值政策资产						

（4）第6列"享受加速折旧政策的资产按税收一般规定计算的折旧、摊销额"：仅适用于第8行至第17行、第30行至32行，填报纳税人享受加速折旧、摊销优惠政策的资产，按照税收一般规定计算的折旧额合计金额、摊销额合计金额。按照税收一般规定计算的折旧、摊销额，是指该资产在不享受加速折旧、摊销优惠政策情况下，按照税收规定的最低折旧年限以直线法计算的折旧额、摊销额。本列仅填报"税收折旧、摊销额"大于"享受加速折旧政策的资产按税收一般规定计算的折旧、摊销额"月份的按税收一般规定计算的折旧额合计金额、摊销额合计金额。

（5）第7列"加速折旧、摊销统计额"：用于统计纳税人享受各类资产加速折旧、摊销政策的优惠金额，按第5-6列金额填报。

（6）第8列"累计折旧、摊销额"：填报纳税人按照税收规定计算的累计（含本年）资产折旧、摊销额。

四、实训注意事项

（一）填制主体

（1）本表适用于发生资产折旧、摊销的纳税人填报，税会无差异也需要填制本表；

（2）对于不征税收入形成的资产，其折旧、摊销额不得税前扣除。

（二）与纳税调整项目明细表（A105000）的关系

（1）第41行第2列 = 附表A105000第32行第1列；

（2）第41行第5列 = 附表A105000第32行第2列；

（3）若第41行第9列≥0，第36行第9列 = 附表A105000第32行第3列；若第41行第9列＜0，第41行第9列的绝对值 = 附表A105000第32行第4列。

五、实训任务

企业名称：北京永醇酒业有限公司

经营范围：销售日用品、生活产品

2021年固定资产折旧明细表见表4-40，无形资产摊销明细表见表4-41。2022年2月9日，北京永醇酒业有限公司申报2021年度企业所得税。

表4-40　　　　　　　　　　固定资产折旧明细表　　　　　　　　　单位：元

名称	购买日期	单位	数量	原值	预计使用年限	残值	已折旧月份	月折旧额	累计折旧
办公楼	2016-12-06	栋	1	5000 000.00	20	250 000.00	60	19 791.67	1 187 500.20
设备	2016-12-25	台	2	300 000.00	10	15 000.00	60	2 375.00	142 500.00
空调	2019-12-22	台	6	30 000.00	5	1 500.00	24	475.00	11 400.00
会议桌椅	2019-12-20	套	2	72 000.00	5	3 600.00	24	1 140.00	27 360.00
商务车	2020-12-22	辆	1	300 000.00	4	15 000.00	12	5 937.50	71 250.00
皮卡车	2019-12-03	辆	1	90 000.00	4	4 500.00	24	1 781.25	42 750.00
电脑	2019-12-13	台	50	125 000.00	3	6 250.00	24	3 298.61	79 166.64
合计				5 917 000.00		295 850.00		34 799.03	1 561 926.84

审核：张军　　　　　　　　　　　　　　　制表：裴迪

表4-41　　　　　　　　　　　无形资产摊销明细表　　　　　　　　　　　单位：元

名称	购买日期	金额	预计摊销年限	年摊销额	累计摊销
专利权	2020-01-12	1 000 000.00	10	100 000.00	200 000.00
合计				100 000.00	200 000.00

审核：张军　　　　　　　　　　　　　制表：裴迪

要求：根据原始单据填制资产折旧、摊销及纳税调整明细表。

六、任务解答

2022年2月9日，北京永醇酒业有限公司申报2021年度企业所得税。填制资产折旧、摊销及纳税调整明细表（A105080）见表4-42。

任务十四　企业所得税纳税申报
——年度汇算清缴（填写纳税调整项目明细表）

一、实训目的

1.掌握企业所得税纳税调整项目明细表的填写；

2.培养学生依法纳税的意识，提高社会责任感。

二、实训材料

1.科目余额明细表；

2.职工薪酬支出及纳税调整明细表（A105050）；

3.广告费和业务宣传费跨年度纳税调整明细表（A105060）；

4.捐赠支出及纳税调整明细表（A105070）；

5.资产折旧、摊销及纳税调整明细表（A105080）；

6.纳税调整项目明细表（A105000）。

三、实训内容和步骤

（一）填报纳税调整项目明细表（A105000）的附表

纳税调整项目明细表（A105000）的附表较多，企业根据业务需要选择填报，附表填好后，再填制纳税调整项目明细表（A105000）。

（二）填写纳税调整项目明细表

纳税调整项目明细表（A105000）见表4-43，是企业所得税纳税申报的重要报表之一，主要填制方法如下：

（1）凡是需要填写附表的项目，实务中附表数据会直接钩稽到附表A105000。

（2）第5行"（四）按权益法核算长期股权投资对初始投资成本调整确认收益"：第4列"调减金额"填报纳税人采取权益法核算，初始投资成本小于取得投资时应享有

表4-42

A105080 资产折旧、摊销及纳税调整明细表

行次	项目	账载金额			税收金额			加速折旧、摊销统计额 7 (5-6)	累计折旧、摊销额 8	纳税调整金额 9 (2-5)
		资产原值 1	本年折旧、摊销额 2	累计折旧、摊销额 3	资产计税基础 4	税收折旧、摊销额 5	享受加速折旧政策的资产按税收一般规定计算的折旧、摊销额 6			
1	一、固定资产 (2+3+4+5+6+7)	5 917 000.00	417 588.36	1 561 926.84	5 917 000.00	417 588.36	-	-	1 561 926.84	0
2	（一）房屋、建筑物	5 000 000.00	237 500.04	1 187 500.20	5 000 000.00	237 500.04	-	-	1 187 500.20	0
3	（二）飞机、火车、轮船、机器、机械和其他生产设备	300 000.00	28 500.00	142 500.00	300 000.00	28 500.00	-	-	142 500.00	0
4	所有固定资产 其中：（三）与生产经营活动有关的器具、工具、家具等	102 000.00	19 380.00	38 760.00	102 000.00	19 380.00	-	-	38 760.00	0
5	（四）飞机、火车、轮船以外的运输工具	390 000.00	92 625.00	114 000.00	390 000.00	92 625.00	-	-	114 000.00	0
6	（五）电子设备	125 000.00	39 583.32	79 166.64	125 000.00	39 583.32	-	-	79 166.64	0
7	（六）其他									
8	享受固定资产加速折旧及一次性扣除政策的资产折旧额大于一般折旧额的部分 （一）重要行业固定资产加速折旧（不含一次性扣除）									—
9	（二）其他行业研发设备加速折旧									—
10	（三）特定地区企业固定资产加速折旧 (10.1+10.2)									—
10.1	1.海南自由贸易港企业固定资产加速折旧									—
10.2	2.其他特定地区企业固定资产加速折旧									—
11	（四）500万元以下设备器具一次性扣除									—
12	（五）疫情防控重点保障物资生产企业单价500万元以上设备一次性扣除									—
13	（六）特定地区企业固定资产一次性扣除 (13.1+13.2)									—
13.1	1.海南自由贸易港企业固定资产一次性扣除									—
13.2	2.其他特定地区企业固定资产一次性扣除									—
14	（七）技术进步、更新换代固定资产加速折旧									—
15	（八）常年强震动、高腐蚀固定资产加速折旧									—
16	（九）外购软件加速折旧									—
17	（十）集成电路企业生产设备加速折旧									—

续表

行次	项目	账载金额 原值	本年折旧、摊销额	累计折旧、摊销额	税收金额 资产计税基础	税收折旧、摊销额			累计折旧、摊销额	纳税调整金额
18	二、生产性生物资产（19+20）									
19	（一）林木类									
20	（二）畜类									
21	三、无形资产（22+23+24+25+26+27+28+29）	1 000 000.00	100 000.00	200 000.00	1 000 000.00	100 000.00	—	—	200 000.00	0
22	（一）专利权	1 000 000.00	100 000.00	200 000.00	1 000 000.00	100 000.00	—	—	200 000.00	0
23	（二）商标权									
24	（三）著作权									
25	（四）土地使用权									
26	（五）非专利技术									
27	（六）特许权使用费									
28	（七）软件									
29	（八）其他									
30	其中：享受 （一）企业外购软件加速摊销						—		—	—
31	无形资产又 （二）特定地区企业无形资产加速摊销（31.1+31.2）						—		—	—
31.1	1.海南自由贸易港企业无形资产加速摊销						—		—	—
31.2	速摊销政 2.其他特定地区企业无形资产加速摊销						—		—	—
32	策的资产加 （三）特定地区企业无形资产一次性摊销（32.1+32.2）						—		—	—
32.1	速摊销额大 1.海南自由贸易港企业无形资产一次性摊销						—		—	—
32.2	于一般摊销 2.其他特定地区企业无形资产一次性摊销						—		—	—
33	额的部分 四、长期待摊费用（34+35+36+37+38）						—		—	—
34	（一）已足额提取折旧的固定资产的改建支出						—		—	—
35	（二）租入固定资产的改建支出						—		—	—
36	（三）固定资产的大修理支出						—		—	—
37	（四）开办费						—		—	—
38	（五）其他						—		—	—
39	五、油气勘探投资						—		—	—
40	六、油气开发投资						—		—	—
41	合计（1+18+21+33+39+40）	6 917 000	517 588.36	1 761 927	6 917 000	517 588.4	—		1 761 927	0

填表说明：
(1) 账载金额的填写：
第1列根据税法和会计对应资产"原值"填列；
第2列年折旧、摊销额，摊销额×12填列；
第3列根据税法和会计对应资产"累计摊销"填列。
(2) 税收金额的填写：
第4列资产计税基础，本案例税法和会计一致，以明细表中对应资产"原值"填列；
第5列税收折旧，摊销额填列的规定计算折旧、摊销额，本案例会计折旧、摊销，折旧摊销年限、折旧摊销方法与税法相同；
第8列累计折旧，摊销额填列计算的累计折旧，摊销额，本案例会计累计折旧、摊销额填列。

被投资单位可辨认净资产公允价值份额的差额计入取得投资当期营业外收入的金额。

（3）第6行"（五）交易性金融资产初始投资调整"：第3列"调增金额"填报纳税人根据税收规定确认交易性金融资产初始投资金额与会计核算的交易性金融资产初始投资账面价值的差额。

（4）第7行"（六）公允价值变动净损益"：第1列"账载金额"填报纳税人会计核算的以公允价值计量的金融资产、金融负债以及投资性房地产类项目，计入当期损益的公允价值变动金额。若第1列≤0，第3列"调增金额"填报第1列金额的绝对值；若第1列＞0，第4列"调减金额"填报第1列的金额。

（5）第8行"（七）不征税收入"：填报纳税人计入收入总额但属于税收规定不征税的财政拨款、依法收取并纳入财政管理的行政事业性收费以及政府性基金和国务院规定的其他不征税收入。第3列"调增金额"填报纳税人以前年度取得财政性资金且已作为不征税收入处理，在5年（60个月）内未发生支出且未缴回财政部门或其他拨付资金的政府部门，应计入应税收入额的金额。第4列"调减金额"填报符合税收规定不征税收入条件并作为不征税收入处理，且已计入当期损益的金额。

（6）第10行"（八）销售折扣、折让和退回"：填报不符合税收规定的销售折扣、折让应进行纳税调整的金额和发生的销售退回因会计处理与税收规定有差异需纳税调整的金额。第1列"账载金额"填报纳税人会计核算的销售折扣、折让金额和销售退回的追溯处理的净调整额。第2列"税收金额"填报根据税收规定可以税前扣除的折扣、折让的金额和销售退回业务影响当期损益的金额。若第1列≥第2列，第3列"调增金额"填报第1－2列的金额；若第1列＜第2列，第4列"调减金额"填报第1－2列金额的绝对值，第4列仅为销售退回影响损益的跨期时间性差异。

（7）第11行"（九）其他"：填报其他因会计处理与税收规定有差异需纳税调整的收入类项目金额。

（8）第15行"（三）业务招待费支出"：第1列"账载金额"填报纳税人会计核算计入当期损益的业务招待费金额。第2列"税收金额"填报按照税收规定允许税前扣除的业务招待费支出的金额。第3列"调增金额"填报第1－2列金额。

（9）第18行"（六）利息支出"：第1列"账载金额"填报纳税人向非金融企业借款，会计核算计入当期损益的利息支出的金额。发行永续债的利息支出不在本行填报。第2列"税收金额"填报按照税收规定允许税前扣除的利息支出的金额。若第1列≥第2列，第3列"调增金额"填报第1－2列的金额；若第1列＜第2列，第4列"调减金额"填报第1－2列金额的绝对值。

（10）第19、20、21行均为税法规定不得扣除内容。

（11）第22行"（十）与未实现融资收益相关在当期确认的财务费用"：第1列"账载金额"填报纳税人会计核算的与未实现融资收益相关并在当期确认的财务费用的金额。第2列"税收金额"填报按照税收规定允许税前扣除的金额。若第1列≥第2列，第3列"调增金额"填报第1－2列的金额；若第1列＜第2列，第4列"调减金额"填报第1－2列金额的绝对值。

（12）第23行"（十一）佣金和手续费支出"：除保险企业之外的其他企业直接填

报本行，第1列"账载金额"填报纳税人会计核算计入当期损益的佣金和手续费金额；第2列"税收金额"填报按照税收规定允许税前扣除的佣金和手续费支出金额；第3列"调增金额"填报第1－2列的金额；第4列"调减金额"不可填报。

（13）第24行"（十二）不征税收入用于支出所形成的费用"：第3列"调增金额"填报符合条件的不征税收入用于支出所形成的计入当期损益的费用化支出金额。

（14）第25行"专项用途财政性资金用于支出所形成的费用"：根据专项用途财政性资金纳税调整明细表（A105040）填报。第3列"调增金额"填报附表A105040第7行第11列的金额。

（15）第26行"（十三）跨期扣除项目"：填报维简费、安全生产费用、预提费用、预计负债等跨期扣除项目调整情况。第1列"账载金额"填报纳税人会计核算计入当期损益的跨期扣除项目金额。第2列"税收金额"填报按照税收规定允许税前扣除的金额。

（16）第30行"（十七）其他"：填报其他因会计处理与税收规定有差异需纳税调整的扣除类项目金额，企业将货物、资产、劳务用于捐赠、广告等用途时，进行视同销售纳税调整后，对应支出的会计处理与税收规定有差异需纳税调整的金额填报在本行。

（17）第33行"（二）资产减值准备金"：填报坏账准备、存货跌价准备、理赔费用准备金等不允许税前扣除的各类资产减值准备金纳税调整情况。

（18）第35行"（四）其他"：填报其他因会计处理与税收规定有差异需纳税调整的资产类项目金额。

表4-43　　　　　　　　　　　　纳税调整项目明细表（A105000）

行次	项目	账载金额	税收金额	调增金额	调减金额
		1	2	3	4
1	一、收入类调整项目（2＋3＋…+8＋10＋11）	—	—		
2	（一）视同销售收入（填写A105010）	—	—		
3	（二）未按权责发生制原则确认的收入（填写A105020）				
4	（三）投资收益（填写A105030）				
5	（四）按权益法核算长期股权投资对初始投资成本调整确认收益	—	—		—
6	（五）交易性金融资产初始投资调整	—	—		—
7	（六）公允价值变动净损益	—	—		
8	（七）不征税收入				
9	其中：专项用途财政性资金（填写A105040）	—	—		
10	（八）销售折扣、折让和退回				
11	（九）其他				
12	二、扣除类调整项目（13＋14＋…+24＋26＋27＋28＋29＋30）	—	—		
13	（一）视同销售成本（填写A105010）	—	—		
14	（二）职工薪酬（填写A105050）				
15	（三）业务招待费支出				—

续表

行次	项目	账载金额 1	税收金额 2	调增金额 3	调减金额 4
16	（四）广告费和业务宣传费支出（填写A105060）	—	—		
17	（五）捐赠支出（填写A105070）				
18	（六）利息支出				
19	（七）罚金、罚款和被没收财物的损失		—		—
20	（八）税收滞纳金、加收利息		—		—
21	（九）赞助支出		—		—
22	（十）与未实现融资收益相关在当期确认的财务费用				
23	（十一）佣金和手续费支出（保险企业填写A105060）				—
24	（十二）不征税收入用于支出所形成的费用	—	—		
25	其中：专项用途财政性资金用于支出所形成的费用（填写A105040）	—	—		
26	（十三）跨期扣除项目				
27	（十四）与取得收入无关的支出		—		—
28	（十五）境外所得分摊的共同支出				
29	（十六）党组织工作经费				
30	（十七）其他				
31	三、资产类调整项目（32＋33＋34＋35）	—	—		
32	（一）资产折旧、摊销（填写A105080）				
33	（二）资产减值准备金		—		
34	（三）资产损失（填写A105090）				
35	（四）其他				
36	四、特殊事项调整项目（37＋38＋…＋43）	—	—		
37	（一）企业重组及递延纳税事项（填写A105100）				
38	（二）政策性搬迁（填写A105110）	—			
39	（三）特殊行业准备金（填写A105120）				
40	（四）房地产开发企业特定业务计算的纳税调整额（填写A105010）	—			
41	（五）合伙企业法人合伙人应分得的应纳税所得额				
42	（六）发行永续债利息支出				
43	（七）其他	—	—		
44	五、特别纳税调整应税所得	—	—		
45	六、其他				
46	合计（1＋12＋31＋36＋44＋45）	—	—		

四、实训注意事项

（1）纳税人按照"收入类调整项目""扣除类调整项目""资产类调整项目""特殊事项调整项目""特别纳税调整应税所得""其他"六类分项填报，分别汇总计算出纳税"调增金额"和"调减金额"的合计金额。

（2）填写纳税申报表时，有附表的先填附表，再填主表。

（3）如果遇到需要纳税调整，但没有对应附表的，可以填入本表对应项目的"其他"。

（4）"利息支出"只有企业存在向非金融机构借款时才需要填写。

五、实训任务

企业名称：北京永醇酒业有限公司

经营范围：销售日用品、生活产品

科目余额表及纳税调整项目明细表（A105000）的附表见任务八至任务十三。2022年2月9日，北京永醇酒业有限公司申报2021年度企业所得税。

要求：根据科目余额表及附表填写纳税调整项目明细表（A105000）。

六、任务解答

2022年2月9日，北京永醇酒业有限公司申报2021年度企业所得税，填写纳税调整项目明细表（A105000）见表4-44。

表4-44　　　　　　　　　（A105000）纳税调整项目明细表

行次	项目	账载金额	税收金额	调增金额	调减金额
		1	2	3	4
1	一、收入类调整项目（2+3+…+8+10+11）	—	—	0	0
2	（一）视同销售收入（填写A105010）	—	0	0	—
3	（二）未按权责发生制原则确认的收入（填写A105020）	0	0	0	0
4	（三）投资收益（填写A105030）	0		0	0
5	（四）按权益法核算长期股权投资对初始投资成本调整确认收益	—		—	0
6	（五）交易性金融资产初始投资调整	—		—	0
7	（六）公允价值变动净损益	—		0	0
8	（七）不征税收入	—		0	0
9	其中：专项用途财政性资金（填写A105040）	—		0	0
10	（八）销售折扣、折让和退回	0	0	0	0
11	（九）其他	0	0	0	0
12	二、扣除类调整项目（13+14+…+24+26+27+28+29+30）	—	—	251 642.51	
13	（一）视同销售成本（填写A105010）	—		—	0
14	（二）职工薪酬（填写A105050）	1 325 212.32	1 325 212.32	0	0
15	（三）业务招待费支出	150 000.00	41 007.50	108 992.5	—
16	（四）广告费和业务宣传费支出（填写A105060）	—		0	0
17	（五）捐赠支出（填写A105070）	300 000.00	157 349.99	142 650.01	0
18	（六）利息支出	2 688.00	2 688.00	0	0

行次	项 目	账载金额	税收金额	调增金额	调减金额
		1	2	3	4
19	（七）罚金、罚款和被没收财物的损失	0	—	0	—
20	（八）税收滞纳金、加收利息	0	—	0	—
21	（九）赞助支出	0	—	0	—
22	（十）与未实现融资收益相关在当期确认的财务费用	0	0	0	0
23	（十一）佣金和手续费支出（保险企业填写A105060）	0	0	0	0
24	（十二）不征税收入用于支出所形成的费用	—	—	0	—
25	其中：专项用途财政性资金用于支出所形成的费用（填写A105040）	—	—	0	—
26	（十三）跨期扣除项目	0	0	0	0
27	（十四）与取得收入无关的支出	0	—	0	—
28	（十五）境外所得分摊的共同支出	—	—	0	—
29	（十六）党组织工作经费	0	0	0	0
30	（十七）其他	0	0	0	0
31	三、资产类调整项目（32+33+34+35）	—	—	0	0
32	（一）资产折旧、摊销（填写A105080）	517 588.36	517 588.36	0	0
33	（二）资产减值准备金	0	—	0	0
34	（三）资产损失（填写A105090）	0	0	0	0
35	（四）其他	0	0	0	0
36	四、特殊事项调整项目（37+38+…+43）	—	—	0	0
37	（一）企业重组及递延纳税事项（填写A105100）	0	—	0	0
38	（二）政策性搬迁（填写A105110）	—	—	0	0
39	（三）特殊行业准备金（填写A105120）	0	0	0	0
40	（四）房地产开发企业特定业务计算的纳税调整额（填写A105010）	—	0	0	0
41	（五）合伙企业法人合伙人应分得的应纳税所得额	0	0	0	0
42	（六）发行永续债利息支出	0	0	0	0
43	（七）其他	—	—	0	0
44	五、特别纳税调整应税所得	—	—	0	0
45	六、其他	—	—	0	0
46	合计（1+12+31+36+44+45）	—	—	251 642.51	0

填表说明：

（1）第14行职工薪酬，第1列＝表A105050第13行第1列；第14行第2列＝表A105050第13行第5列。

（2）第15行根据业务招待费计算填列。第1列账载金额，从科目余额表业务招待费明细账中查得，为130 000+20 000=150 000（元）。第2列税收金额，以账面金额的60%（150 000×60%=90 000）和营业收入的0.5%（（8 123 000+78 500）×0.5%=41 007.50）孰低（41 007.50）填入。

（3）第17行捐赠支出，第1列＝表A105070第9行第1列；第17行第2列＝表A105070第9行第4列；第17行第3列＝表A105070第9行第5列；第17行第4列＝表A105070第9行第6列。

（4）第18行根据科目余额表中的利息支出填入。

（5）第32行资产折旧、摊销，第1列＝表A105080第36行第2列；第32行第2列＝表A105080第36行第5列。

任务十五　企业所得税纳税申报

——年度汇算清缴（填写企业所得税弥补亏损明细表）

一、实训目的

1.掌握企业所得税弥补亏损明细表的填写；

2.培养学生依法纳税的意识，提高社会责任感。

二、实训材料

1.以前年度纳税调整后所得金额表；

2.企业所得税弥补亏损明细表（A106000）。

三、实训内容和步骤

（一）确定以前年度亏损及弥补情况

以"以前年度纳税调整后所得"为依据，而不是"以前年度利润总额"。

（二）填写企业所得税弥补亏损明细表

企业所得税弥补亏损明细表（A106000）见表4-45，主要填制方法如下：

（1）第1列"年度"：填报公历年度。纳税人应首先填报第11行"本年度"对应的公历年度，再依次从第10行往第1行倒推填报以前年度。纳税人发生政策性搬迁事项，如停止生产经营活动年度可以从法定亏损结转弥补年限中减除，则按可弥补亏损年度进行填报。本年度是指申报所属期年度，如：纳税人在2019年5月10日进行2018年度企业所得税年度纳税申报时，本年度（申报所属期年度）为2018年。

（2）第2列"当年境内所得额"：第11行填报表A100000第19－20行的金额。第1行至第10行填报以前年度主表第23行（2014年及以前纳税年度）、以前年度表A106000第6行第2列（2015年至2018年纳税年度）、以前年度表A106000第11行第2列的金额（亏损以负数表示）。发生查补以前年度应纳税所得额、追补以前年度未能税前扣除的实际资产损失等情况的，按照相应调整后的金额填报。

（3）第3列"分立转出的亏损额"：填报本年度企业分立按照企业重组特殊性税务处理规定转出的符合条件的亏损额。分立转出的亏损额按亏损所属年度填报，转出的亏损额以正数表示。

（4）第4列"合并、分立转入的亏损额－可弥补年限5年"：填报企业符合企业重组特殊性税务处理规定，因合并或分立本年度转入的不超过5年亏损弥补年限规定的亏损额。合并、分立转入的亏损额按亏损所属年度填报，转入的亏损额以负数表示。

（5）第5列"合并、分立转入的亏损额－可弥补年限10年"：填报企业符合企业重组特殊性税务处理规定，因合并或分立本年度转入的不超过10年亏损弥补年限规定的亏损额。合并、分立转入的亏损额按亏损所属年度填报，转入的亏损额以负数表示。

表4-45

(A106000) 企业所得税弥补亏损明细表

行次	项目	年度	当年境内所得额	分立转出的亏损额	合并、分立转入的亏损额		弥补亏损企业类型	当年亏损额	当年待弥补的亏损额	用本年度所得额弥补的以前年度亏损额		当年可结转以后年度弥补的亏损额
					可弥补年限5年	可弥补年限10年				使用境内所得弥补	使用境外所得弥补	
		1	2	3	4	5	6	7	8	9	10	11
1	前十年度											
2	前九年度											
3	前八年度											
4	前七年度											
5	前六年度											
6	前五年度											
7	前四年度											
8	前三年度											
9	前二年度											
10	前一年度											
11	本年度											
12	可结转以后年度弥补的亏损额合计											

（6）第6列"弥补亏损企业类型"：纳税人根据不同年度情况从"弥补亏损企业类型代码表"中选择相应的代码填入本项目。不同类型纳税人的亏损结转年限不同，纳税人选择"一般企业"（代码100）是指亏损结转年限为5年的纳税人；"符合条件的高新技术企业"（代码200）、"符合条件的科技型中小企业"（代码300）亏损结转年限为10年。

（7）第7列"当年亏损额"：填报纳税人各年度可弥补亏损额的合计金额。

（8）第8列"当年待弥补的亏损额"：填报在用本年度（申报所属期年度）所得额弥补亏损前，当年度尚未被弥补的亏损额。

（9）第9列"用本年度所得额弥补的以前年度亏损额－使用境内所得弥补"：第1行至第10行，当第11行第2列本年度（申报所属期年度）的"当年境内所得额"＞0时，填报各年度被本年度（申报所属期年度）境内所得依次弥补的亏损额，弥补的亏损额以正数表示。本列第11行，填报本列第1行至第10行的合计金额，表A100000第21行填报本项金额。

（10）第10列"用本年度所得额弥补的以前年度亏损额－使用境外所得弥补"：第1行至第10行，当纳税人选择用境外所得弥补境内以前年度亏损时，填报各年度被本年度（申报所属期年度）境外所得依次弥补的亏损额，弥补的亏损额以正数表示。本列第11行，填报本列第1行至第10行的合计金额。

（11）第11列"当年可结转以后年度弥补的亏损额"：第2行至第11行，填报各年度尚未弥补完的且准予结转以后年度弥补的亏损额，结转以后年度弥补的亏损额以正数表示。本列第12行，填报本列第2行至第11行的合计金额。

四、实训注意事项

（一）填写申报表注意事项

（1）纳税人弥补以前年度亏损时，应按照"先到期亏损先弥补、同时到期亏损先发生的先弥补"的原则处理。

（2）"一般企业"是指亏损结转年限为5年的纳税人；"符合条件的高新技术企业""符合条件的科技型中小企业"是指符合《财政部 税务总局关于延长高新技术企业和科技型中小企业亏损结转年限的通知》（财税〔2018〕76号）、《国家税务总局关于延长高新技术企业和科技型中小企业亏损结转弥补年限有关企业所得税处理问题的公告》（国家税务总局公告2018年第45号）等文件规定的，亏损结转年限为10年的纳税人。

（3）主表第19行"纳税调整后所得"和第20行"所得减免"确定后，第19－20行的结果为本年度当年境内所得额，填入本表第11行第2列。

（二）与其他表关系

（1）第11行第2列＝表A100000第19－20行；

（2）第11行第9列＝表A100000第21行；

（3）第11行第10列＝表A108000第10行第6列－表A100000第18行。

五、实训任务

企业名称：北京永醇酒业有限公司

经营范围：销售日用品、生活产品

以前年度纳税调整后所得金额见表4-46。2022年2月9日，北京永醇酒业有限公司申报2021年度企业所得税。

表4-46　　　　　　　　　　以前年度纳税调整后所得金额　　　　　　　　　　单位：元

年度	纳税调整后所得
2016 年	−140 000.00
2017 年	−80 000.00
2018 年	250 000.00
2019 年	500 000.00
2020 年	1 000 000.00

审核：张军　　　　　　　　　　制表：裴迪

要求：根据原始单据填制企业所得税弥补亏损明细表。（当年应纳税所得额为1 562 892.43元）

六、任务解答

2022年2月9日，北京永醇酒业有限公司申报2021年度企业所得税，填制企业所得税弥补亏损明细表见表4-47。

任务十六　企业所得税纳税申报
——年度汇算清缴（填写企业所得税年度纳税申报表）

一、实训目的

1.掌握企业所得税年度纳税申报表的填写；

2.培养学生依法纳税的意识，提高社会责任感。

二、实训材料

1.科目余额表；

2.一般企业收入明细表（A101010）；

3.一般企业成本支出明细表（A102010）；

4.期间费用明细表（A104000）；

5.纳税调整项目明细表（A105000）；

表4-47

（A106000）企业所得税弥补亏损明细表

行次	项目	年度	当年境内所得额	分立转出的亏损额	合并、分立转入的亏损额 可弥补年限5年	可弥补年限10年	弥补亏损企业类型	当年亏损额	当年待弥补的亏损额	用本年度所得额弥补的以前年度亏损额 使用境内所得弥补	使用境外所得弥补	当年可结转以后年度弥补的亏损额
		1	2	3	4	5	6	7	8	9	10	11
1	前十年度											*
2	前九年度											
3	前八年度											
4	前七年度											
5	前六年度											
6	前五年度	2016	−140 000.00				100	−140 000.00				
7	前四年度	2017	−80 000.00				100	−80 000.00				
8	前三年度	2018	250 000.00				100					
9	前二年度	2019	500 000.00				100					
10	前一年度	2020	1 000 000.00				100					
11	本年度	2021	1 562 892.43				100					
12	可结转以后年度弥补的亏损额合计											0

填表说明：

（1）申报年度为2021年，可以弥补2016年、2017年、2018年、2019年、2020年度的亏损；

（2）该企业属于"一般企业"，亏损结转年限为5年，第6列填入代码"100"；

（3）在第2列填入2016—2020年度当年应纳税所得额，亏损年度同时填写第7列；

（4）2016年、2017年度亏损在2018年度已经全部弥补，申报当年不存在未弥补的亏损。

6. 企业所得税弥补亏损明细表（A106000）；

7. 中华人民共和国企业所得税年度纳税申报表（A100000）。

三、实训内容和步骤

（一）检查附表是否填写好

此表为企业所得税年度纳税申报表主表，有对应附表的，需要先填报附表。附表数据会直接钩稽到主表相应项目。

（二）填写企业所得税年度纳税申报表

企业所得税年度纳税申报表见表4-48，主要填写方法如下：

表4-48　　　（A100000）中华人民共和国企业所得税年度纳税申报表（A类）

行次	类别	项　　目	金　额
1		一、营业收入（填写A101010\101020\103000）	
2		减：营业成本（填写A102010\102020\103000）	
3		减：税金及附加	
4		减：销售费用（填写A104000）	
5	利润	减：管理费用（填写A104000）	
6	总额	减：财务费用（填写A104000）	
7	计算	减：资产减值损失	
8		加：公允价值变动收益	
9		加：投资收益	
10		二、营业利润（1－2－3－4－5－6－7＋8＋9）	
11		加：营业外收入（填写A101010\101020\103000）	
12		减：营业外支出（填写A102010\102020\103000）	
13		三、利润总额（10＋11－12）	
14		减：境外所得（填写A108010）	
15		加：纳税调整增加额（填写A105000）	
16		减：纳税调整减少额（填写A105000）	
17	应纳税	减：免税、减计收入及加计扣除（填写A107010）	
18	所得额	加：境外应税所得抵减境内亏损（填写A108000）	
19	计算	四、纳税调整后所得（13－14＋15－16－17＋18）	
20		减：所得减免（填写A107020）	
21		减：弥补以前年度亏损（填写A106000）	
22		减：抵扣应纳税所得额（填写A107030）	
23		五、应纳税所得额（19－20－21－22）	
24		税率（25%）	
25		六、应纳所得税额（23×24）	
26		减：减免所得税额（填写A107040）	
27		减：抵免所得税额（填写A107050）	
28	应纳	七、应纳税额（25－26－27）	
29	税额	加：境外所得应纳所得税额（填写A108000）	
30	计算	减：境外所得抵免所得税额（填写A108000）	
31		八、实际应纳所得税额（28＋29－30）	
32		减：本年累计实际已缴纳的所得税额	
33		九、本年应补（退）所得税额（31－32）	
34		其中：总机构分摊本年应补（退）所得税额（填写A109000）	
35		财政集中分配本年应补（退）所得税额（填写A109000）	
36		总机构主体生产经营部门分摊本年应补（退）所得税额（填写A109000）	
37	实际应纳税额	减：民族自治地区企业所得税地方分享部分（□免征　□减征：减征幅度___%）	
38	计算	十、本年实际应补（退）所得税额（33－37）	

1.填写"利润总额计算"中的项目

按照国家统一会计制度规定计算填报"利润总额计算"中的项目。实行企业会计准则、小企业会计准则、企业会计制度、分行业会计制度的纳税人，其数据直接取自"利润表"（另有说明的除外）；实行事业单位会计准则的纳税人，其数据取自"收入支出表"；实行民间非营利组织会计制度的纳税人，其数据取自"业务活动表"；实行其他国家统一会计制度的纳税人，根据本表项目进行分析填报。

第3、7、8、9行没有附表，需要根据科目余额表相关数据填列。

2.填写"应纳税所得额计算"中的项目

本部分项目均有附表，实务中附表数据会直接钩稽到本表。

3.填写"应纳税额计算"中的项目

本部分税率固定为25%，享受税率优惠的企业，优惠税额通过减免所得税附表反映。

4.填写"实际应纳税额计算"中的项目

民族自治地区企业需要填报第37行，根据《财政部 国家税务总局关于贯彻落实国务院关于实施企业所得税过渡优惠政策有关问题的通知》（财税〔2008〕21号）等规定，实行民族区域自治的自治区、自治州、自治县的自治机关对本民族自治地方的企业应缴纳的企业所得税中属于地方分享的部分，可以决定减征或免征，自治州、自治县决定减征或者免征的，须报省、自治区、直辖市人民政府批准。

非民族自治地区企业，第38行"本年实际应补（退）所得税额"等于第33行金额。

四、实训注意事项

（1）此表为企业所得税纳税申报必选表格；

（2）利润总额计算项目部分，数据可以直接来源于利润表，但实务中有附表的需要先填附表，相关数据直接钩稽到主表；

（3）所有应纳所得税额的计算，均为"应纳税所得额×25%"，对于享受低税率的小型微利企业和高新技术企业，优惠的税额通过附表减免所得税额（A107040）填写。

五、实训任务

企业名称：北京永醇酒业有限公司

经营范围：销售日用品、生活产品

科目余额表及纳税申报表附表见任务八至任务十五，其余科目余额表见表4-49。

2022年2月9日，北京永醇酒业有限公司申报2021年度企业所得税。

表4-49　　　　　　　　　　　　　　　其余科目余额表　　　　　　　　　　　　　　　单位：元

总账科目	明细科目	本年累计借方发生额	本年累计贷方发生额
税金及附加	地方税费	57 461.40	57 461.40
小计		57 461.40	57 461.40

审核：张军　　　　　　　　　　制表：裴迪

要求：根据原始单据及申报表附表一般企业收入明细表（见表4-25）、一般企业成本支出明细表（见表4-26）、期间费用明细表（见表4-27）、纳税调整项目明细表（见表4-44）、企业所得税弥补亏损明细表（见表4-47），填制企业所得税年度纳税申报表主表（本年已经预缴所得税327 812.48元）。

六、任务解答

2022年2月9日，北京永醇酒业有限公司申报2021年度企业所得税，填制纳税申报表主表（A100000）见表4-50。

表4-50　　（A100000）中华人民共和国企业所得税年度纳税申报表（A类）

行次	类别	项　　目	金　额
1	利润总额计算	一、营业收入（填写A101010\101020\103000）	8 201 500.00
2		减：营业成本（填写A102010\102020\103000）	4 129 000.00
3		减：税金及附加	57 461.40
4		减：销售费用（填写A104000）	686 591.16
5		减：管理费用（填写A104000）	1 703 509.52
6		减：财务费用（填写A104000）	36 688.00
7		减：资产减值损失	
8		加：公允价值变动收益	
9		加：投资收益	
10		二、营业利润（1 - 2 - 3 - 4 - 5 - 6 - 7 + 8 + 9）	1 588 249.92
11		加：营业外收入（填写A101010\101020\103000）	23 000.00
12		减：营业外支出（填写A102010\102020\103000）	300 000.00
13		三、利润总额（10 + 11 + 12）	1 311 249.92
14	应纳税所得额计算	减：境外所得（填写A108010）	
15		加：纳税调整增加额（填写A105000）	251 642.51
16		减：纳税调整减少额（填写A105000）	
17		减：免税、减计收入及加计扣除（填写A107010）	
18		加：境外应税所得抵减境内亏损（填写A108000）	
19		四、纳税调整后所得（13 - 14 + 15 - 16 - 17 + 18）	1 562 892.43
20		减：所得减免（填写A107020）	
21		减：弥补以前年度亏损（填写A106000）	
22		减：抵扣应纳税所得额（填写A107030）	
23		五、应纳税所得额（19 - 20 - 21 - 22）	1 562 892.43
24	应纳税额计算	税率（25%）	25%
25		六、应纳所得税额（23 × 24）	390 723.11
26		减：减免所得税额（填写A107040）	
27		减：抵免所得税额（填写A107050）	
28		七、应纳税额（25 - 26 - 27）	390 723.11
29		加：境外所得应纳所得税额（填写A108000）	
30		减：境外所得抵免所得税额（填写A108000）	
31		八、实际应纳所得税额（28 + 29 - 30）	390 723.11
32		减：本年累计实际已缴纳的所得税额	327 812.48
33		九、本年应补（退）所得税额（31 - 32）	62 910.63
34		其中：总机构分摊本年应补（退）所得税额（填写A109000）	
35		财政集中分配本年应补（退）所得税额（填写A109000）	
36		总机构主体生产经营部门分摊本年应补（退）所得税额（填写A109000）	
37	实际应纳税额计算	减：民族自治地区企业所得税地方分享部分（□免征　□减征：减征幅度__%）	
38		十、本年实际应补（退）所得税额（33-37）	

填表说明：

（1）第1行营业收入，根据附表一般企业收入明细表（A101010）第1行填写；

（2）第2行营业成本，根据附表一般企业成本支出明细表（A102010）第1行填写；

（3）第3行税金及附加，根据税金及附加明细账借方发生额填列；

（4）第4、5、6行，根据附表期间费用明细表（A104000）第26行填写；

（5）第11行营业外收入，根据附表一般企业收入明细表（A101010）第16行填写；

（6）第12行营业外支出，根据附表一般企业成本支出明细表（A102010）第16行填写；

（7）第15行纳税调整增加额，根据附表纳税调整项目明细表（A105000）第46行填写。

任务十七　企业所得税纳税申报
——年度汇算清缴（综合案例）

一、实训目的

1.会进行企业所得税计算；

2.掌握企业所得税年终汇算清缴纳税申报表填写；

3.培养学生依法纳税的意识，提高社会责任感。

二、实训材料

1.科目余额表；

2.年度利润表；

3.涉税事项说明；

4.企业所得税申报表。

三、实训内容和步骤

（一）分析涉税事项说明，选择需要填写的申报表

涉税事项说明是企业对申报年度涉税业务的总体说明，是企业在日常业务处理时涉税事项的备查记录。根据涉税事项说明，初步选择需要填写的申报表。

（二）填写申报表附表A101010、A102010、A104000

一般企业收入明细表（A101010）、一般企业成本支出明细表（A102010）、期间费用明细表（A104000）三张明细表比较简单，一般根据科目汇总表明细科目发生额填列。

（三）填写申报表附表A105000及其子附表

纳税调整项目明细表（A105000）包含除税收优惠以外的所有纳税调整事项，其又涉及12张子附表。进行纳税申报时，先填写子附表，子附表中的数据会自动钩稽到附表A105000对应项目，无子附表的申报表项目根据涉税事项说明及科目汇总表填写。

（四）填写申报表附表A106000

企业所得税弥补亏损明细表（A106000）适用于发生弥补亏损、亏损结转等事项的

纳税人填报。一般企业亏损结转年限为5年，符合条件的高新技术企业、科技型中小企业亏损结转年限为10年。

（五）填写申报表附表A107010及其子附表

免税、减计收入及加计扣除优惠明细表（A107010）适用于享受免税收入、减计收入和加计扣除优惠的纳税人填报。如涉及符合条件的居民企业之间的股息、红利等权益性投资收益免征企业所得税项目，需要先填写子附表A107011。如果涉及研发费用的加计扣除，需要先填写子附表A107012，子附表中的数据会自动钩稽到附表A107010对应项目，无子附表的申报表项目根据涉税事项说明及科目汇总表填写。

（六）填写申报表附表A107050

税额抵免优惠明细表（A107050）适用于享受专用设备投资额抵免优惠（含结转）的纳税人填报。

（七）填写申报表附表A108000

境外所得税收抵免明细表（A108000）适用于取得境外所得的纳税人填报。纳税人若选择"分国（地区）不分项"的境外所得抵免方式，应根据"境外所得纳税调整后所得明细表"（A108010）、"境外分支机构弥补亏损明细表"（A108020）、"跨年度结转抵免境外所得税明细表"（A108030）分国（地区）别逐行填报本表；纳税人若选择"不分国（地区）不分项"的境外所得抵免方式，应按照税收规定计算可抵免境外所得税税额和抵免限额，并根据表A108010、表A108020、表A108030的合计金额填报本表第1行。

（八）填写主表A100000

本表包括利润总额计算、应纳税所得额计算、应纳税额计算、实际应纳税额计算四个部分。"利润总额计算"中的项目，按照国家统一会计制度的规定计算填报。实行企业会计准则、小企业会计准则、企业会计制度、分行业会计制度的纳税人，其数据直接取自"利润表"（另有说明的除外），"应纳税所得额计算"和"应纳税额计算"中的项目，除根据主表逻辑关系计算以外，通过附表相应栏次填报。如果不涉及民族自治地区企业，实际应纳税额就是本年应纳税额。

四、实训注意事项

（1）企业应当自年度终了之日起五个月内，向税务机关报送年度企业所得税纳税申报表，并汇算清缴，结清应缴应退税款。

（2）企业所得税年度纳税申报表主表第13行"利润总额"与财务报表利润表中"利润总额"金额相互钩稽，因此企业需先填报财务报表，然后填报年度纳税申报表。

（3）企业所得税年度纳税申报表的填写顺序为先附表再主表。

（4）企业所得税年度纳税申报表并非所有表都要填报，企业应根据具体经营类型、涉税业务选择需要填报的申报表。企业所得税年度纳税申报基础信息表A000000、中华人民共和国企业所得税年度纳税申报表A100000为必填表格。

五、实训任务

北京威尔达电子有限公司为一般企业，根据所给资料，于2022年4月进行2021年企业所得税汇算清缴。2021年所得税申报涉税事项说明、科目余额表、利润表如下：

（1）2021年度所得税申报相关涉税事项。

①期间费用：公司目前不存在境外业务，也没有境外相关费用。

②资产折旧、摊销情况：会计核算与税法一致，不存在调整事项，也不存在固定资产加速计提折旧情况。

③2021年度营业外支出为650 000元，其中625 000元为捐赠给红十字会并取得法定票据，25 000元为税收罚款支出。

④2021年度已预缴企业所得税1 345 803.91元。

⑤2021年度委托境内外部机构进行研发活动所发生的费用为18 000元。

⑥2021年度发生的利息支出可全额抵扣。

⑦2021年度职工教育经费不存在全额扣除人员支出，上年度无留抵。

⑧2021年度交易性金融资产买卖产生的手续费为1 200元。

⑨2021年度所有费用及职工薪酬已全部发放且有合法票据，无股权激励，不存在税收优惠及其他特殊事项。

（2）2021年企业科目余额表。

北京威尔达电子有限公司2021年科目余额表见表4-51。

表4-51　2021年度科目余额表　单位：元

科目名称	科目编码	期初余额借方	期初余额贷方	本年累计发生额借方	本年累计发生额贷方	期末余额借方	期末余额贷方
交易性金融资产	1101	0.00	0.00	680 000.00	0.00	680 000.00	0.00
建新实业	110101	0.00	0.00	680 000.00	0.00	680 000.00	0.00
成本	11010101	0.00	0.00	620 000.00	0.00	620 000.00	0.00
公允价值变动	11010102	0.00	0.00	60 000.00	0.00	60 000.00	0.00
固定资产	1601	15 287 000.00	0.00	0.00	0.00	15 287 000.00	0.00
房屋建筑物	160101	12 800 000.00	0.00	0.00	0.00	12 800 000.00	0.00
生产设备	160102	2 050 000.00	0.00	0.00	0.00	2 050 000.00	0.00
运输设备	160103	256 000.00	0.00	0.00	0.00	256 000.00	0.00
管理设备	160104	181 000.00	0.00	0.00	0.00	181 000.00	0.00
累计折旧	1602	0.00	1 663 552.00	0.00	907 392.00	0.00	2 570 944.00
房屋建筑物	160201	0.00	1 126 400.00	0.00	614 400.00	0.00	1 740 800.00
生产设备	160202	0.00	360 800.00	0.00	196 800.00	0.00	557 600.00
运输设备	160203	0.00	112 640.00	0.00	61 440.00	0.00	174 080.00
管理设备	160204	0.00	63 712.00	0.00	34 752.00	0.00	98 464.00
无形资产	1701	12 800 000.00	0.00	0.00	0.00	12 800 000.00	0.00
土地使用权	170101	12 800 000.00	0.00	0.00	0.00	12 800 000.00	0.00

科目名称	科目编码	期初余额		本年累计发生额		期末余额	
		借方	贷方	借方	贷方	借方	贷方
非专利技术	170102	0.00	0.00	0.00	0.00	0.00	0.00
累计摊销	1702	0.00	817 777.88	0.00	426 666.72	0.00	1 244 444.60
土地使用权	170201	0.00	817 777.88	0.00	426 666.72	0.00	1 244 444.60
应付职工薪酬	2211	0.00	978 651.38	14 045 811.08	13 900 501.77	0.00	833 342.07
短期薪酬	221101	0.00	978 651.38	11 914 725.20	11 769 415.89	0.00	833 342.07
工资	22110101	0.00	947 595.00	8 999 531.35	8 859 231.98	0.00	807 295.63
医疗保险	22110102	0.00	0.00	1 076 636.00	1 076 636.00	0.00	0.00
工伤保险	22110103	0.00	0.00	21 526.23	21 526.23	0.00	0.00
生育保险	22110104	0.00	0.00	86 104.48	86 104.48	0.00	0.00
住房公积金	22110105	0.00	0.00	1 291 567.20	1 291 567.20	0.00	0.00
工会经费	22110106	0.00	31 056.38	326 359.94	321 350.00	0.00	26 046.44
职工福利费	22110107	0.00	0.00	57 200.00	57 200.00	0.00	0.00
职工教育经费	22110108	0.00	0.00	55 800.00	55 800.00	0.00	0.00
离职后福利	221102	0.00	0.00	2 131 085.88	2 131 085.88	0.00	0.00
养老保险	22110201	0.00	0.00	2 044 981.40	2 044 981.40	0.00	0.00
失业保险	22110202	0.00	0.00	86 104.48	86 104.48	0.00	0.00
研发支出	5301	0.00	0.00	18 000.00	18 000.00	0.00	0.00
费用化支出	530101	0.00	0.00	18 000.00	18 000.00	0.00	0.00
主营业务收入	6001	0.00	0.00	39 170 000.00	39 170 000.00	0.00	0.00
机械鼠标	600101	0.00	0.00	8 480 000.00	8 480 000.00	0.00	0.00
光电鼠标	600102	0.00	0.00	11 790 000.00	11 790 000.00	0.00	0.00
无线鼠标	600103	0.00	0.00	18 900 000.00	18 900 000.00	0.00	0.00
其他业务收入	6051	0.00	0.00	5 000.00	5 000.00	0.00	0.00
材料销售收入	605101	0.00	0.00	5 000.00	5 000.00	0.00	0.00
公允价值变动损益	6101	0.00	0.00	60 000.00	60 000.00	0.00	0.00
交易性金融资产公允价值变动	610101	0.00	0.00	60 000.00	60 000.00	0.00	0.00
投资收益	6111	0.00	0.00	1 200.00	1 200.00	0.00	0.00
交易手续费	611101	0.00	0.00	1 200.00	1 200.00	0.00	0.00
出售金融资产收益	611102	0.00	0.00	0.00	0.00	0.00	0.00
营业外收入	6301	0.00	0.00	6 000.00	6 000.00	0.00	0.00
盘盈利得	630103	0.00	0.00	1 500.00	1 500.00	0.00	0.00
罚款收入	630104	0.00	0.00	4 500.00	4 500.00	0.00	0.00
主营业务成本	6401	0.00	0.00	28 490 460.00	28 490 460.00	0.00	0.00
机械鼠标	640101	0.00	0.00	6 726 760.00	6 726 760.00	0.00	0.00
光电鼠标	640102	0.00	0.00	9 170 000.00	9 170 000.00	0.00	0.00
无线鼠标	640103	0.00	0.00	12 593 700.00	12 593 700.00	0.00	0.00
其他业务成本	6402	0.00	0.00	3 750.00	3 750.00	0.00	0.00
材料销售成本	640201	0.00	0.00	3 750.00	3 750.00	0.00	0.00

科目名称	科目编码	期初余额		本年累计发生额		期末余额	
		借方	贷方	借方	贷方	借方	贷方
税金及附加	6403	0.00	0.00	347 056.66	347 056.66	0.00	0.00
城市维护建设税	640301	0.00	0.00	202 449.72	202 449.72	0.00	0.00
教育费附加	640302	0.00	0.00	86 764.16	86 764.16	0.00	0.00
地方教育附加	640303	0.00	0.00	57 842.78	57 842.78	0.00	0.00
销售费用	6601	0.00	0.00	1 533 915.20	1 533 915.20	0.00	0.00
广告费	660101	0.00	0.00	270 000.00	270 000.00	0.00	0.00
运输费	660102	0.00	0.00	30 600.00	30 600.00	0.00	0.00
折旧费	660103	0.00	0.00	10 752.00	10 752.00	0.00	0.00
职工薪酬	660104	0.00	0.00	1 123 547.20	1 123 547.20	0.00	0.00
职工福利费	660105	0.00	0.00	26 400.00	26 400.00	0.00	0.00
职工教育经费	660106	0.00	0.00	22 800.00	22 800.00	0.00	0.00
水电费	660107	0.00	0.00	12 816.00	12 816.00	0.00	0.00
差旅费	660108	0.00	0.00	15 000.00	15 000.00	0.00	0.00
办公费	660109	0.00	0.00	22 000.00	22 000.00	0.00	0.00
管理费用	6602	0.00	0.00	2 781 335.52	2 781 335.52	0.00	0.00
通信费	660201	0.00	0.00	33 600.00	33 600.00	0.00	0.00
差旅费	660202	0.00	0.00	30 852.00	30 852.00	0.00	0.00
业务招待费	660203	0.00	0.00	95 100.00	95 100.00	0.00	0.00
办公费	660204	0.00	0.00	9 000.00	9 000.00	0.00	0.00
顾问费	660205	0.00	0.00	360 000.00	360 000.00	0.00	0.00
折旧费	660206	0.00	0.00	219 840.00	219 840.00	0.00	0.00
无形资产摊销	660207	0.00	0.00	426 666.72	426 666.72	0.00	0.00
研发支出	660208	0.00	0.00	18 000.00	18 000.00	0.00	0.00
职工薪酬	660209	0.00	0.00	1 534 243.20	1 534 243.20	0.00	0.00
职工福利费	660210	0.00	0.00	18 000.00	18 000.00	0.00	0.00
职工教育经费	660211	0.00	0.00	24 000.00	24 000.00	0.00	0.00
水电费	660212	0.00	0.00	12 033.60	12 033.60	0.00	0.00
财务费用	6603	0.00	0.00	25 697.00	25 697.00	0.00	0.00
手续费	660301	0.00	0.00	822.00	822.00	0.00	0.00
利息收入	660302	0.00	0.00	−12 250.00	−12 250.00	0.00	0.00
利息支出	660303	0.00	0.00	37 125.00	37 125.00	0.00	0.00
资产减值损失	6701	0.00	0.00	24 370.00	24 370.00	0.00	0.00
坏账损失	670101	0.00	0.00	24 370.00	24 370.00	0.00	0.00
营业外支出	6711	0.00	0.00	650 000.00	650 000.00	0.00	0.00
捐赠支出	671101	0.00	0.00	625 000.00	625 000.00	0.00	0.00
罚款支出	671103	0.00	0.00	25 000.00	25 000.00	0.00	0.00
所得税费用	6801	0.00	0.00	1 345 803.91	1 345 803.91	0.00	0.00

（3）2021年度利润表。

北京威尔达电子有限公司2021年度利润表见表4-52。

表4-52 2021年度利润表 单位：元

项 目	行次	本年累计额
一、营业收入	1	39 175 000.00
减：营业成本	2	28 494 210.00
税金及附加	3	347 056.66
销售费用	4	1 533 915.20
管理费用	5	2 763 335.52
研发费用	6	18 000.00
财务费用	7	25 697.00
其中：利息费用	8	37 125.00
利息收入	9	12 250.00
加：其他收益	10	
投资收益（损失以"－"号填列）	11	－1 200.00
其中：对联营企业和合营企业投资收益	12	
公允价值变动收益（损失以"－"号填列）	13	60 000.00
资产处置收益（损失以"－"号填列）	14	
资产减值损失（损失以"－"号填列）	15	－24 370.00
二、营业利润（亏损以"－"号填列）	16	6 027 215.62
加：营业外收入	17	6 000.00
减：营业外支出	18	650 000.00
三、利润总额（亏损总额以"－"号填列）	19	5 383 215.62
减：所得税费用	20	1 345 803.91
四、净利润（净亏损以"－"号填列）	21	4 037 411.71

单位负责人：姚敏捷 主管会计：谢金华 会计机构负责人：蔡志坚

六、任务解答

2022年4月，根据所给资料，进行2021年度企业所得税纳税申报。选择需要填写的附表，按顺序填写一般企业收入明细表（见表4-53），一般企业成本支出明细表（见表4-54），期间费用明细表（见表4-55），职工薪酬支出及纳税调整明细表（见表4-56），广告费和业务宣传费跨年度纳税调整明细表（见表4-57），捐赠支出及纳税调整明细表（见表4-58），资产折旧、摊销及纳税调整明细表（见表4-59），纳税调整项目明细表（见表4-60），研发费用加计扣除优惠明细表（见表4-61），免税、减计收入及加计扣除优惠明细表（见表4-62），中华人民共和国企业所得税年度纳税申报表（见表4-63）。

表 4-53　　　　　　　　　　(A101010) 一般企业收入明细表

行次	项目	金额
1	一、营业收入（2 + 9）	39 175 000.00
2	（一）主营业务收入（3 + 5 + 6 + 7 + 8）	39 170 000.00
3	1.销售商品收入	39 170 000.00
4	其中：非货币性资产交换收入	
5	2.提供劳务收入	
6	3.建造合同收入	
7	4.让渡资产使用权收入	
8	5.其他	
9	（二）其他业务收入（10 + 12 + 13 + 14 + 15）	5 000.00
10	1.销售材料收入	5 000.00
11	其中：非货币性资产交换收入	
12	2.出租固定资产收入	
13	3.出租无形资产收入	
14	4.出租包装物和商品收入	
15	5.其他	
16	二、营业外收入（17 + 18 + 19 + 20 + 21 + 22 + 23 + 24 + 25 + 26）	6 000.00
17	（一）非流动资产处置利得	
18	（二）非货币性资产交换利得	
19	（三）债务重组利得	
20	（四）政府补助利得	
21	（五）盘盈利得	1 500.00
22	（六）捐赠利得	
23	（七）罚没利得	4 500.00
24	（八）确实无法偿付的应付款项	
25	（九）汇兑收益	
26	（十）其他	

填表说明：根据主营业务收入、其他业务收入、营业外收入明细项目发生额填写。

表4-54　　　　　　　　（A102010）一般企业成本支出明细表

行次	项目	金额
1	一、营业成本（2＋9）	28 494 210.00
2	（一）主营业务成本（3＋5＋6＋7＋8）	28 490 460.00
3	1.销售商品成本	28 490 460.00
4	其中：非货币性资产交换成本	
5	2.提供劳务成本	
6	3.建造合同成本	
7	4.让渡资产使用权成本	
8	5.其他	
9	（二）其他业务成本（10＋12＋13＋14＋15）	3 750.00
10	1.销售材料成本	3 750.00
11	其中：非货币性资产交换成本	
12	2.出租固定资产成本	
13	3.出租无形资产成本	
14	4.包装物出租成本	
15	5.其他	
16	二、营业外支出（17＋18＋19＋20＋21＋22＋23＋24＋25＋26）	650 000.00
17	（一）非流动资产处置损失	
18	（二）非货币性资产交换损失	
19	（三）债务重组损失	
20	（四）非常损失	
21	（五）捐赠支出	625 000.00
22	（六）赞助支出	
23	（七）罚没支出	25 000.00
24	（八）坏账损失	
25	（九）无法收回的债券股权投资损失	
26	（十）其他	

填表说明：根据主营业务成本、其他业务成本、营业外支出明细项目发生额填写。

表4-55　　　　　　　　　　　　（A104000）期间费用明细表

行次	项　　目	销售费用	其中：境外支付	管理费用	其中：境外支付	财务费用	其中：境外支付
		1	2	3	4	5	6
1	一、职工薪酬	1 172 747.20	—	1 576 243.20	—	—	—
2	二、劳务费					—	
3	三、咨询顾问费			360 000.00			
4	四、业务招待费		—	95 100.00	—	—	—
5	五、广告费和业务宣传费	270 000.00	—		—	—	—
6	六、佣金和手续费					822.00	
7	七、资产折旧摊销费	10 752.00		646 506.72			
8	八、财产损耗、盘亏及毁损损失						
9	九、办公费	22 000.00		9 000.00			
10	十、董事会费		—		—	—	
11	十一、租赁费					—	
12	十二、诉讼费					—	
13	十三、差旅费	15 000.00		30 852.00			
14	十四、保险费					—	
15	十五、运输、仓储费	30 600.00				—	
16	十六、修理费						
17	十七、包装费		—			—	
18	十八、技术转让费						
19	十九、研究费用			18 000.00			
20	二十、各项税费		—		—	—	
21	二十一、利息收支	—	—	—	—	24 875.00	
22	二十二、汇兑差额	—	—	—	—		
23	二十三、现金折扣	—		—		—	
24	二十四、党组织工作经费						
25	二十五、其他	12 816.00		45 633.60			
26	合计（1 + 2 + 3 + …+25）	1 533 915.20	0.00	2 781 335.52	0.00	25 697.00	0.00

填表说明：

（1）第1行第1列，根据销售费用中"职工薪酬""职工福利费""职工教育经费"明细汇总填列，即1 123 547.20 + 26 400.00 + 22 800.00 = 1 172 747.20。第3列根据管理费用中"职工薪酬""职工福利费""职工教育经费"明细汇总填列，即1 534 243.20 + 18 000.00 + 24 000.00 = 1 576 243.20。

（2）其他内容，根据销售费用、管理费用、财务费用对应明细填列，明细中没有对应申报表项目的，填入第25行"其他"。

表4-56

(A105050) 职工薪酬支出及纳税调整明细表

行次	项目	账载金额 1	实际发生额 2	税收规定扣除率 3	以前年度累计结转扣除额 4	税收金额 5	纳税调整金额 6 (1−5)	累计结转以后年度扣除额 7 (2+4−5)
1	一、工资薪金支出	8 859 231.98	8 859 231.98	—	—	8 859 231.98	0.00	—
2	其中：股权激励			—	—		0.00	—
3	二、职工福利费支出	57 200.00	57 200.00	14%	—	57 200.00	0.00	—
4	三、职工教育经费支出	55 800.00	55 800.00	8%	0.00	55 800.00	0.00	0.00
5	其中：按税收规定比例扣除的职工教育经费	55 800.00	55 800.00	8%		55 800.00	0.00	0.00
6	按税收规定全额扣除的职工培训费用			100%			0.00	
7	四、工会经费支出	321 350.00	321 350.00	2%	—	177 184.64	144 165.36	—
8	五、各类基本社会保障性缴款	3 315 352.59	3 315 352.59	—	—	3 315 352.59	0.00	—
9	六、住房公积金	1 291 567.20	1 291 567.20	—	—	1 291 567.20	0.00	—
10	七、补充养老保险			5%	—		0.00	—
11	八、补充医疗保险			5%	—		0.00	—
12	九、其他			—	—		0.00	—
13	合计 (1+3+4+7+8+9+10+11+12)	13 900 501.77	13 900 501.77	—	0.00	13 756 336.41	144 165.36	0.00

填表说明：

(1) 第1行第1列账载金额按照应付职工薪酬−工资的明细账贷方发生额填写，第2列实际发生额按照至汇算清缴时企业实际发放的申报年度的工资填写。第5列税收金额按照税收规定允许税前扣除的金额填报，本案例按照第1列和第2列执低填报。

(2) 第3行第1列账载金额按照应付职工薪酬−职工福利的明细账贷方发生额填写，第2列实际发生额按照贷方发生额填写。第5列税收金额按照第1列、第2列和8 859 231.98 × 14% = 1 240 292.48执低填报。

(3) 第5行第1列账载金额按照应付职工薪酬−职工教育经费的明细账借方发生额填写。第5列税收金额按照第1列、第2列和8 859 231.98 × 8% = 708 738.56执低填报。

(4) 第7行第1列账载金额按照应付职工薪酬−工会经费的明细账贷方发生额填写，第2列实际发生额按照工会经费的明细账贷方发生额填写。第5列税收金额按照第1列、第2列和8 859 231.98 × 2% = 177 184.64执低填报。

(5) 第8行第1列账载金额按照应付职工薪酬−医疗保险、工伤保险、生育保险、失业保险、养老保险明细账贷方发生额合计填写，第2列实际发生额按照医疗保险、工伤保险、生育保险、养老保险明细账借方发生额合计填写。第5列税收金额按照税收规定允许税前扣除的金额填报，本案例按照第1列和第2列执低填报。

(6) 第9行第1列账载金额按照应付职工薪酬−公积金的明细账贷方发生额填写，第2列实际发生额按照贷方发生额填报，第5列税收金额按照税收规定允许税前扣除的金额填报，本案例按照第1列和第2列执低填报。

表4-57

A105060 广告费和业务宣传费等跨年度纳税调整明细表

行次	项目	广告费和业务宣传费 1	保险企业手续费及佣金支出 2
1	一、本年支出	270 000.00	
2	减：不允许扣除的支出	0.00	
3	二、本年符合条件的支出（1—2）	270 000.00	
4	三、本年计算扣除额的基数	39 175 000.00	
5	乘：税收规定扣除率	15%	
6	四、本企业计算的扣除限额（4×5）	5 876 250.00	
7	五、本年结转以后年度扣除额（3>6，本行=3—6；3≤6，本行=0）	0.00	
8	加：以前年度累计结转扣除额		
9	减：本年扣除的以前年度结转额 [3>6，本行=0；3≤6，本行=8与（6—3）孰小值]	0.00	
10	六、按照分摊协议集中归集至其他关联方的金额（10≤3与6孰小值）		—
11	按照分摊协议从其他关联方归集至本企业的金额		—
12	七、本年支出纳税调整金额 (3>6，本行=2+3—6+10—11；3≤6，本行=2+10—11—9)	0.00	
13	八、累计结转以后年度扣除额（7+8—9）	0.00	

填表说明：

（1）第1行根据销售费用－广告费明细账户借方发生额填写；

（2）第4行根据表A101010第一行营业收入填写，如果存在视同销售收入，还需要加上视同销售收入。

表 4-58

A105070 捐赠支出及纳税调整明细表

行次	项　目	账载金额	以前年度结转可扣除的捐赠额	按税收规定计算的扣除限额	税收金额	纳税调增金额	纳税调减金额	可结转以后年度扣除的捐赠额
		1	2	3	4	5	6	7
1	一、非公益性捐赠		—	—	—	—	—	—
2	二、全额扣除的公益性捐赠		—	—	—	—	—	—
3	其中：扶贫捐赠		—	—	—	—	—	—
4	三、限额扣除的公益性捐赠（5+6+7+8）	625 000.00	0.00	645 985.87	625 000.00	0.00	0.00	0.00
5	前三年度（　年）	—	—	—	—	—	—	—
6	前二年度（　年）	—	—	—	—	—	—	—
7	前一年度（　年）	—	—	—	—	—	—	—
8	本　年（2021年）	625 000.00		645 985.87	625 000.00		—	—
9	合计（1+2+4）	625 000.00	0.00	645 985.87	625 000.00	0.00	0.00	0.00
附列资料	2015年度至本年发生的公益性扶贫捐赠合计金额	—						

填表说明：

（1）第8行第1列根据营业外支出-捐赠支出明细分析填列，本案例捐赠均为公益性捐赠，第3列根据利润总额 5383215.62×12%=645985.87 计算填列，第4列根据第1列和第3列孰低填报；第4行=第8行。

（2）以前年度无须扣除的捐赠额，第4行=第8行。

表4-59

A105080　资产折旧、摊销及纳税调整明细表

行次	项目	账载金额			税收金额					纳税调整金额
		资产原值	本年折旧、摊销额	累计折旧、摊销额	资产计税基础	税收折旧、摊销额	享受加速折旧政策的资产按税收一般规定计算的折旧、摊销额	加速折旧、摊销统计额	累计折旧、摊销额	9(2-5)
		1	2	3	4	5	6	7(5-6)	8	
1	一、固定资产(2+3+4+5+6+7)	15 287 000.00	907 392.00	2 570 944.00	15 287 000.00	907 392.00	-	-	2 570 944.00	0.00
2	(一)房屋、建筑物	12 800 000.00	614 400.00	1 740 800.00	12 800 000.00	614 400.00	-	-	1 740 800.00	0.00
3	(二)飞机、火车、轮船、机器、机械和其他生产设备	2 050 000.00	196 800.00	557 600.00	2 050 000.00	196 800.00	-	-	557 600.00	0.00
4	(三)与生产经营活动有关的器具、工具、家具等									0.00
5	(四)飞机、火车、轮船以外的运输工具	256 000.00	61 440.00	174 080.00	256 000.00	61 440.00	-	-	174 080.00	0.00
6	(五)电子设备						-	-		0.00
7	(六)其他	181 000.00	34 752.00	98 464.00	181 000.00	34 752.00	-	-	98 464.00	0.00
8	其中:享受加速折旧及一次性扣除政策的资产加速折旧额大于税收一般规定折旧额的部分　(一)重要行业固定资产加速折旧(不含一次性扣除)						-	-		—
9	(二)其他行业研发设备加速折旧									—
10	(三)特定地区企业固定资产加速折旧(10.1+10.2)						-	-		—
10.1	1.海南自由贸易港企业固定资产加速折旧									—
10.2	2.其他特定地区企业固定资产加速折旧									—
11	(四)500万元以下设备器具一次性扣除									—
12	(五)疫情防控重点保障物资生产企业单价500万元以上设备一次性扣除									—
13	(六)特定地区企业固定资产一次性扣除(13.1+13.2)									—
13.1	1.海南自由贸易港企业固定资产一次性扣除									—
13.2	2.其他特定地区企业固定资产一次性扣除									—
14	(七)技术进步、更新换代固定资产加速折旧									—
15	(八)常年强震动、高腐蚀固定资产加速折旧									—
16	(九)外购软件加速折旧									—
17	(十)集成电路企业生产设备加速折旧									—

续表

序号	项目								
18	二、生产性生物资产(19+20)								
19	(一)林木类								
20	(二)畜类								
21	三、无形资产(22+23+24+25+26+27+28+29)	12 800 000.00	1 244 444.60	12 800 000.00	426 666.72	—	—	1 244 444.60	0.00
22	(一)专利权								
23	(二)商标权								
24	(三)著作权								
25	(四)土地使用权	12 800 000.00	1 244 444.60	12 800 000.00	426 666.72	—	—	1 244 444.60	0.00
26	(五)非专利技术								
27	(六)特许权使用费								
28	(七)软件								
29	(八)其他								
30	其中:享受加速折旧政策的无形资产及一次性摊销 (一)企业外购软件加速摊销					—			
31	(二)特定地区企业无形资产加速摊销(31.1+31.2)					—			
31.1	1.海南自由贸易港企业无形资产加速摊销								
31.2	2.其他特定地区企业无形资产加速摊销								
32	享受加速摊销额大于一般摊销额的部分 (三)特定地区企业无形资产一次性摊销(32.1+32.2)					—			
32.1	1.海南自由贸易港企业无形资产一次性摊销								
32.2	2.其他特定地区企业无形资产一次性摊销								
33	四、长期待摊费用(34+35+36+37+38)								
34	(一)已足额提取折旧的固定资产的改建支出								
35	(二)租入固定资产的改建支出								
36	(三)固定资产的大修理支出								
37	(四)开办费								
38	(五)其他								
39	五、油气勘探投资								
40	六、油气开发投资								
41	合计(1+18+21+39+40)	28 087 000.00	3 815 388.60	28 087 000.00	1 334 058.72	—	0.00	3 815 388.60	0.00

填表说明:由于本案例中资产折旧、摊销情况会计核算与税法一致，不存在调整事项，也不存在固定资产加速计提折旧，因此税收金额与账载金额一致，根据固定资产、累计折旧、无形资产摊销明细账列明即可。

表4-60　　　　　　　　　　　　　（A105000）纳税调整项目明细表

行次	项目	账载金额	税收金额	调增金额	调减金额
		1	2	3	4
1	一、收入类调整项目（2+3+…+8+10+11）	—	—	1 200.00	60 000.00
2	（一）视同销售收入（填写A105010）	—	0.00	0.00	
3	（二）未按权责发生制原则确认的收入（填写A105020）	0.00	0.00	0.00	0.00
4	（三）投资收益（填写A105030）	0.00	0.00	0.00	0.00
5	（四）按权益法核算长期股权投资对初始投资成本调整确认收益	—	—	—	
6	（五）交易性金融资产初始投资调整	—	—	1 200.00	
7	（六）公允价值变动净损益	60 000.00	0.00	0.00	60 000.00
8	（七）不征税收入	—	—		
9	其中：专项用途财政性资金（填写A105040）	—	—		
10	（八）销售折扣、折让和退回			0.00	0.00
11	（九）其他			0.00	0.00
12	二、扣除类调整项目（13+14+…+24+26+27+28+29+30）	—	—	207 205.36	0.00
13	（一）视同销售成本（填写A105010）		0.00	—	0.00
14	（二）职工薪酬（填写A105050）	13 900 501.77	13 756 336.41	144 165.36	0.00
15	（三）业务招待费支出	95 100.00	57 060.00	38 040.00	—
16	（四）广告费和业务宣传费支出（填写A105060）	—	—	—	
17	（五）捐赠支出（填写A105070）	625 000.00	625 000.00	0.00	0.00
18	（六）利息支出			0.00	0.00
19	（七）罚金、罚款和被没收财物的损失	25 000.00		25 000.00	
20	（八）税收滞纳金、加收利息			0.00	
21	（九）赞助支出	—	—	0.00	
22	（十）与未实现融资收益相关在当期确认的财务费用			0.00	0.00
23	（十一）佣金和手续费支出（保险企业填写A105060）	822.00	822.00	0.00	
24	（十二）不征税收入用于支出所形成的费用	—	—	—	
25	其中：专项用途财政性资金用于支出所形成的费用（填写A105040）	—	—	—	
26	（十三）跨期扣除项目			0.00	0.00
27	（十四）与取得收入无关的支出	—	—	0.00	
28	（十五）境外所得分摊的共同支出	—	—		
29	（十六）党组织工作经费				
30	（十七）其他			0.00	0.00
31	三、资产类调整项目（32+33+34+35）	—	—	24 370.00	0.00
32	（一）资产折旧、摊销（填写A105080）	1 334 058.72	1 334 058.72	0.00	0.00
33	（二）资产减值准备金	24 370.00	—	24 370.00	0.00

行次	项目	账载金额	税收金额	调增金额	调减金额
		1	2	3	4
34	（三）资产损失（填写 A105090）	0.00	0.00	0.00	0.00
35	（四）其他			0.00	0.00
36	四、特殊事项调整项目（37 + 38 + … + 43）	－	－	0.00	0.00
37	（一）企业重组及递延纳税事项（填写 A105100）			0.00	0.00
38	（二）政策性搬迁（填写 A105110）	－	－		
39	（三）特殊行业准备金（39.1 + 39.2 + 39.4 + 39.5 + 39.6 + 39.7）			0.00	0.00
39.1	1.保险公司保险保障基金				
39.2	2.保险公司准备金				
39.3	其中：已发生未报案未决赔款准备金				
39.4	3.证券行业准备金				
39.5	4.期货行业准备金				
39.6	5.中小企业融资（信用）担保机构准备金				
39.7	6.金融企业、小额贷款公司准备金（填写 A105120）	－	－		
40	（四）房地产开发企业特定业务计算的纳税调整额（填写 A105010）			0.00	0.00
41	（五）合伙企业法人合伙人应分得的应纳税所得额				
42	（六）发行永续债利息支出				
43	（七）其他	－	－		
44	五、特别纳税调整应税所得	－	－		
45	六、其他	－	－		
46	合计（1 + 12 + 31 + 36 + 44 + 45）	－	－	232 775.36	60 000.00

填表说明：

（1）第14行职工薪酬根据表 A105050 第13行填列；

（2）第15行业务招待费支出第1列账载金额根据管理费用－业务招待费明细资料填列，第2列税收金额计算填列，以实际发生额的60%（95 100.00×60% = 57 060.00）和表 A101010 第1行营业收入的5%（39 175 000×5% = 1 958 750）孰低填列；

（3）第17行捐赠支出根据表 A105070 第9行填列；

（4）第18行利息支出第1列根据财务费用－利息支出明细账借方发生额填列，本案例利息支出可以全额扣除，第2列税收金额 = 账载金额；

（5）第19行罚金、罚款等第1列账载金额根据营业外支出－罚款支出明细账借方发生额填列，本案例中为税收罚款，税法规定此项支出不得税前扣除，需纳税调增；

（6）第23行佣金和手续费支出第1列账载金额根据财务费用－手续费明细账借方发生额填列，本案例没有佣金，均为手续费，均可以税前扣除；

（7）第32行资产折旧、摊销根据表 A105080 第41行填列；

（8）第33行资产减值准备金第1列账载金额根据资产减值损失－坏账损失明细账借方发生额填列，税法规定此项支出不得税前扣除，需纳税调增。

表 4-61 （A107012）研发费用加计扣除优惠明细表

行次	项目	金额或数量
1	本年可享受研发费用加计扣除项目数量	1
2	一、自主研发、合作研发、集中研发（3 + 7 + 16 + 19 + 23 + 34）	0.00
3	（一）人员人工费用（4 + 5 + 6）	0.00
4	1.直接从事研发活动人员工资薪金	
5	2.直接从事研发活动人员五险一金	
6	3.外聘研发人员的劳务费用	
7	（二）直接投入费用（8 + 9 + 10 + 11 + 12 + 13 + 14 + 15）	0.00
8	1.研发活动直接消耗材料费用	
9	2.研发活动直接消耗燃料费用	
10	3.研发活动直接消耗动力费用	
11	4.用于中间试验和产品试制的模具、工艺装备开发及制造费	
12	5.用于不构成固定资产的样品、样机及一般测试手段购置费	
13	6.用于试制产品的检验费	
14	7.用于研发活动的仪器、设备的运行维护、调整、检验、维修等费用	
15	8.通过经营租赁方式租入的用于研发活动的仪器、设备租赁费	
16	（三）折旧费用（17 + 18）	0.00
17	1.用于研发活动的仪器的折旧费	
18	2.用于研发活动的设备的折旧费	
19	（四）无形资产摊销（20 + 21 + 22）	0.00
20	1.用于研发活动的软件的摊销费用	
21	2.用于研发活动的专利权的摊销费用	
22	3.用于研发活动的非专利技术（包括许可证、专有技术、设计和计算方法等）的摊销费用	
23	（五）新产品设计费等（24 + 25 + 26 + 27）	0.00
24	1.新产品设计费	
25	2.新工艺规程制定费	
26	3.新药研制的临床试验费	
27	4.勘探开发技术的现场试验费	
28	（六）其他相关费用（29 + 30 + 31 + 32 + 33）	0.00
29	1.技术图书资料费、资料翻译费、专家咨询费、高新科技研发保险费	
30	2.研发成果的检索、分析、评议、论证、鉴定、评审、评估、验收费用	
31	3.知识产权的申请费、注册费、代理费	
32	4.职工福利费、补充养老保险费、补充医疗保险费	
33	5.差旅费、会议费	
34	（七）经限额调整后的其他相关费用	
35	二、委托研发（36 + 37 + 39）	18 000.00
36	（一）委托境内机构或个人进行研发活动所发生的费用	18 000.00
37	（二）委托境外机构进行研发活动发生的费用	

续表

行次	项　目	金额或数量
38	其中：允许加计扣除的委托境外机构进行研发活动发生的费用	
39	（三）委托境外个人进行研发活动发生的费用	
40	三、年度研发费用小计（2 + 36 × 80% + 38）	14 400.00
41	（一）本年费用化金额	14 400.00
42	（二）本年资本化金额	
43	四、本年形成无形资产摊销额	
44	五、以前年度形成无形资产本年摊销额	
45	六、允许扣除的研发费用合计（41 + 43 + 44）	14 400.00
46	减：特殊收入部分	
47	七、允许扣除的研发费用抵减特殊收入后的金额（45 – 46）	14 400.00
48	减：当年销售研发活动直接形成产品（包括组成部分）对应的材料部分	
49	减：以前年度销售研发活动直接形成产品（包括组成部分）对应材料部分结转金额	
50	八、加计扣除比例（%）	100
51	九、本年研发费用加计扣除总额（47 – 48 – 49）× 50	14 400.00
52	十、销售研发活动直接形成产品（包括组成部分）对应材料部分结转以后年度扣减金额（当47 – 48 – 49≥0，本行 = 0；当47 – 48 – 49 < 0，本行 = 47 – 48 – 49的绝对值）	0.00

填表说明：

（1）第36行根据研发支出 – 费用化支出明细账借方发生额填列，本案例研发支出均为委托境内机构进行研发活动所发生的费用；

（2）第41行本年费用化金额，根据税法规定，委托境内机构进行研发活动所发生的费用允许按实际发生额的80%（即18 000 × 80% = 14 400（元））作为加计扣除的基数；

（3）第51行本年研发费用加计扣除总额 = 14 400 × 100% = 14 400.00（元）。

表4-62　　　　　　　（A107010）免税、减计收入及加计扣除优惠明细表

行次	项　目	金　额
1	一、免税收入（2 + 3 + 9 + … + 16）	0.00
2	（一）国债利息收入免征企业所得税	
3	（二）符合条件的居民企业之间的股息、红利等权益性投资收益免征企业所得税（填写 A107011）	
4	1.一般股息红利等权益性投资收益免征企业所得税（填写 A107011）	
5	2.内地居民企业通过沪港通投资且连续持有 H 股满 12 个月取得的股息红利所得免征企业所得税（填写 A107011）	
6	3.内地居民企业通过深港通投资且连续持有 H 股满 12 个月取得的股息红利所得免征企业所得税（填写 A107011）	
7	4.居民企业持有创新企业 CDR 取得的股息红利所得免征企业所得税（填写 A107011）	
8	5.符合条件的永续债利息收入免征企业所得税（填写 A107011）	
9	（三）符合条件的非营利组织的收入免征企业所得税	

行次	项　目	金　额
10	（四）中国清洁发展机制基金取得的收入免征企业所得税	
11	（五）投资者从证券投资基金分配中取得的收入免征企业所得税	
12	（六）取得的地方政府债券利息收入免征企业所得税	
13	（七）中国保险保障基金有限责任公司取得的保险保障基金等收入免征企业所得税	
14	（八）中国奥委会取得北京冬奥组委支付的收入免征企业所得税	
15	（九）中国残奥委会取得北京冬奥组委分期支付的收入免征企业所得税	
16	（十）其他	
17	二、减计收入（18 + 19 + 23 + 24）	0.00
18	（一）综合利用资源生产产品取得的收入在计算应纳税所得额时减计收入	
19	（二）金融、保险等机构取得的涉农利息、保费减计收入（20 + 21 + 22）	0.00
20	1.金融机构取得的涉农贷款利息收入在计算应纳税所得额时减计收入	
21	2.保险机构取得的涉农保费收入在计算应纳税所得额时减计收入	
22	3.小额公司取得的农户小额贷款利息收入在计算应纳税所得额时减计收入	
23	（三）取得铁路债券利息收入减半征收企业所得税	
24	（四）其他	
24.1	1.取得的社区家庭服务收入在计算应纳税所得额时减计收入	
24.2	2.其他	
25	三、加计扣除（26 + 27 + 28 + 29 + 30）	14 400.00
26	（一）开发新技术、新产品、新工艺发生的研究开发费用加计扣除（填写A107012）	14 400.00
27	（二）科技型中小企业开发新技术、新产品、新工艺发生的研究开发费用加计扣除（填写A107012）	
28	（三）企业为获得创新性、创意性、突破性的产品进行创意设计活动而发生的相关费用加计扣除（加计扣除比例__%）	
29	（四）安置残疾人员所支付的工资加计扣除	
30	（五）其他	
31	合计（1 + 17 + 25）	14 400.00

填表说明：第26行根据表A107012第51行填写。

表 4-63　　（A100000）中华人民共和国企业所得税年度纳税申报表（A类）

行次	类别	项　目	金　额
1		一、营业收入（填写A101010\101020\103000）	39 175 000.00
2		减：营业成本（填写A102010\102020\103000）	28 494 210.00
3		减：税金及附加	347 056.66
4		减：销售费用（填写A104000）	1 533 915.20
5		减：管理费用（填写A104000）	2 781 335.52
6		减：财务费用（填写A104000）	25 697.00
7	利润总额计算	减：资产减值损失	24 370.00
8		加：公允价值变动收益	60 000.00
9		加：投资收益	−1 200.00
10		二、营业利润（1 − 2 − 3 − 4 − 5 − 6 − 7 + 8 + 9）	6 027 215.62
11		加：营业外收入（填写A101010\101020\103000）	6 000.00
12		减：营业外支出（填写A102010\102020\103000）	650 000.00
13		三、利润总额（10 + 11 − 12）	5 383 215.62

续表

行次	类别	项　　目	金　额
14	应纳税所得额计算	减：境外所得（填写A108010）	
15		加：纳税调整增加额（填写A105000）	232 775.36
16		减：纳税调整减少额（填写A105000）	60 000.00
17		减：免税、减计收入及加计扣除（填写A107010）	14 400.00
18		加：境外应税所得抵减境内亏损（填写A108000）	
19		四、纳税调整后所得（13 − 14 + 15 − 16 − 17 + 18）	5 541 590.98
20		减：所得减免（填写A107020）	0.00
21		减：弥补以前年度亏损（填写A106000）	0.00
22		减：抵扣应纳税所得额（填写A107030）	
23		五、应纳税所得额（19 − 20 − 21 − 22）	5 541 590.98
24	应纳税额计算	税率（25%）	25%
25		六、应纳所得税额（23 × 24）	1 385 397.75
26		减：减免所得税额（填写A107040）	0.00
27		减：抵免所得税额（填写A107050）	
28		七、应纳税额（25 − 26 − 27）	1 385 397.75
29		加：境外所得应纳所得税额（填写A108000）	
30		减：境外所得抵免所得税额（填写A108000）	
31		八、实际应纳所得税额（28 + 29 − 30）	1 385 397.75
32		减：本年累计实际已缴纳的所得税额	1 345 803.91
33		九、本年应补（退）所得税额（31 − 32）	39 593.84
34		其中：总机构分摊本年应补（退）所得税额（填写A109000）	
35		财政集中分配本年应补（退）所得税额（填写A109000）	
36		总机构主体生产经营部门分摊本年应补（退）所得税额（填写A109000）	
37	实际应纳税额计算	减：民族自治地区企业所得税地方分享部分（□免征　□减征：减征幅度__%）	
38		十、本年实际应补（退）所得税额（33−37）	

填表说明：

（1）第一部分利润总额计算，数据来源于利润表，注意申报表中管理费用数据为利润表中管理费用加研发费用。实务处理中，凡是带有附表的，数据来源于附表，没有附表的，需要手动填写相关数据。

（2）第二部分应纳税所得额计算，除根据主表逻辑关系计算以外，数据均来源于附表。

（3）第三部分应纳税额计算，第25行应纳所得税额 = 第23行应纳税所得额 × 25%。本案例无减免所得税、抵免所得税及境外所得，第31行实际应纳所得税额等于第25行数据。第32行本年累计实际已缴纳的所得税额为申报年度预缴税额，2021年度已预缴企业所得税1 345 803.91元。

任务十八　企业所得税税收筹划

——选择应聘人员

一、实训目的

1.能合理选择应聘人员进行企业所得税税收筹划；
2.培养学生提高技能、参与管理、强化服务的意识。

二、实训材料

计算机、计算器、实训表单和《中华人民共和国企业所得税法》文本等。

三、实训内容和步骤

1.计算不同方案的利润；
2.计算不同方案的应纳税所得额；
3.计算不同方案的应纳所得税额；
4.计算不同方案的净利润；
5.根据应纳所得税额或净利润选择合理方案。

四、实训注意事项

1.注意决策标准的不同会导致选择结果不一样；
2.实际决策中影响决策的因素会更多，需要综合考虑各因素的影响。

五、实训任务

甲企业预计新的年度收入总额为1 000万元（全部为应税收入），除新招聘员工薪酬外的成本费用为795万元（不考虑纳税调整），新的年度需要招聘1名员工，员工的薪酬每年为5万元。现有下列两个方案可供选择：

方案1：聘用身体正常的应聘人员；
方案2：聘用身体有残疾的应聘人员。
假设应聘人员都能按照企业的要求完成工作，企业所得税税率为25%。
要求：填写表4-64，并按照净利润确定聘用哪一类应聘人员。
【思考】聘用哪些类型人员可以享受税收优惠政策？

表4-64　　　　　　　　　　选择应聘人员方案对比表　　　　　　　　　单位：万元

项目	聘用身体正常的应聘人员	聘用身体有残疾的应聘人员
收入总额		
成本费用总额		
利润总额		
应纳税所得额		
应纳所得税额		
净利润		
应聘人员选择		

六、任务解答

根据企业所得税优惠政策，分别计算不同应聘人员方案的净利润，比较之后，选择净利润大的方案。计算结果见表4-65。

表4-65　　　　　　　　　　选择应聘人员方案对比表　　　　　　　　　单位：万元

项目	聘用身体正常的应聘人员	聘用身体有残疾的应聘人员
收入总额	1 000	1 000
成本费用总额	800	800
利润总额	200	200
应纳税所得额	200	200 - 5 = 195
应纳所得税额	50	48.75
净利润	150	151.25
应聘人员选择	聘用身体有残疾的应聘人员	

任务十九　企业所得税税收筹划
——选择存货发出计价方法

一、实训目的

1.能合理选择存货发出计价方法进行企业所得税税收筹划；
2.培养学生提高技能、参与管理、强化服务的意识。

二、实训材料

计算机、计算器、实训表单和《中华人民共和国企业所得税法》文本等。

三、实训内容和步骤

1.计算不同方案的利润；
2.计算不同方案的应纳税所得额；

3.计算不同方案的应纳所得税额；

4.计算不同方案的净利润；

5.根据应纳所得税额或净利润选择合理方案。

四、实训注意事项

1.注意决策标准的不同会导致选择结果不一样；

2.实际决策中影响决策的因素会更多，需要综合考虑各因素的影响。

五、实训任务

乙企业是商品流通企业，预计新的年度购进货物和销售货物的情况见表4-66，全年发生期间费用30万元（不考虑纳税调整），以前年度无亏损，企业所得税税率为25%。存货发出计价方法有三种可供选择，分别是先进先出法、月末一次加权平均法、移动加权平均法。

表4-66 乙企业存货购销情况表

日期	项目	数量（件）	单价（元）	金额（元）
1月1日	结存	1 000	200	200 000
3月5日	销售	800	400	320 000
4月7日	购进	400	250	100 000
7月8日	购进	500	300	150 000
11月1日	购进	400	350	140 000
12月1日	销售	1 000	600	600 000

要求：填写表4-67，并按照净利润确定存货发出计价方法。

表4-67 选择存货发出计价方法对比表 单位：元

项目	先进先出法	月末一次加权平均法	移动加权平均法
营业收入			
营业成本			
期间费用			
利润			
应纳税所得额			
应纳所得税额			
净利润			
选择结果			

【思考】如果以应纳所得税额为判断标准，选择结果是否会有变化？

六、任务解答

分别计算不同存货发出计价方法的净利润，比较之后，选择净利润大的方案。具体见表4-68。

表4-68　　　　　　　　选择存货发出计价方法对比表　　　　　　　　单位：元

项目	先进先出法	月末一次加权平均法	移动加权平均法
营业收入	920 000	920 000	920 000
营业成本	420 000	461 700	446 700
期间费用	300 000	300 000	300 000
利润	200 000	158 300	173 300
应纳税所得额	200 000	158 300	173 300
应纳所得税额	50 000	39 575	43 325
净利润	150 000	118 725	129 975
选择结果	按照净利润最大原则，应该选择先进先出法		

任务二十　企业所得税税收筹划
——选择捐赠路径

一、实训目的

1.能合理安排捐赠路径进行企业所得税税收筹划；
2.培养学生提高技能、参与管理、强化服务的意识。

二、实训材料

计算机、计算器、实训表单和《中华人民共和国企业所得税法》文本等。

三、实训内容和步骤

1.计算不同方案的利润；
2.计算不同方案的应纳税所得额；
3.计算不同方案的应纳所得税额；
4.计算不同方案的净利润；
5.根据应纳所得税额或净利润选择合理方案。

四、实训注意事项

1.注意决策标准的不同会导致选择结果不一样；
2.实际决策中影响决策的因素会更多，需要综合考虑各因素的影响。

五、实训任务

丙公司预计新的年度收入总额为1 100万元（全部为应税收入），除捐赠支出外的成本费用为910万元（不考虑纳税调整），新的年度需要发生捐赠支出20万元。现有两个方案可供选择：方案1——直接捐赠（公司直接将资金捐赠给被捐赠企业）；方案2——公益性捐赠（公司通过公益性社会团体进行捐赠），企业所得税税率为25%。

要求：填写表4-69，并按照净利润确定捐赠路径。

表4-69　　　　　　　　　　　选择捐赠路径对比表　　　　　　　　　单位：万元

项目	直接捐赠	公益性捐赠
收入总额		
成本费用总额		
利润总额		
应纳税所得额		
应纳所得税额		
净利润		
捐赠路径选择		

【思考】如果企业处于亏损时期，捐赠路径如何选择呢？

六、任务解答

分别计算不同捐赠路径的净利润，比较之后，选择净利润大的方案。具体见表4-70。

表4-70　　　　　　　　　　　选择捐赠路径对比表　　　　　　　　　单位：万元

项目	直接捐赠	公益性捐赠
收入总额	1 100	1 100
成本费用总额	910 + 20 = 930	930
利润总额	180	180
应纳税所得额	200	180
应纳所得税额	50	45
净利润	130	135
捐赠路径选择	以净利润大小为决策标准，应选择公益性捐赠	

思政专栏

学活税收优惠政策，与企业共克时艰

2020年春节，新型冠状病毒感染的肺炎疫情暴发。受疫情影响，大多数居民选择宅在家中以防感染，政府和机构也鼓励居民足不出户以控制疫情蔓延。一时间，餐饮门店"门可罗雀"，我国餐饮业遭到重创。根据中国烹饪协会发布的《2020年新冠肺炎疫情期间中国餐饮业经营状况和发展趋势调查分析报告》的调研数据，疫情期间，78%的餐饮企业营业收入损失达100%以上；9%的企业营收损失达到九成以上；7%的企业营收损失在七成到九成之间；营收损失在七成以下的仅为5%。结合所学专业知识，试分

析餐饮业可享受的优惠政策。

《财政部 税务总局关于支持新型冠状病毒感染的肺炎疫情防控有关税收政策的公告》（财政部 税务总局公告2020年第8号）规定，受疫情影响较大的困难行业企业2020年度发生的亏损，最长结转年限由5年延长至8年。困难行业企业，包括交通运输、餐饮、住宿、旅游四大类，具体判断标准按照现行《国民经济行业分类》执行。如果餐饮企业符合要求，则可以在疫情期间申请延长结转年限。另外该公告规定，对纳税人提供生活服务取得的收入，免征增值税。餐饮门店提供的餐饮服务属于生活服务，可以申请免征增值税。

【启示】疫情期间，国家出台各种税收优惠政策为企业减负，支持复工复产，一方面，在一定程度上激发了市场活力，释放了内需潜能，带动了经济发展，为保持经济长期向好趋势创造了有利条件；另一方面，只有保障企业正常运转，源源不断地为社会提供丰富多样的消费场景和商品供给，才能促进就业需求和社会稳定。此次新冠肺炎疫情，是一次危机，也是一次大考，在坚定贯彻国家各项政策，积极利用各项优惠为自身减负的同时，企业也需迎难而上，增强信心，释放潜力和动能，为推动经济长期向好发展增添力量。作为财务人员，我们也应该坚定信心，时刻更新自身知识储备；与时俱进，了解国家的时事政策，努力学习专业技能，用好各项税收优惠，做好企业的财务"管家"。

资料来源：财政部 税务总局公告2020年第8号〔EB/OL〕.〔2020-02-06〕.http://www.chinatax.gov.cn/chinatax/n810341/n810825/c101434/c5143462/content.html.

项目五

个人所得税

任务一　个人所得税税款计算

——预扣预缴工资薪金所得

一、实训目的

（1）能计算工资薪金所得累计应纳税所得额；

（2）能正确计算工资薪金所得的个人所得税；

（3）培养学生诚实守信、坚持准则的职业道德。

二、实训材料

（1）工资表；

（2）工资薪金税率表。

三、实训内容和步骤

（一）确定累计预扣预缴应纳税所得额

$$\begin{array}{l}\text{累计预扣预缴} \\ \text{应纳税所得额}\end{array} = \begin{array}{l}\text{累计}\\\text{收入}\end{array} - \begin{array}{l}\text{累计免}\\\text{税收入}\end{array} - \begin{array}{l}\text{累计减}\\\text{除费用}\end{array} - \begin{array}{l}\text{累计专}\\\text{项扣除}\end{array} - \begin{array}{l}\text{累计专项}\\\text{附加扣除}\end{array} - \begin{array}{l}\text{累计依法确定}\\\text{的其他扣除}\end{array}$$

其中：

累计收入，指当年截至本月的应发工资；

累计免税收入，指当年截至本月免税收入合计数；

累计减除费用，按照5 000元每月乘以纳税人当年截至本月在本单位的任职受雇月份数计算；

累计专项扣除，当年截至本月居民个人按照国家规定的范围和标准缴纳的基本养老保险、基本医疗保险、失业保险等社会保险费和住房公积金等合计数；

累计专项附加扣除，当年截至本月的子女教育、继续教育、住房贷款利息、住房租金、赡养老人、3岁以下婴幼儿照护扣除的合计数；

累计依法确定的其他扣除，当年截至本月的包括个人缴付符合国家规定的企业年金、职业年金，及对个人购买符合规定的商业健康保险产品的支出，最多每月200元限额扣除。

（二）确定税率及速算扣除数

工资薪金预扣预缴税率表见表5-1。

表5-1　　　　　　　　　　　　工资薪金预扣预缴税率表

级数	累计预扣预缴应纳税所得额	税率（%）	速算扣除数（元）
1	不超过36 000元的部分	3	0
2	超过36 000元至144 000元的部分	10	2 520.00
3	超过144 000元至300 000元的部分	20	16 920.00
4	超过300 000元至420 000元的部分	25	31 920.00
5	超过420 000元至660 000元的部分	30	52 920.00
6	超过660 000元至960 000元的部分	35	85 920.00
7	超过960 000元的部分	45	181 920.00

（三）计算累计应纳个人所得税

累计应纳个人所得税 = 累计预扣预缴应纳税所得额 × 税率 − 速算扣除数

（四）计算当期应预扣预缴个人所得税

当期应预扣预缴个人所得税 = 累计应纳个人所得税 − 累计预扣预缴税额

四、实训注意事项

（一）注意收入里是否有不征税项目

不征税项目包括：（1）独生子女补贴；（2）执行公务员工资制度未纳入基本工资总额的补贴、津贴差额和家属成员的副食品补贴；（3）托儿补助费；（4）差旅费津贴、误餐补助。

（二）专项附加扣除注意事项

（1）符合子女教育、学历继续教育、住房贷款利息或住房租金、赡养老人、3岁以下婴幼儿照护专项附加扣除范围和条件的纳税人，自其符合条件开始，可以向取得工资、薪金所得的扣缴义务人提供上述专项附加扣除有关信息，由扣缴义务人在次月预扣预缴税款时办理扣除；也可以在次年3月1日至6月30日内，向税务机关办理汇算清缴申报时扣除。

（2）专业技术人员职业继续教育、符合条件的大病医疗在汇算清缴时扣除。

（3）住房贷款利息和住房租金的扣除只能选择一个，不能同时扣除。

（4）个人所得税专项附加扣除在纳税人本年度综合所得应纳税所得额中扣除，本年度扣除不完的，不得结转以后年度扣除。

五、实训任务

无锡市明瑞材料有限公司员工情况及2022年1月工资表见表5-2和表5-3。

表5-2　　　　　　　　　　　　雇员基本情况表

工号	姓名	性别	身份证号	任职时间	联系电话	任职受雇从业类型
001	杨李	男	***	2009 − 10 − 08	***	雇员
002	张霆	女	***	2014 − 08 − 15	***	雇员

表5-3　　　　　　　　　　　1月工资表

姓名	应发工资	基本养老保险金	基本医疗保险金	失业保险金	住房公积金
杨李	10 000.00	144.00	36.00	180.00	300.00
张霆	8 000.00	144.00	36.00	180.00	600.00

专项附加扣除情况如下:

(1)杨李家庭情况:杨李现居杭州,独生子女。需赡养自己65岁的母亲,赡养老人按照规定进行扣除;已婚,有一个17岁的女儿,于2021年9月进入当地杭州第二中学就读高一,子女教育由父亲一方全额扣除。

(2)张霆家庭情况:未婚,在杭州租房居住(租赁房屋地址:杭州市西湖区闻言小区11幢三单元301室;租赁时间:2021年7月—2022年7月;出租房类型:个人),住房租金按照规定进行扣除。

要求:

(1)计算无锡市明瑞材料有限公司2022年1月份预扣预缴工资个人所得税;

(2)如果2月份工资没有发生变化,计算该公司2月预扣预缴工资个人所得税。

六、任务解答

(1)1月份代扣代缴:

杨李:应纳税所得额 = 10 000 − (144 + 36 + 180 + 300) − (2 000 + 1 000) = 6 340(元),代扣代缴个人所得税 = 6 340 × 3% = 190.2(元)。

张霆:应纳税所得额 = 8 000 − (144 + 36 + 180 + 600) − 1 000 = 6 040(元),代扣代缴个人所得税 = 6 040 × 3% = 181.2(元)。

(2)2月份代扣代缴:

杨李:累计应纳税所得额 = 10 000 × 2 − (144 + 36 + 180 + 300) × 2 − (2 000 + 1 000) × 2 = 12 680(元),累计应缴个人所得税 = 12 680 × 3% = 380.4(元),当月应缴个人所得税 = 380.4 − 190.2 = 190.2(元)。

张霆:累计应纳税所得额 = 8 000 × 2 − (144 + 36 + 180 + 600) × 2 − 1 000 × 2 = 12 080(元),累计应缴个人所得税 = 12 080 × 3% = 362.4(元),当月应缴个人所得税 = 362.4 − 181.2 = 181.2(元)。

任务二　个人所得税税款计算
——预扣预缴劳务报酬所得

一、实训目的

1.能正确计算劳务报酬所得应纳税所得额;

2.能正确计算劳务报酬所得的个人所得税；

3.培养学生诚实守信、坚持准则的职业道德。

二、实训材料

1.个人所得税计算表；

2.劳务报酬预扣预缴税率表。

三、实训内容和步骤

（一）确定预扣预缴应纳税所得额

扣缴义务人支付劳务报酬所得时，按次或按月预扣税款。属于一次性收入的，按次计算；属于同一项目连续收入的，按月计算。

劳务报酬所得以收入减除费用后的余额为收入额；劳务报酬所得每次收入不超过4 000元的，减除费用按800元计算；每次收入4 000元以上的，减除费用按收入的20%计算。

（二）确定税率及速算扣除数

劳务报酬预扣预缴个人所得税根据应纳税所得额大小加成征收，税率表见表5-4。

表5-4 　　　　　　　　　居民个人劳务报酬所得预扣预缴税率表

级数	预扣预缴应纳税所得额	预扣率	速算扣除数（元）
1	不超过20 000元的部分	20%	0
2	20 000元至50 000元的部分	30%	2 000
3	超过50 000元的部分	40%	7 000

（三）计算预扣预缴应纳税额

劳务报酬所得应预扣预缴税额 = 预扣预缴应纳税所得额 × 预扣率 − 速算扣除数

四、实训注意事项

1.劳务报酬所得是指个人独立从事各种非雇用的劳务活动所取得的所得；

2.个人兼职所得按劳务报酬所得计税，退休再任职所得按"工资薪金所得"计税；

3.个人担任公司董事、监事，且不在公司任职的董事费、监事费所得按"劳务报酬所得"计税；

4.以培训班等名义组织旅游活动对营销业绩突出的非雇用员工进行的奖励，以实际费用额按"劳务报酬所得"计税。

五、实训任务

2022年6月，小张在A单位从事零星办公楼维修业务，取得劳务报酬1万元，2022年7月、8月，小张给D学校平整操场，取得劳务报酬3万元。

要求：计算企业为其代扣代缴的个人所得税。

六、任务解答

A单位：

应纳税所得额 = 10 000 × （1 − 20%） = 8 000（元）

代扣代缴个人所得税 = 8 000 × 20% = 1 600（元）

D学校：

应纳税所得额 = 30 000 × （1 − 20%） = 24 000（元）

代扣代缴个人所得税 = 24 000 × 30% − 2 000 = 5 200（元）

任务三　个人所得税税款计算

——预扣预缴稿酬所得

一、实训目的

（1）能正确计算稿酬所得应纳税所得额；

（2）能正确计算稿酬所得的个人所得税；

（3）培养学生诚实守信、坚持准则的职业道德。

二、实训材料

（1）个人所得税计算表；

（2）稿酬税率表。

三、实训内容和步骤

（一）确定预扣预缴应纳税所得额

（1）扣缴义务人支付稿酬所得时，按次或按月预扣税款。属于一次性收入的，按次计算；属于同一项目连续收入的，按月计算。

（2）稿酬所得以收入减除费用后的余额为收入额；每次收入不超过4 000元的，减除费用按800元计算；每次收入4 000元以上的，减除费用按收入的20%计算。

（3）稿酬所得的收入额减按70%计算。

（二）确定税率

稿酬所得预扣预缴时适用的比例税率为20%。

（三）计算预扣预缴税额

稿酬所得应预扣预缴税额 = 预扣预缴应纳税所得额 × 税率。

四、实训注意事项

（一）稿酬所得的区分

稿酬所得是指个人因其作品以图书、报刊形式出版、发表而取得的所得；要与工资薪金所得、劳务报酬所得进行区分。

（二）稿酬所得次的确定

（1）以每次出版发表取得的收入为一次。

（2）同一作品再版取得的所得，视为另一次稿酬所得计税；同一作品先在报刊上连载，然后出版，或先出版，再在报刊上连载的，视为两次稿酬所得计税。

（3）同一作品在报刊上连载，以连载完后取得的所有收入合并为一次计税。

（4）同一作品出版、发表时以预收或分次收取稿酬的形式取得收入的应合并为一次计税。

（5）同一作品出版、发表后，因添加印数而追加稿酬的，应与以前出版、发表时取得的稿酬合并为一次计税。

五、实训任务

某作家写作的一篇小说在晚报上连载3个月，报社每月支付其稿酬4 000元。

要求：计算报社代扣代缴的个人所得税。

六、任务解答

应纳个人所得税 = 4 000 × 3 × （1 - 20%） × （1 - 30%） × 20% = 1 344（元）

任务四　个人所得税税款计算
——预扣预缴特许权使用费所得

一、实训目的

1. 能判断是否属于特许权使用费；
2. 能正确计算特许权使用费所得的个人所得税；
3. 培养学生诚实守信、坚持准则的职业道德。

二、实训材料

1. 个人所得税计算表；
2. 个人所得税税率表。

三、实训内容和步骤

（一）确定预扣预缴应纳税所得额

扣缴义务人支付特许权使用费所得时，按次或按月预扣税款。属于一次性收入的，按次计算；属于同一项目连续收入的，按月计算。

特许权使用费所得以收入减除费用后的余额为收入额；每次收入不超过4 000元的，减除费用按800元计算；每次收入4 000元以上的，减除费用按收入的20%计算。

（二）确定税率

特许权使用费预扣预缴时适用的比例税率为20%。

（三）计算本期应预扣预缴税额

特许权使用费所得应预扣预缴税额＝预扣预缴应纳税所得额×税率

四、实训注意事项

（1）特许权使用费包括个人因提供或转让各种专利权、专有技术、版权、商标权等给他人使用所取得的收入。

（2）对于个人从事技术转让所支付的中介费，若能提供有效合法凭证，允许从其所得中扣除。

（3）注意区别特许权使用费所得与稿酬所得。对于作者将自己的文字作品手稿原件或复印件公开拍卖（竞价）取得的所得，属于提供著作权的使用所得，故应按特许权使用费所得项目征收个人所得税。

（4）个人取得特许权的经济赔偿收入，应按"特许权使用费所得"应税项目缴纳个人所得税，税款由支付赔款的单位或个人代扣代缴。

（5）居民个人取得劳务报酬所得、稿酬所得、特许权使用费所得的，预扣预缴时不扣除公益性捐赠支出，统一在汇算清缴时扣除。

五、实训任务

王某于2022年9月出让其一项专利技术给某企业，合同约定转让收入为50 000元。
要求：计算企业代扣代缴的个人所得税。

六、任务解答

应纳税所得额＝50 000×（1－20%）＝40 000（元）
应纳税额＝40 000×20%＝8 000（元）
企业代扣代缴的个人所得税为8 000元。

任务五　个人所得税税款计算
——综合所得汇算

一、实训目的

1.能正确计算综合所得应纳税所得额；
2.能正确进行综合所得汇算；
3.培养学生诚实守信、坚持准则的职业道德。

二、实训材料

1.个人所得税计算表；

2.个人所得税税率表。

三、实训内容和步骤

（一）确定综合所得应纳税所得额

居民个人的综合所得应纳税所得额 = 每一纳税年度的收入额 – 60 000 – 专项扣除 –

专项附加扣除 – 依法确定的其他扣除额

每年收入额包括工资收入、劳务报酬收入的80%、稿酬收入的80%×70%、特许权使用费收入的80%；

专项扣除包括居民个人按照国家规定的范围和标准缴纳的基本养老保险、基本医疗保险、失业保险等社会保险费和住房公积金等（即"三险一金"）；

专项附加扣除：包括子女教育、继续教育、大病医疗、住房贷款利息或者住房租金、赡养老人、3岁以下婴幼儿照护等支出；

依法确定的其他扣除：包括个人缴付符合国家规定的企业年金、职业年金，个人购买符合国家规定的商业健康保险、税收递延型商业养老保险的支出，以及国务院规定可以扣除的其他项目。

（二）确定税率及速算扣除数

综合所得税率表见表5-5。

表5-5　　　　　　　　　　　　　综合所得税率表

级　数	年应纳税所得额	税率（%）	速算扣除数（元）
1	不超过36 000元的部分	3	0
2	超过36 000元至144 000元的部分	10	2 520.00
3	超过144 000元至300 000元的部分	20	16 920.00
4	超过300 000元至420 000元的部分	25	31 920.00
5	超过420 000元至660 000元的部分	30	52 920.00
6	超过660 000元至960 000元的部分	35	85 920.00
7	超过960 000元的部分	45	181 920.00

（三）计算累计应纳所得税

应纳所得税 = 应纳税所得额 × 税率 – 速算扣除数

（四）计算应补（退）税款

应补（退）所得税 = 应纳所得税 – 累计预缴税额

四、实训注意事项

（一）需要汇算清缴的情形

（1）在两处或者两处以上取得综合所得，且综合所得年收入额减除专项扣除的余额超过6万元；

（2）取得劳务报酬所得、稿酬所得、特许权使用费所得中一项或者多项，且综合所得年收入额减除专项扣除的余额超过6万元；

（3）纳税年度内预缴税额低于应纳税额；

（4）纳税人需要退税。

对于只取得一处工资薪金所得的纳税人，可在日常预缴环节缴纳全部税款的，不需办理汇算清缴。

（二）规定标准的扣除项目

（1）个体工商户生产经营活动中，应当分别核算生产经营费用和个人、家庭费用。对于生产经营与个人、家庭生活混用难以分清的费用，其40%视为与生产经营有关的费用，准予扣除。

（2）个体工商户纳税年度发生的亏损，准予向以后年度结转，用以后年度的生产经营所得弥补，但结转年限最长不得超过五年。

（3）个体工商户实际支付给从业人员的、合理的工资薪金支出，准予扣除。个体工商户业主的工资薪金支出不得税前扣除。

（4）个体工商户按照规定的范围和标准为其业主和从业人员缴纳的基本养老保险费、基本医疗保险费、失业保险费、工伤保险费和住房公积金等，准予扣除。

（5）个体工商户为从业人员缴纳的补充养老保险费、补充医疗保险费，分别在不超过从业人员工资总额5%标准内的部分据实扣除；超过部分，不得扣除。

（6）个体工商户业主本人缴纳的补充养老保险费、补充医疗保险费，以当地（地级市）上年度社会平均工资的3倍为计算基数，分别在不超过该计算基数5%标准内的部分据实扣除；超过部分，不得扣除。

五、实训任务

张阳2021年每月税前工资10 000元，个人缴付三险一金2 000元，全年单位代扣代缴个人所得税1 080元，有2个孩子在读书，预缴个人所得税时没有申报子女教育专项附加扣除。假设张阳2个孩子的子女教育专项附加扣除都由张阳申报。

要求：分析2022年汇算清缴时是退税还是补税。

六、任务解答

全年应纳税所得额 = 全年综合所得收入（10 000 × 12） − 费用扣除标准（全年60 000元） − 专项扣除（2 000 × 12） − 专项附加扣除（2 000 × 12） = 12 000（元）

全年应纳税额 = 全年应纳税所得额 × 对应税率 − 速算扣除数 = 12 000 × 3% − 0 = 360（元）

单位全年代扣代缴1 080元个人所得税，所以张阳可以申请退税720元（1 080 − 360）。

任务六 个人所得税税款计算
——财产转让所得

一、实训目的

1.能判断是否属于财产转让所得；
2.能正确计算财产转让所得的个人所得税；
3.培养学生诚实守信、坚持准则的职业道德。

二、实训材料

1.个人所得税计算表；
2.个人所得税税率表。

三、实训内容和步骤

（一）确定应纳税所得额

财产转让所得是指个人转让有价证券、股票、建筑物、土地使用权、机器设备、车船以及其他财产取得的所得。

$$应纳税所得额 = 每次收入额 - 财产原值 - 合理税费$$

（二）确定应纳税额

$$应纳税额 = 应纳税所得额 \times 适用税率（20\%）$$

四、实训注意事项

（一）扣缴义务人

个人从单位取得的所得，由发放所得的单位代扣代缴个人所得税。

（二）股票转让所得

鉴于我国证券市场发育还不成熟，股份制还处于试点阶段，对股票转让所得的计算、征税办法和纳税期限的确认等都需要作深入的调查研究，因此，经国务院批准，对股票转让所得暂不征收个人所得税。

（三）个人出售自有住房

（1）2022年10月1日至2023年12月31日，对出售自有住房并在现住房出售后1年内在市场重新购买住房的纳税人，对其出售现住房已缴纳的个人所得税予以退税优惠。其中，新购住房金额大于或等于现住房转让金额的，全部退还已缴纳的个人所得税；新购住房金额小于现住房转让金额的，按新购住房金额占现住房转让金额的比例退还出售现住房已缴纳的个人所得税。

（2）对个人转让自用5年以上，且是家庭唯一生活用房取得的所得，免征个人所得税。

五、实训任务

2022年2月，张某出售一居住3年的普通住房，原值120万元，售价300万元，售房过程中发生税费20万元，取得相关票据。

要求：计算张某需要缴纳的个人所得税。

六、任务解答

应纳税所得额 = 300 − 120 − 20 = 160（万元）
应交个人所得税 = 160 × 20% = 32（万元）

任务七　个人所得税税款计算
——财产租赁所得

一、实训目的

1.能判断是否属于财产租赁所得；
2.能正确计算财产租赁所得的个人所得税；
3.培养学生诚实守信、坚持准则的职业道德。

二、实训材料

1.个人所得税计算表；
2.个人所得税税率表。

三、实训内容和步骤

（一）确定应纳税所得额

财产租赁所得，即个人出租建筑物、土地使用权、机器设备、车船以及其他财产取得的所得。

应纳税所得额 = 每次收入额 − 允许扣除的税费 − 修缮费用 − 费用扣除标准

每次收入不超过4 000元的，费用扣除标准为800元；每次收入超过4 000元的，费用扣除标准为收入的20%。

（二）确定应纳税额

应纳税额 = 应纳税所得额 × 适用税率（20%）

四、实训注意事项

（一）纳税人的确定

财产租赁所得的纳税义务人，以产权凭证为依据，即产权属于谁，就由谁纳税。

（二）收入的确定

按次计税，一个月收入为一次。允许扣除的税费，是指租赁过程中缴纳的各种税费，但不包括增值税。

（三）费用扣除的顺序

（1）租赁过程中缴纳的税费，包括城市维护建设税、教育费附加、房产税；

（2）由纳税人负担的为该出租财产实际开支的修缮费用，以每次800元为限分次扣除；

（3）税法规定的费用扣除标准，即每次收入不超过4 000元的，扣除费用为800元；4 000元以上的，扣除费用为收入额的20%。

（四）税收优惠

自2001年1月1日起，对个人出租房屋取得的所得，暂减按10%的税率征收个人所得税。

五、实训任务

王某购置一台挖掘机出租给企业，月租金3万元，3月份支付修缮费4 000元，相关税费均取得纳税凭证。

要求：计算王某3月份个人所得税。

六、任务解答

（1）每月3万元租金收入为含税金额，不含增值税收入 = 30 000 ÷（1 + 3%）= 29 126.21（元）；

（2）缴纳城市维护建设税、教育费附加和地方教育附加314.56元；

（3）4 000元修缮费当月只能扣除800元；

（4）应纳税所得额 =（29 126.21 － 314.56 － 800）× 80% = 22 409.32（元）

（5）应缴纳个人所得税 = 22 409.32 × 20% = 4 481.86（元）

任务八　个人所得税税款计算
——股息红利所得、偶然所得

一、实训目的

1.能正确计算股息红利所得个人所得税；

2.能正确计算偶然所得个人所得税；

3.培养学生诚实守信、坚持准则的职业道德。

二、实训材料

1.个人所得税计算表；

2.个人所得税税率表。

三、实训内容和步骤

（一）确定应纳税所得额

股息红利所得的应纳税所得额为投资者实际取得的股息红利所得；

偶然所得的应纳税所得额为个人得奖、中奖、中彩以及其他偶然性质的所得。

（二）确定应纳税额

应纳税额 = 应纳税所得额 × 适用税率（20%）

四、实训注意事项

（一）关于上市公司股息红利差别化个人所得税政策

个人从公开发行和转让市场取得的上市公司股票，持股期限在1个月以内（含1个月）的，其股息红利所得全额计入应纳税所得额；持股期限在1个月以上至1年（含1年）的，暂减按50%计入应纳税所得额；上述所得统一适用20%的税率计征个人所得税。

上市公司派发股息红利时，对个人持股1年以内（含1年）的，上市公司暂不扣缴个人所得税；待个人转让股票时，证券登记结算公司根据其持股期限计算应纳税额，由证券公司等股份托管机构从个人资金账户中扣收并划付证券登记结算公司，证券登记结算公司应于次月5个工作日内划付上市公司，上市公司在收到税款当月的法定申报期内向主管税务机关申报缴纳。

（二）捐赠的扣除

个人取得分类所得用于公益性捐赠的部分，可在捐赠当月取得的分类所得的应纳税所得额中扣除。当月有多项多次分类所得的，应先在其中一项一次分类所得中扣除。已经在分类所得中扣除的公益性捐赠支出，不再调整到其他所得中扣除。

五、实训任务

王某购买体育彩票，中奖2万元，将其中1万元捐赠给红十字会。

要求：计算体彩中心为王某代扣代缴的个人所得税。

六、任务解答

（1）应纳税所得额 = 20 000元

（2）对红十字会捐赠可以全额扣除；

（3）扣除捐赠后的应纳税所得额 = 20 000 - 10 000 = 10 000（元）

（4）应纳税额 = 扣除捐赠后的应纳税所得额 × 20% = 10 000 × 20% = 2 000（元）

任务九 个人所得税税款计算
——经营所得

一、实训目的

1.能正确计算经营所得应纳税所得额；

2.能正确计算经营所得应纳税额；

3.培养学生诚实守信、坚持准则的职业道德。

二、实训材料

1.个体工商户经营数据；

2.经营所得个人所得税税率表。

三、实训内容和步骤

（一）确定应纳税所得额

经营所得应纳税所得额 = 年度收入总额 − （成本 + 费用 + 损失）

"收入总额"是指个体工商户、个人独资企业、合伙企业以及个人从事生产、经营活动取得的各项收入；"成本、费用和损失"是指个体工商户、个人独资企业、合伙企业以及个人从事生产、经营活动所发生的各项直接费用、间接费用、期间费用和营业外支出。

（二）确定税率

经营所得个人所得税税率表见表5-6。

表5-6　　　　　　　　　　　经营所得个人所得税税率表

级数	年应纳税所得额	税率（%）	速算扣除数（元）
1	不超过30 000元的部分	5	0
2	超过30 000元至90 000元的部分	10	1 500
3	超过90 000元至300 000元的部分	20	10 500
4	超过300 000元至500 000元的部分	30	40 500
5	超过500 000元的部分	35	65 500

（三）计算应纳税额

应纳税额 = 应纳税所得额 × 税率 − 速算扣除数

四、实训注意事项

（一）不允许扣除的项目

（1）个人所得税税款；

（2）税收滞纳金；

（3）罚金、罚款和被没收财物的损失；

（4）不符合扣除规定的捐赠支出；

（5）赞助支出；

（6）用于个人和家庭的支出；

（7）与取得生产经营收入无关的其他支出；

（8）投资者（如个体工商户业主）工资薪金支出；

（9）个体工商户代其从业人员或者他人负担的税款，不得税前扣除；

（10）其他不允许扣除的支出。

（二）相关扣除

取得经营所得的个人，没有综合所得的，计算其每一纳税年度的应纳税所得额时，应当减除费用6万元、专项扣除、专项附加扣除以及依法确定的其他扣除。专项附加扣除在办理汇算清缴时减除。

五、实训任务

个体工商户刘某2022年发生的相关财务数据如下：

（1）取得营业收入196万元，发生营业成本112万元，税金及附加8万元（包含已经预缴的个人所得税3万元）；

（2）发生销售费用12.5万元（其中业务宣传费5万元，其他销售费用7.5万元）；

（3）发生管理费用22万元（其中业主刘某的工资薪金4.8万元，其他员工的工资薪金12.8万元，职工福利费1.2万元，业务招待费3万元，其他管理费用0.2万元）；

（4）财务费用0.3万元；

（5）其他支出0.5万元，为行政性罚款支出。

刘某除以上经营所得外，未取得综合所得。

2022年，刘某费用减除标准6万元；专项扣除1.248万元（其中养老保险费0.96万元，医疗保险费0.288万元）；专项附加扣除3.6万元（其中子女教育1.2万元，赡养老人1.2万元，住房贷款利息1.2万元）。

要求：计算该个体工商户2022年应纳税额。

六、任务解答

（1）经营所得利润总额 = 196 - 112 - 8 - 12.5 - 22 - 0.3 - 0.5 = 40.7（万元）

（2）职工福利费调整：扣除限额 = 12.8 × 14% = 1.792（万元），实际发生额1.2万元，无须作纳税调整；

业务宣传费调整：扣除限额 = 196 × 15% = 29.4（万元），实际发生额5万元，无须作纳税调整；

业务招待费调整：3 × 60% = 1.8（万元），196 × 5‰ = 0.98（万元），调增 = 3 - 0.98 = 2.02（万元）。

（3）不允许扣除的项目：业主工资4.8万元；行政性罚款支出0.5万元；预缴个人所得税3万元。

（4）应纳税所得额 = 40.7 + 2.02 + 4.8 + 0.5 + 3 − 6 − 1.248 − 3.6 = 40.172（万元）

（5）应纳税额 = 40.172 × 30% − 4.05 = 8.0016（万元）

（6）应补缴税额 = 8.0016 − 3 = 5.0016（万元）

任务十　个人所得税纳税申报
——人员信息采集

一、实训目的

1.能正确进行纳税人人员信息采集工作；

2.培养学生依法纳税的意识，提高社会责任感；

3.培养学生诚实守信、坚持准则的职业道德。

二、实训材料

纳税人及扣缴义务单位基本信息。

三、实训内容和步骤

（一）采集基本信息

因扣缴义务人扣款税款时，均需填写"基础信息"栏，所以需要事先进行人员信息采集，采集的信息包括姓名、身份证件类型、身份证件号码、纳税人识别号等。纳税人基础信息填报不完整、不准确的，将对纳税人年度自行申报和享受专项附加扣除政策产生不利影响，因此扣缴义务人应在办理扣缴申报时，一并向主管税务机关报送支付所得的所有人员信息及相关涉税信息资料。

新员工入职后，扣缴单位应在支付所得的次月按要求办理扣缴申报。申报时，首先应通过扣缴客户端软件"人员信息采集"功能进行自然人基础信息的采集和验证。人员信息采集的信息，主要针对的是"个人所得税基础信息表（A、B表）"，需要登记的相关信息如图5-1所示。人员状态：可以选择"正常"或"非正常"。正常，表示在职人员，即需要为其申报个人所得税的人员。非正常，表示离职人员。员工离职后，可以把状态改成"非正常"，填写申报表时，就无须再理会"非正常"人员了。

（1）基本信息

纳税人姓名：严格按照证件上的真实姓名填写。写错姓名，会给员工带来一定麻烦，如将来无法打印完税证明等。

国籍（地区）：境内人员，国籍只能填写"中国"；

证照类型：境内的职员，通常需要用"身份证"来登记人员信息。对于特殊人群也可以使用军官证、士兵证、武警警官证、中国护照等。

证照号码：根据所选证照类型填写正确的证照号码。若用身份证登记，身份证号码必须是正确的18位号码。

性别、出生年月：若使用身份证，此两项信息会自动根据身份证的信息带出，用户可以不填写。

职业：可以进行联想模糊搜索匹配。

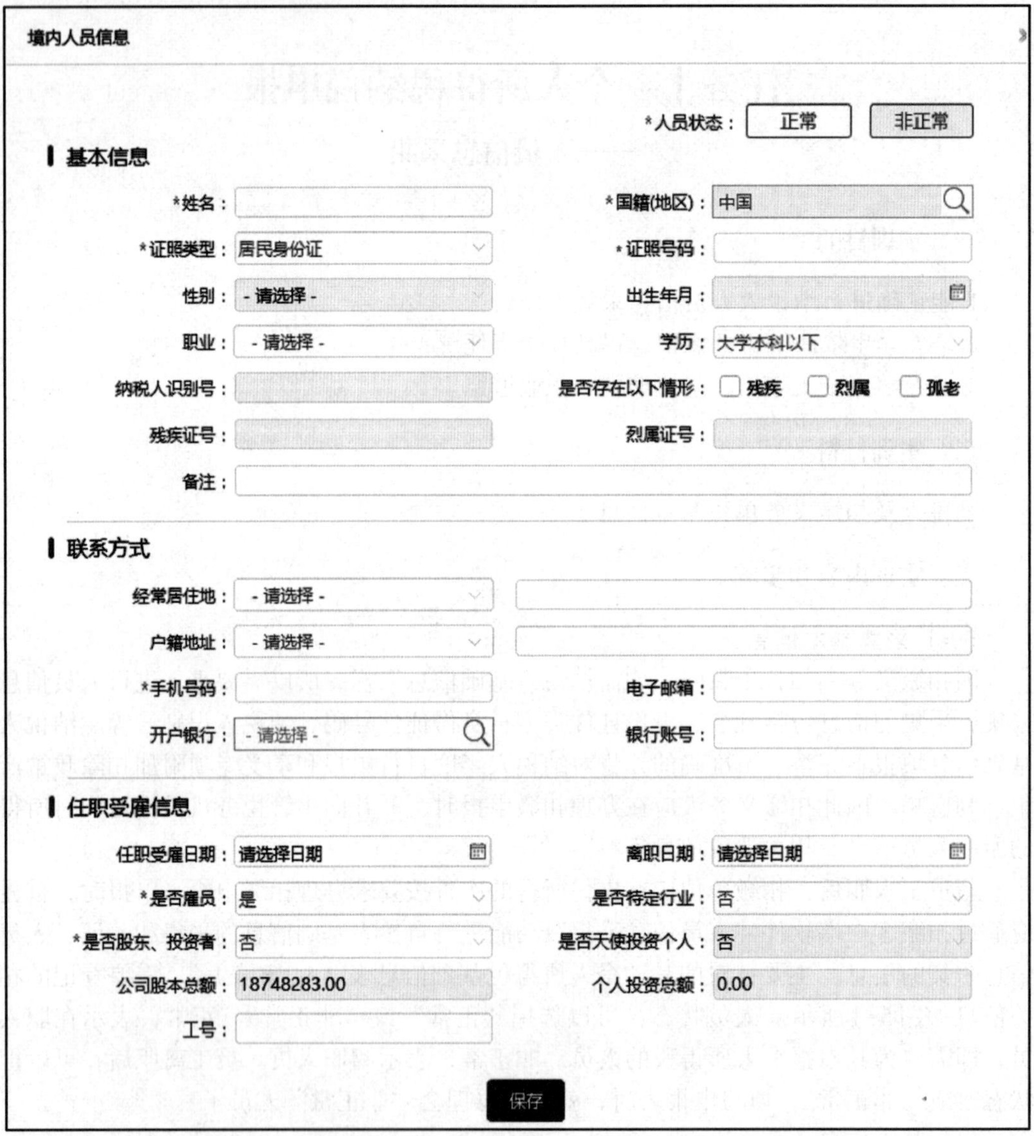

图 5-1 中的表单内容如下：

境内人员信息

　　　　　　　　　　　　　　　　　　　　*人员状态：　正常　　非正常

▌基本信息

　　　　*姓名：[　　　　　]　　　　*国籍(地区)：中国 🔍

　　*证照类型：居民身份证　　　　*证照号码：[　　　　　]

　　　　性别：- 请选择 -　　　　　出生年月：[　　　　📅]

　　　　职业：- 请选择 -　　　　　　学历：大学本科以下

　纳税人识别号：[　　　　　]　是否存在以下情形：☐残疾　☐烈属　☐孤老

　　残疾证号：[　　　　　]　　　　烈属证号：[　　　　　]

　　　　备注：[　　　　　]

▌联系方式

　　经常居住地：- 请选择 -　　　[　　　　　]

　　　户籍地址：- 请选择 -　　　[　　　　　]

　　*手机号码：[　　　　　]　　　　电子邮箱：[　　　　　]

　　　开户银行：- 请选择 - 🔍　　　银行账号：[　　　　　]

▌任职受雇信息

　　任职受雇日期：请选择日期 📅　　　　离职日期：请选择日期 📅

　　*是否雇员：是　　　　　　是否特定行业：否

　*是否股东、投资者：否　　　　是否天使投资个人：否

　　公司股本总额：18748283.00　　个人投资总额：0.00

　　　　工号：[　　　　　]

　　　　　　　　　　　　　保存

图 5-1　纳税人人员信息采集内容

学历：下拉选择对应学历。

纳税人识别号：纳税人完成税务登记后，税务机关所赋予的纳税人识别号，不可填。

是否存在以下情形：有本项所列情况的，进行勾选并且补充证照号码。

（2）联系方式

经常居住地/户籍地址：下拉项选择后，进行详细地址补充。

手机号码：填写纳税人11位电话号码。

电子邮箱：若是雇员则填电子邮箱。

开户银行：选择纳税人银行账号对应的开户银行。

银行账号：填写对应的银行账号。

（3）任职受雇信息

任职受雇日期：当"人员状态"为"正常"且"是否雇员"为"是"时必填。

离职日期：当"人员状态"为"非正常"且"是否雇员"为"是"时必填。

是否雇员：与单位存在任职受雇关系的人员，填写"是"；否则填写"否"。雇员一般需要申报工资薪金所得，非雇员申报劳务报酬所得等。

是否特定行业：特定行业是指采掘业、远洋运输业、远洋捕捞业。若存在则填写"是"；特定行业可享受每月4 800元的减除费用。

是否股东、投资者：若是扣缴单位的自然人股东、投资者，则选择"是"，不选择默认为"否"。

工号：为员工在单位的员工编号，不允许重复。

（二）人员信息采集操作

人员信息采集主要包括登记、编辑、查询和其他高级功能。这里主要介绍人员信息采集的登记功能。点击左边菜单：人员信息采集，打开人员信息采集列表，如图5-2所示。

图5-2　个人所得税扣缴客户端人员信息采集操作主界面

人员信息登记，即把需要申报的人员信息添加到软件中。目前的添加方式有两种：单个"添加"和批量"导入"，也就是界面中的前面两个选择按钮。单个添加人员的业务场景，适合于本单位人员信息较少的情况。若单位人员信息比较多，单个添加将会浪费很多时间，建议使用Excel批量导入人员信息到软件中。人员信息添加或导入后还需要报送登记，完成验证反馈后，才算是人员信息采集完毕。

1.单个"添加"

点击"添加"按钮，可以打开人员的添加界面。按照上面介绍的相关内容和含义，把相应信息录入正确后，点击"保存"按钮即可添加成功。

2.批量"导入"

当本单位人员信息较多时，可以使用批量导入功能。把人员信息填写到Excel中，一次性导入软件。点击：导入>模板下载，可以下载软件中提供的标准人员信息导入模板。按照模板中的格式，把人员信息填写到模板对应的位置，然后点击：导入>导入文件，选择已经填写好的文件，导入到软件中即可。

3."报送"登记

新增人员后，需要将自然人信息报送到客户端进行身份验证，在完成"报送"及"反馈"的操作后，扣缴客户端将通过与公安部门比对人员数据，反馈个人信息登记准确与否的情况，身份验证通过后可继续办理相关业务。如果身份验证不通过，需要对证件号码进行修改的，必须重新添加人员信息。

四、实训注意事项

（1）人员信息采集中，带"*"号的都是必填信息，其他非必填信息，用户可以根据实际情况选填。

（2）在进行人员信息采集时，若相关信息不符合规范，在"添加"或"导入"时会有对应的提示，如身份证号码不满足校验规则、姓名中不能有特殊字符等。在弹出相关提示时，按照提示要求，更改相关信息为合法信息后，重新保存即可。

（3）在人员信息报送时，如果身份验证不通过，很可能是人员信息登记有误，请财务人员仔细核对员工的有效身份证件原件，确属有误的应更正后重新上报；若员工证件核实无误但客户端仍提示未通过的，请通知员工持本人有效身份证件至当地办税服务厅现场办理身份核验。

五、实训任务

纳税人及扣缴义务单位基本信息见表5-7。

表5-7　　　　　　　个人所得税纳税人及扣缴义务单位基本信息

工号	姓名	性别	身份证号	受雇时间	联系电话	是否雇员	学历
0001	何天仁	男	230101198005040054	2016－02－01	15668090034	是	本科
0002	陈体国	男	370101196911080017	2016－02－05	18240063756	是	本科
0003	伊晟	男	46010119850715007X	2016－03－01	18723056453	是	本科
0004	赵瑞伟	男	230101197404150096	2016－04－01	15254170806	是	本科
0005	肖智	女	130183199001261701	2017－05－02	18153230036	是	本科
0006	杨李	男	23010119830619003X	2017－06－01	15666068808	是	本科
0007	叶美珍	女	130283199307038081	2017－08－09	15308190726	是	本科
0008	薛明	女	130425199401156129	2018－02－01	18092198023	是	本科
0009	林如海	女	130121199204041822	2018－03－01	15606350829	是	本科
0010	张霆	女	130582199203030026	2018－04－01	18124329009	是	本科

公司名称：浙江省某科技有限公司

电话：0571－56688000　邮编：330000

要求：按照正确流程进行纳税人信息采集。

六、任务解答

可以单个"添加"也可以批量"导入"，具体如图5-3所示。

□	工号	姓名	证照类型	证照号码	性别	人员状态	报送状态	身份验证…	手机号码
□	0010	张璺	居民身份证	130582199203030026	女	正常	报送成功	验证通过	18124329009
□	0009	林如海	居民身份证	130121199204041822	女	正常	报送成功	验证通过	15606350829
□	0008	薛明	居民身份证	130425199401156129	女	正常	报送成功	验证通过	18092198023
□	0007	叶美珍	居民身份证	130283199307038081	女	正常	报送成功	验证通过	15308190726
□	0006	杨李	居民身份证	23010119830619003X	男	正常	报送成功	验证通过	15666068808
□	0005	肖智	居民身份证	130183199001261701	女	正常	报送成功	验证通过	18153230036
□	0004	赵瑞伟	居民身份证	230101197404150096	男	正常	报送成功	验证通过	15254170806
□	0003	伊晨	居民身份证	46010119850715007X	男	正常	报送成功	验证通过	18723056453
□	0002	陈体国	居民身份证	370101196911080017	男	正常	报送成功	验证通过	18240063756
□	0001	何天仁	居民身份证	230101198005040054	男	正常	报送成功	验证通过	15668090034

图5-3　个人所得税纳税人信息采集

任务十一　个人所得税纳税申报
——专项附加扣除信息采集

一、实训目的

1.能正确进行纳税人专项附加扣除信息采集工作；
2.培养学生依法纳税的意识，提高社会责任感。

二、实训材料

1.纳税人及扣缴义务单位基本信息；
2.纳税人专项附加扣除信息。

三、实训内容和步骤

（一）员工报送专项附加扣除信息

根据《个人所得税法》第十一条的规定，"居民个人向扣缴义务人提供专项附加扣除信息的，扣缴义务人按月预扣预缴税款时应当按照规定予以扣除，不得拒绝"。《个人所得税法实施条例》进一步明确，对员工报送的专项附加扣除信息，扣缴单位应当接收并在工资、薪金所得预扣税款时按照规定如实扣除。具体办理时：

（1）员工以纸质表方式报送的，单位应当将员工报送信息如实录入扣缴端软件，在发薪次月办理扣缴申报时通过扣缴端软件提交给税务机关，同时将纸质表留存备查。

（2）员工以电子模板方式报送的，单位应当将电子模板信息导入扣缴端软件，在发薪次月办理扣缴申报时通过扣缴端软件提交给税务机关，同时将电子模板内容打印经员工签字、单位盖章后留存备查。

（3）员工通过税务部门提供的网络渠道（手机APP或各省电子税务局）填报专项附加扣除信息并选择扣缴单位办理扣除的，税务机关将根据纳税人的选择把专项附加扣除相关信息全部推送至单位，单位在使用扣缴端软件下载后，即可为员工办理扣除；该方式下，员工和扣缴单位无须留存纸质扣除信息表。

（4）单位使用扣缴端软件报税的，扣缴端软件将根据录入、导入或者从税务端系统下载的员工专项附加扣除信息，自动计算截至当前月份员工可在本单位享受的专项附加扣除累计金额，并在单位为员工计算税款时自动填入申报表"累计专项附加扣除"相应栏次。

（二）单位采集专项附加扣除信息

居民个人向扣缴义务人提供专项附加扣除信息的，扣缴义务人预扣预缴税款时应当按照规定予以扣除，不得拒绝。除大病医疗以外，子女教育、赡养老人、住房贷款利息、住房租金、继续教育、3岁以下婴幼儿照护，纳税人都可以选择在单位发放工资薪金时，按月享受专项附加扣除政策。首次享受时，纳税人可以填报"个人所得税专项附加扣除信息表"（见表5-8）给任职受雇单位，单位在每个月发放工资时，像"三险一金"一样，为员工办理专项附加扣除。下面将主要介绍"个人所得税专项附加扣除信息表"的填写内容。

表5-8　　　　　　　　　　　个人所得税专项附加扣除信息表

填报日期：　　　年　月　日　　　　　　扣除年度：

纳税人姓名：　　　　　　　　　　　纳税人识别号：□□□□□□□□□□□□□□□□□□

纳税人信息	手机号码		电子邮箱	
	联系地址		配偶情况	□有配偶　□无配偶
纳税人配偶信息	姓名	身份证件类型	身份证件号码	□□□□□□□□□□□□□□□□□□

一、子女教育

较上次报送信息是否发生变化：□首次报送（请填写全部信息）□无变化（不需重新填写）□有变化（请填写发生变化项目的信息）

	姓名		身份证件类型		身份证件号码	□□□□□□□□□□ □□□□□□□□
子女一	出生日期		当前受教育阶段		□学前教育阶段 □义务教育 □高中阶段教育 □高等教育	
	当前受教育阶段起始时间	年　月	当前受教育阶段结束时间	年　月	子女教育终止时间 *不再受教育时填写	年　月
	就读国家（或地区）		就读学校		本人扣除比例	□100%（全额扣除） □50%（平均扣除）
	姓名		身份证件类型		身份证件号码	□□□□□□□□□□ □□□□□□□□
子女二	出生日期		当前受教育阶段		□学前教育阶段 □义务教育 □高中阶段教育 □高等教育	
	当前受教育阶段起始时间	年　月	当前受教育阶段结束时间	年　月	子女教育终止时间 *不再受教育时填写	年　月
	就读国家（或地区）		就读学校		本人扣除比例	□100%（全额扣除） □50%（平均扣除）

二、继续教育						
较上次报送信息是否发生变化：□首次报送（请填写全部信息）□无变化（不需重新填写）□有变化（请填写发生变化项目的信息）						
学历（学位）继续教育	当前继续教育起始时间	年 月	当前继续教育结束时间	年 月	学历（学位）继续教育阶段	□专科 □本科 □硕士研究生 □博士研究生 □其他
职业资格继续教育	职业资格继续教育类型	□技能人员 □专业技术人员		证书名称		
	证书编号		发证机关		发证（批准）日期	

三、住房贷款利息						
较上次报送信息是否发生变化：□首次报送（请填写全部信息）□无变化（不需重新填写）□有变化（请填写发生变化项目的信息）						
房屋信息	住房坐落地址		省（区、市） 市 县（区） 街道（乡、镇）			
	产权证号/不动产登记号/商品房买卖合同号/预售合同号					
房贷信息	本人是否借款人		□是 □否	是否婚前各自首套贷款，且婚后分别扣除50%	□是 □否	
	公积金贷款丨贷款合同编号					
	贷款期限（月）			首次还款日期		
	商业贷款丨贷款合同编号			贷款银行		
	贷款期限（月）			首次还款日期		

四、住房租金					
较上次报送信息是否发生变化：□首次报送（请填写全部信息）□无变化（不需重新填写）□有变化（请填写发生变化项目的信息）					
房屋信息	住房坐落地址	省（区、市） 市 县（区） 街道（乡、镇）			
租赁情况	出租方（个人）姓名		身份证件类型	身份证件号码	□□□□□□□□□□□
	出租方（单位）名称			纳税人识别号（统一社会信用代码）	
	主要工作城市（*填写市一级）			住房租赁合同编号（非必填）	
	租赁期起			租赁期止	

五、赡养老人					
较上次报送信息是否发生变化：□首次报送（请填写全部信息）□无变化（不需重新填写）□有变化（请填写发生变化项目的信息）					
纳税人身份		□独生子女 □非独生子女			
被赡养人一	姓名		身份证件类型	身份证件号码	□□□□□□□□□□□
	出生日期		与纳税人关系	□父亲 □母亲 □其他	
被赡养人二	姓名		身份证件类型	身份证件号码	□□□□□□□□□□□
	出生日期		与纳税人关系	□父亲 □母亲 □其他	
共同赡养人信息	姓名		身份证件类型	身份证件号码	□□□□□□□□□□□
	姓名		身份证件类型	身份证件号码	□□□□□□□□□□□
	姓名		身份证件类型	身份证件号码	□□□□□□□□□□□
	姓名		身份证件类型	身份证件号码	□□□□□□□□□□□
分摊方式 *独生子女不需填写		□平均分摊 □赡养人约定分摊 □被赡养人指定分摊		本年度月扣除金额	

六、大病医疗（仅限综合所得年度汇算清缴申报时填写）					
较上次报送信息是否发生变化：□首次报送（请填写全部信息）□无变化（不需重新填写）□有变化（请填写发生变化项目的信息）					
患者一	姓名		身份证件类型		身份证件号码	□□□□□□□□□□□□□□□□□□
	医药费用总金额		个人负担金额		与纳税人关系	□本人□配偶□未成年子女
患者二	姓名		身份证件类型		身份证件号码	□□□□□□□□□□□□□□□□□□
	医药费用总金额		个人负担金额		与纳税人关系	□本人□配偶□未成年子女
七、3岁以下婴幼儿照护					
较上次报送信息是否发生变化：□首次报送（请填写全部信息）□无变化（不需重新填写）□有变化（请填写发生变化项目的信息）					
子女一	姓名		身份证件类型		身份证件号码	□□□□□□□□□□□□□□□□□□
	出生日期				本人扣除比例	□100%（全额扣除） □50%（平均扣除）
子女二	姓名		身份证件类型		身份证件号码	□□□□□□□□□□□□□□□□□□
	出生日期				本人扣除比例	□100%（全额扣除） □50%（平均扣除）
需要在任职受雇单位预扣预缴工资、薪金所得个人所得税时享受专项附加扣除的，填写本栏					
重要提示：当您填写本栏，表示您已同意该任职受雇单位使用本表信息为您办理专项附加扣除。					
扣缴义务人名称			扣缴义务人纳税人识别号 （统一社会信用代码）			□□□□□□□□□□□□□□□□□□
本人承诺：我已仔细阅读填表说明，并根据《中华人民共和国个人所得税法》及其实施条例、《个人所得税专项附加扣除暂行办法》《个人所得税专项附加扣除操作办法（试行）》等相关法律法规规定填写本表。本人已就所填扣除信息进行了核对，并对所填内容的真实性、准确性、完整性负责。 　　　　　　　　　　　　　　　　　　　　　　　　　　纳税人签字：　　年　月　日					
扣缴义务人签章： 经办人签字： 接收日期：　年　月　日	代理机构签章： 代理机构统一社会信用代码： 经办人签字： 经办人身份证件号码：		受理人： 受理税务机关（章）： 　　受理日期：　年　月　日		

　　纳税人首次填报专项附加扣除信息表时，应将本人所涉及的专项附加扣除信息表内各信息项填写完整。纳税人相关信息发生变化的，应及时更新此表相关信息项，并报送至扣缴义务人或税务机关。

　　1.表头项目（见表5-9）

　　填报日期：纳税人填写本表时的日期；

　　扣除年度：填写纳税人享受专项附加扣除的所属年度；

　　纳税人姓名：填写自然人纳税人姓名；

　　纳税人识别号：纳税人有中国居民身份证的，填写公民身份号码；没有公民身份号码的，填写税务机关赋予的纳税人识别号。

表5-9　　　　　　　　　　　个人所得税专项附加扣除信息表表头项目

填报日期：　年　月　日	扣除年度：
纳税人姓名：	纳税人识别号：□□□□□□□□□□□□□□□□□□

2.表内基础信息栏（见表5-10）

表5-10　　　　　　　　个人所得税专项附加扣除信息表表内基础信息

纳税人信息	手机号码		电子邮箱	
	联系地址		配偶情况	□有配偶　□无配偶
纳税人配偶信息	姓名	身份证件类型	身份证件号码	□□□□□□□□□□□□□□□□□□

纳税人信息：填写纳税人有效的手机号码、电子邮箱、联系地址。其中，手机号码为必填项。

纳税人配偶信息：纳税人有配偶的填写本栏，没有配偶的则不填。具体填写纳税人配偶的姓名、有效身份证件名称及号码。

3.子女教育（见表5-11）

表5-11　　　　　　　　个人所得税专项附加扣除信息表子女教育栏

较上次报送信息是否发生变化：□首次报送（请填写全部信息）□无变化（不需重新填写）□有变化（请填写发生变化项目的信息）				
子女一	姓名	身份证件类型	身份证件号码	□□□□□□□□□□□□□□□□□□
	出生日期	当前受教育阶段	□学前教育阶段 □义务教育 □高中阶段教育 □高等教育	
	当前受教育阶段起始时间　年　月	当前受教育阶段结束时间　年　月	子女教育终止时间 *不再受教育时填写	年　月
	就读国家（或地区）	就读学校	本人扣除比例	□100%（全额扣除）□50%（平均扣除）
子女二	姓名	身份证件类型	身份证件号码	□□□□□□□□□□□□□□□□□□
	出生日期	当前受教育阶段	□学前教育阶段 □义务教育 □高中阶段教育 □高等教育	
	当前受教育阶段起始时间　年　月	当前受教育阶段结束时间　年　月	子女教育终止时间 *不再受教育时填写	年　月
	就读国家（或地区）	就读学校	本人扣除比例	□100%（全额扣除）□50%（平均扣除）

子女姓名、身份证件类型及号码：填写纳税人子女的姓名、有效身份证件名称及号码。

出生日期：填写纳税人子女的出生日期，具体到年月日。

当前受教育阶段：选择纳税人子女当前的受教育阶段。区分"学前教育阶段、义务教育、高中阶段教育、高等教育"四种情形，在对应框内打"√"。

当前受教育阶段起始时间：填写纳税人子女处于当前受教育阶段的起始时间，具体到年月。

当前受教育阶段结束时间：填写纳税人子女当前受教育阶段的结束时间或预计结束的时间，具体到年月。

子女教育终止时间：填写纳税人子女不再接受符合子女教育扣除条件的学历教育的时间，具体到年月。

就读国家（或地区）、就读学校：填写纳税人子女就读的国家或地区名称、学校名称。

本人扣除比例：选择可扣除额度的分摊比例，由本人全额扣除的，选择"100%"，分摊扣除的，选择"50%"，在对应框内打"√"。

4. 继续教育（见表5-12）

表5-12　　　　　　　　个人所得税专项附加扣除信息表继续教育栏

二、继续教育						
较上次报送信息是否发生变化：□首次报送（请填写全部信息）□无变化（不需重新填写）□有变化（请填写发生变化项目的信息）						
学历（学位）继续教育	当前继续教育起始时间	年　月	当前继续教育结束时间	年　月	学历（学位）继续教育阶段	□专科 □本科 □硕士研究生 □博士研究生 □其他
职业资格继续教育	职业资格继续教育类型	□技能人员 □专业技术人员		证书名称		
	证书编号	发证机关		发证（批准）日期		

当前继续教育起始时间：填写接受当前学历（学位）继续教育的起始时间，具体到年月。

当前继续教育结束时间：填写接受当前学历（学位）继续教育的结束时间，或预计结束的时间，具体到年月。

学历（学位）继续教育阶段：区分"专科、本科、硕士研究生、博士研究生、其他"五种情形，在对应框内打"√"。

职业资格继续教育类型：区分"技能人员、专业技术人员"两种类型，在对应框内打"√"。证书名称、证书编号、发证机关、发证（批准）日期：填写纳税人取得的继续教育职业资格证书上注明的证书名称、证书编号、发证机关及发证（批准）日期。

5.住房贷款利息（见表5-13）

表5-13　　　　　　　个人所得税专项附加扣除信息表住房贷款利息栏

三、住房贷款利息				
较上次报送信息是否发生变化：□首次报送（请填写全部信息）□无变化（不需重新填写）□有变化（请填写发生变化项目的信息）				
房屋信息	住房坐落地址	省（区、市）　市　县（区）　街道（乡、镇）		
	产权证号/不动产登记号/商品房买卖合同号/预售合同号			
房贷信息	本人是否借款人	□是　□否	是否婚前各自首套贷款，且婚后分别扣除50%	□是　□否
	公积金贷款｜贷款合同编号			
	贷款期限（月）		首次还款日期	
	商业贷款｜贷款合同编号		贷款银行	
	贷款期限（月）		首次还款日期	

住房坐落地址：填写首套贷款房屋的详细地址，具体到楼门号。

产权证号/不动产登记号/商品房买卖合同号/预售合同号：填写首套贷款房屋的产权证、不动产登记证、商品房买卖合同或预售合同中的相应号码。所购买住房已取得房屋产权证的，填写产权证号或不动产登记号；所购买住房尚未取得房屋产权证的，填写商品房买卖合同号或预售合同号。

本人是否借款人：按实际情况选择"是"或"否"，并在对应框内打"√"。本人是借款人的情形，包括本人独立贷款、与配偶共同贷款的情形。如果选择"否"，则表头位置须填写配偶信息。

是否婚前各自首套贷款，且婚后分别扣除50%：按实际情况选择"是"或"否"，并在对应框内打"√"。该情形是指夫妻双方在婚前各有一套首套贷款住房，婚后选择按夫妻双方各50%份额扣除的情况。不填默认为"否"。

公积金贷款｜贷款合同编号：填写公积金贷款的贷款合同编号。

商业贷款｜贷款合同编号：填写与金融机构签订的住房商业贷款合同编号。

贷款期限（月）：填写住房贷款合同上注明的贷款期限，按月填写。

首次还款日期：填写住房贷款合同上注明的首次还款日期。

贷款银行：填写商业贷款的银行总行名称。

6.住房租金（见表5-14）

住房坐落地址：填写纳税人租赁房屋的详细地址，具体到楼门号。

出租方（个人）姓名、身份证件类型及号码：租赁房屋为个人的，填写本栏。具体填写住房租赁合同中的出租方姓名、有效身份证件名称及号码。

出租方（单位）名称、纳税人识别号（统一社会信用代码）：租赁房屋为单位所有的，填写单位法定名称全称及纳税人识别号（统一社会信用代码）。

表5-14　　　　　　　　个人所得税专项附加扣除信息表住房租金栏

四、住房租金				
较上次报送信息是否发生变化：□首次报送（请填写全部信息）□无变化（不需重新填写）□有变化（请填写发生变化项目的信息）				
房屋信息	住房坐落地址	省（区、市）　　市　　县（区）　　街道（乡、镇）		
租赁情况	出租方（个人）姓名	身份证件类型	身份证件号码	□□□□□□□□□□□□□□□□□□
	出租方（单位）名称		纳税人识别号（统一社会信用代码）	
	主要工作城市（*填写市一级）		住房租赁合同编号（非必填）	
	租赁期起		租赁期止	

主要工作城市：填写纳税人任职受雇的直辖市、计划单列市、副省级城市、地级市（地区、州、盟）。无任职受雇单位的，填写其办理汇算清缴地所在城市。

住房租赁合同编号（非必填）：填写签订的住房租赁合同编号。

租赁期起、租赁期止：填写纳税人住房租赁合同上注明的租赁起、止日期，具体到年月。提前终止合同（协议）的，以实际租赁期限为准。

7.赡养老人（见表5-15）

纳税人身份：区分"独生子女""非独生子女"两种情形，并在对应框内打"√"。

被赡养人姓名、身份证件类型及号码：填写被赡养人的姓名、有效证件名称及号码。

被赡养人出生日期：填写被赡养人的出生日期，具体到年月。

与纳税人关系：按被赡养人与纳税人的关系填报，区分"父亲""母亲""其他"三种情形，在对应框内打"√"。

共同赡养人信息：纳税人为非独生子女时填写本栏，独生子女无须填写。填写与纳税人实际承担共同赡养义务的人员信息，包括姓名、身份证件类型及号码。

分摊方式：纳税人为非独生子女时填写本栏，独生子女无须填写。区分"平均分摊""赡养人约定分摊""被赡养人指定分摊"三种情形，并在对应框内打"√"。

本年度月扣除金额：填写扣除年度内，按政策规定计算的纳税人每月可以享受的赡养老人专项附加扣除的金额。

表5-15　　　　　　　　　　个人所得税专项附加扣除信息表赡养老人栏

五、赡养老人					
较上次报送信息是否发生变化：□首次报送（请填写全部信息）□无变化（不需重新填写）□有变化（请填写发生变化项目的信息）					
纳税人身份		□独生子女　非独生子女			
被赡养人一	姓名		身份证件类型	身份证件号码	□□□□□□□□ □□□□□□□□□
	出生日期		与纳税人关系	□父亲　□母亲　□其他	
被赡养人二	姓名		身份证件类型	身份证件号码	□□□□□□□□ □□□□□□□□□
	出生日期		与纳税人关系	□父亲　□母亲　□其他	
共同赡养人信息	姓名		身份证件类型	身份证件号码	□□□□□□□□ □□□□□□□□□
	姓名		身份证件类型	身份证件号码	□□□□□□□□ □□□□□□□□□
	姓名		身份证件类型	身份证件号码	□□□□□□□□ □□□□□□□□□
	姓名		身份证件类型	身份证件号码	□□□□□□□□ □□□□□□□□□
分摊方式 *独生子女不需填写		□平均分摊　□赡养人约定分摊 □被赡养人指定分摊		本年度月扣除金额	

8.大病医疗（见表5-16）

表5-16　　　　　　　　　　个人所得税专项附加扣除信息表大病医疗栏

六、大病医疗（仅限综合所得年度汇算清缴申报时填写）					
较上次报送信息是否发生变化：□首次报送（请填写全部信息）□无变化（不需重新填写）□有变化（请填写发生变化项目的信息）					
患者一	姓名		身份证件类型	身份证件号码	□□□□□□□□ □□□□□□□□□
	医药费用总金额		个人负担金额	与纳税人关系	□本人□配偶 □未成年子女
患者二	姓名		身份证件类型	身份证件号码	□□□□□□□□ □□□□□□□□□
	医药费用总金额		个人负担金额	与纳税人关系	□本人□配偶 □未成年子女

患者姓名、身份证件类型及号码：填写享受大病医疗专项附加扣除的患者姓名、有效证件名称及号码。

医药费用总金额：填写社会医疗保险管理信息系统记录的与基本医保相关的医药费用总金额。

个人负担金额：填写社会医疗保险管理信息系统记录的基本医保目录范围内扣除医保报销后的个人自付部分。

与纳税人关系：按患者与纳税人的关系填报，区分"本人""配偶""未成年子女"三种情形，在对应框内打"√"。

9.3岁以下婴幼儿照护（见表5-17）

表5-17　　　　　　个人所得税专项附加扣除信息表3岁以下婴幼儿照护栏

七、3岁以下婴幼儿照护				
较上次报送信息是否发生变化：□首次报送（请填写全部信息）□无变化（不需重新填写）□有变化（请填写发生变化项目的信息）				
子女一	姓名	身份证件类型	身份证件号码	□□□□□□□□□□□□□□□□□□
	出生日期		本人扣除比例	□100%（全额扣除） □50%（平均扣除）
子女二	姓名	身份证件类型	身份证件号码	□□□□□□□□□□□□□□□□□□
	出生日期		本人扣除比例	□100%（全额扣除） □50%（平均扣除）

子女姓名、身份证件类型及号码：填写纳税人子女的姓名、有效证件名称（如居民身份证、出生医学证明等）及号码；

出生日期：填写纳税人子女的出生日期，具体到年月日；

扣除比例：选择可扣除额度的分摊比例，由本人全额扣除的，选择"100%"，分摊扣除的，选择"50%"，在对应框内打"√"。

10.扣缴义务人信息及签名栏

纳税人选择由任职受雇单位办理专项附加扣除的填写该信息栏。

扣缴义务人名称、纳税人识别号（统一社会信用代码）：纳税人由扣缴义务人在工资、薪金所得预扣预缴个人所得税时办理专项附加扣除的，填写扣缴义务人名称全称及纳税人识别号或统一社会信用代码。

"声明"栏：需由纳税人签字。

"扣缴义务人签章"栏：扣缴单位向税务机关申报的，应由扣缴单位签章，办理申报的经办人签字，并填写接收专项附加扣除信息的日期。

"代理机构签章"栏：代理机构代为办理纳税申报的，应填写代理机构统一社会信用代码，加盖代理机构印章，代理申报的经办人签字，并填写经办人身份证件号码。

纳税人或扣缴义务人委托专业机构代为办理专项附加扣除的，需代理机构签章。

（三）专项附加扣除信息采集客户端操作

专项附加扣除信息采集的自然人税收管理系统扣缴客户端功能主要包括登记、编辑、查询和其他高级功能。这里将主要介绍人员信息采集登记功能。点击左边菜单：专项附加扣除信息采集，根据具体情况选择信息采集的添加种类，有子女教育支出、继续教育支出、住房贷款利息支出、住房租金支出、赡养老人支出、3岁以下婴幼儿照护六项内容。

专项附加扣除信息登记，即把需要申报的人员信息添加到软件中。目前的添加方式有两种：单个"添加"和批量"导入"，也就是界面中的前面两个选择按钮。单个添加人员的业务，适合于本单位人员信息较少的情况。若单位人员信息比较多，单个添加将会浪费很多时间，建议使用Excel批量导入人员信息到软件中。人员信息添加或导入后还需要报送登记，完成验证反馈后，才算是专项附加扣除信息采集完毕。

1.单个"添加"

点击"添加"按钮，可以打开人员的添加界面。按照上面介绍的相关内容和含义，把相应信息录入正确后，点击"保存"按钮即可添加成功。

2.批量"导入"

当本单位人员专项附加扣除信息较多时，可以使用批量导入功能。把专项附加扣除信息填写到Excel中，一次性导入软件。点击：导入>模板下载，可以下载软件中提供的标准人员信息导入模板。按照模板中的格式，把人员信息填写到模板对应的位置，然后点击：导入>导入文件，选择已经填写好的文件，导入到软件中即可。

3."报送"登记

新增专项附加扣除信息后，需要将信息报送客户端进行验证，在完成"报送"及"反馈"的操作后，扣缴客户端将通过与公安部门人员数据比对，反馈信息登记准确与否的情况，验证通过后可继续办理相关业务。

四、实训注意事项

（1）专项附加扣除信息中，带"*"号的都是必填信息，其他非必填信息，用户可以根据实际情况选填。

（2）在进行专项附加扣除信息采集时，若相关信息不符合规范，在"添加"或"导入"时会有对应的提示，如身份证号码不满足校验规则、姓名中不能有特殊字符等。在弹出相关提示时，需按照提示要求，更改相关信息为合法信息后，重新保存即可。

（3）在专项附加扣除信息报送时，如果验证不通过，很可能人员信息登记有误，请财务人员仔细核对员工的有效身份证件原件等材料，确属有误的应更正后重新上报。

五、实训任务

纳税人基本信息见表5-18，扣缴义务单位基本信息如下：

表5-18　　　　　　　　　　　　　　　　纳税人基本信息

工号	姓名	性别	身份证号	受雇时间	联系电话	是否雇员	学历
0001	何天仁	男	230101198005040054	2016 - 02 - 01	15668090034	是	本科

公司名称：浙江省某科技有限公司

电话：0571 - 56688000　邮编：330000

收到总经理何天仁提交的专项附加扣除信息表，家庭情况如下：妻子苏如是家庭主妇（身份证：23010119790619003X），家中独子何雨浩（身份证：130425200701156129）正在杭州建德中学上初二。何天仁也是家中独子，需赡养父亲何大勇（身份证：370101195609290019）和母亲林如梅（身份证：340801196307020125）。

要求：按照正确流程进行纳税人专项附加扣除的信息采集。

六、任务解答

纳税人专项附加扣除信息如图5-4、图5-5所示。

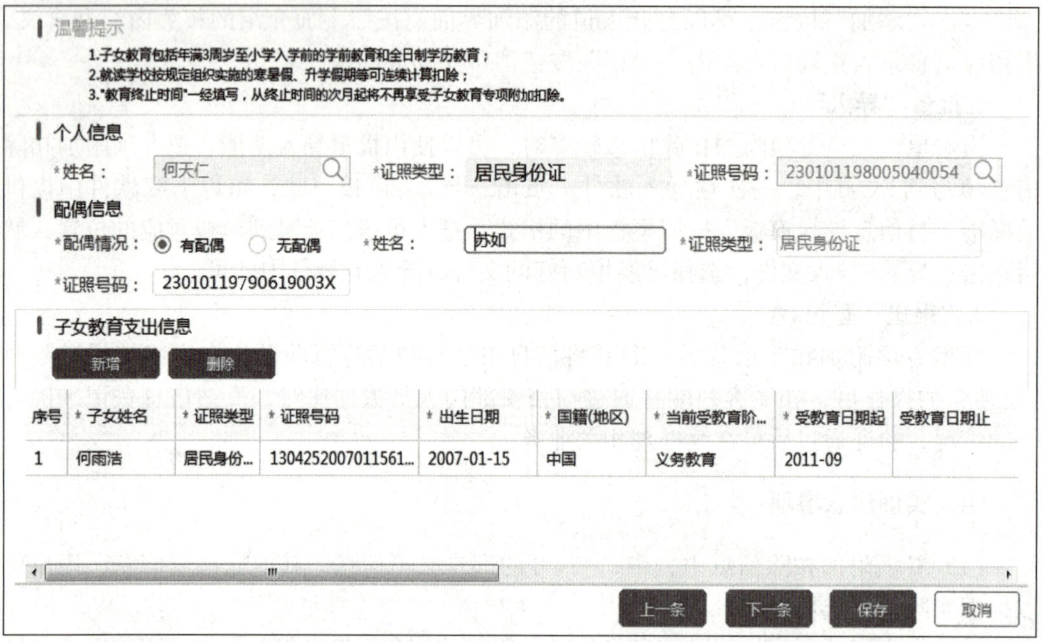

温馨提示

1.子女教育包括年满3周岁至小学入学前的学前教育和全日制学历教育；
2.就读学校按规定组织实施的寒暑假、升学假期等可连续计算扣除；
3."教育终止时间"一经填写，从终止时间的次月起将不再享受子女教育专项附加扣除。

个人信息

*姓名：何天仁　*证照类型：居民身份证　*证照号码：230101198005040054

配偶信息

*配偶情况：◉ 有配偶　○ 无配偶　*姓名：苏如　*证照类型：居民身份证

*证照号码：23010119790619003X

子女教育支出信息

新增　删除

序号	* 子女姓名	* 证照类型	* 证照号码	* 出生日期	* 国籍(地区)	* 当前受教育阶...	* 受教育日期起	受教育日期止
1	何雨浩	居民身份...	1304252007011561...	2007-01-15	中国	义务教育	2011-09	

上一条　下一条　保存　取消

图5-4　专项附加扣除信息——子女教育支出信息

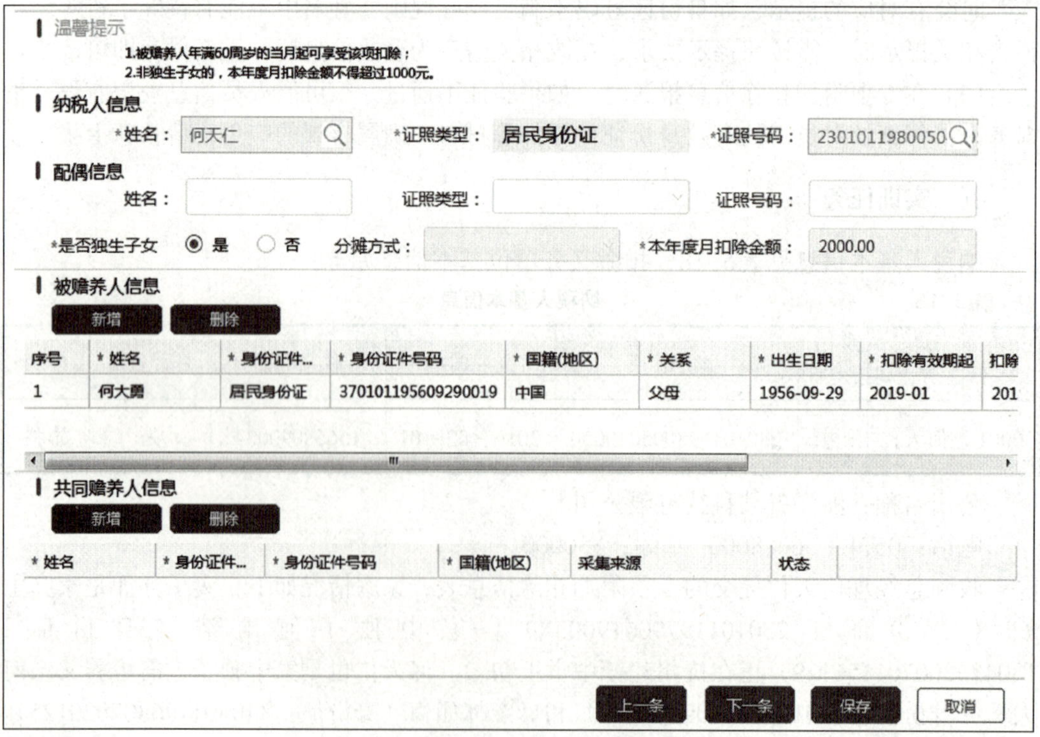

温馨提示

1.被赡养人年满60周岁的当月起可享受该项扣除；
2.非独生子女的，本年度月扣除金额不得超过1000元。

纳税人信息

*姓名：何天仁　*证照类型：居民身份证　*证照号码：2301011980050

配偶信息

姓名：　证照类型：　证照号码：

*是否独生子女　◉ 是　○ 否　分摊方式：　*本年度月扣除金额：2000.00

被赡养人信息

新增　删除

序号	* 姓名	* 身份证件...	* 身份证件号码	* 国籍(地区)	* 关系	* 出生日期	* 扣除有效期起	扣除
1	何大勇	居民身份证	370101195609290019	中国	父母	1956-09-29	2019-01	201

共同赡养人信息

新增　删除

* 姓名	* 身份证件...	* 身份证件号码	* 国籍(地区)	采集来源	状态

上一条　下一条　保存　取消

图5-5　专项附加扣除信息——被赡养人信息

任务十二　个人所得税纳税申报
——综合所得代扣代缴

一、实训目的

1.能正确填写工资薪金所得、劳务报酬所得、稿酬所得、特许权使用费所得的个人所得税扣缴申报表；

2.培养学生依法纳税的意识，提高社会责任感。

二、实训材料

1.纳税人及扣缴义务单位基本信息；

2.个人所得税扣缴申报表。

三、实训内容和步骤

（一）确定申报表类别

个人所得税的纳税申报包括个人自行申报和代扣代缴两种方式。代扣代缴指的是扣缴申报，是指按照税法的规定负有扣缴义务的单位或者个人，在向个人支付应税款项时，应当依照个人所得税法的规定预扣或者代扣税款，按时向税务机关报送扣缴个人所得税报告表，并专项记载备查。

扣缴义务人向居民个人支付工资、薪金所得，劳务报酬所得，稿酬所得和特许权使用费所得时实行预扣个人所得税。按照最新的预扣预缴方法公告，在纳税人累计工资薪金所得、劳务报酬所得收入不超过6万元的月份，暂不预扣预缴个人所得税；在其累计工资薪金所得、劳务报酬所得收入超过6万元的当月及年内后续月份，再预扣预缴个人所得税。

扣缴义务人应当按规定办理全员全额扣缴申报，并向税务机关报送"个人所得税扣缴申报表"，见表5-19，暂不预扣预缴个人所得税的在"个人所得税扣缴申报表"相应纳税人的备注栏注明"上年各月均有申报且全年收入不超过6万元"的字样。

表 5-19

个人所得税扣缴申报表

税款所属期：　年　月　日至　年　月　日　　　　　　　　　　金额单位：人民币元（列至角分）

扣缴义务人名称：

扣缴义务人纳税人识别号（统一社会信用代码）：□□□□□□□□□□□□□□□□□□

序号	姓名	身份证件类型	身份证件号码	纳税人识别号	是否为非居民个人	所得项目	收入额计算				专项扣除 本月（次）情况				其他扣除						累计情况			累计专项附加扣除						减按计税比例	准予扣除的捐赠额	税款计算							备注
							收入	费用	免税收入	减除费用	基本养老保险费	基本医疗保险费	失业保险费	住房公积金	年金	商业健康保险	税延养老保险	财产原值	允许扣除的税费	其他	累计收入额	累计减除费用	累计专项扣除	子女教育	继续教育	住房贷款利息	住房租金	赡养老人	3岁以下婴幼儿照护	累计其他扣除			应纳税所得额	税率/预扣率	速算扣除数	应纳税额	减免税额	已缴税额	应补/退税额	
1	2	3	4	5	6	7	8	9	10	11	12	13	14	15	16	17	18	19	20	21	22	23	24	25	26	27	28	29	30	31	32	33	34	35	36	37	38	39	40	41
1																																								
合计																																								

谨声明：本表是根据国家税收法律法规及相关规定填报的，是真实的、可靠的、完整的。

扣缴义务人（签章）：　　　　　　　　　　　　　　　　　年　月　日

经办人签字：

经办人身份证件号码：

代理机构签章：

代理机构统一社会信用代码：

受理人：

受理税务机关（章）：

受理日期：　年　月　日

（二）信息采集

1.人员信息采集

扣缴义务人扣缴税款时，均需填写"基础信息"栏，所以前期需要进行人员信息采集，包括姓名、身份证件类型、身份证件号码、纳税人识别号等信息。

2.专项附加扣除信息采集

居民个人向扣缴义务人提供专项附加扣除信息的，扣缴义务人在预扣预缴税款时应当按照规定予以扣除，不得拒绝。首次享受时，纳税人填报"个人所得税专项附加扣除信息表"给任职受雇单位，单位在每个月发放工资时，为居民个人办理专项附加扣除。

（三）计算应预扣预缴的税款

1.工资薪金所得

扣缴单位根据纳税人提交的专项附加扣除信息，计算应预扣预缴的税款，向税务机关办理全员全额纳税申报。在纳税人累计收入不超过6万元的月份，暂不预扣预缴个人所得税；在其累计收入超过6万元的当月及年内后续月份，再预扣预缴个人所得税。

2.劳务报酬、稿酬、特许权使用费所得

扣缴义务人向居民个人支付劳务报酬所得、稿酬所得、特许权使用费所得时，应该按以上三项综合所得以每次收入减除费用后的余额为收入额，当三项综合所得每次收入不超过4 000元的，减除费用按800元计算；当每次收入在4 000元以上的，减除费用按收入的20%计算。三项综合所得以每次收入额为预扣预缴应纳税所得额。

（1）劳务报酬所得

根据预扣预缴应纳税所得额乘以适用预扣率计算应预扣预缴税额，劳务报酬所得适用个人所得税预扣率见表5-20。对按照累计预扣法预扣预缴劳务报酬所得个人所得税的居民个人，扣缴义务人在纳税人累计收入不超过6万元的月份，暂不预扣预缴个人所得税；在其累计收入超过6万元的当月及年内后续月份，再预扣预缴个人所得税。

表5-20　　　个人所得税预扣率表——居民个人劳务报酬所得预扣预缴适用

级数	预扣预缴应纳税所得额	预扣率（%）	速算扣除数（元）
1	不超过20 000元的部分	20	0
2	超过20 000元至50 000元的部分	30	2 000
3	超过50 000元的部分	40	7 000

（2）稿酬所得

根据预扣预缴应纳税所得额乘以适用预扣率计算应预扣预缴税额，稿酬所得适用20%的比例预扣率。

（3）特许权使用费所得

根据预扣预缴应纳税所得额乘以适用预扣率计算应预扣预缴税额，特许权使用费所得适用20%的比例预扣率。

（四）填写扣缴申报表

扣缴义务人根据扣缴税款的不同情形，填写"个人所得税扣缴申报表"的对应栏次，具体如下：

1.表头项目

税款所属期：填写扣缴义务人代扣税款当月的第一日至最后一日。例如，2021年3月20日发放工资时代扣的税款，税款所属期填写"2021年3月1日至2021年3月31日"。

扣缴义务人名称：填写扣缴义务人的法定名称全称。

扣缴义务人纳税人识别号（统一社会信用代码）：填写扣缴义务人的纳税人识别号或统一社会信用代码。

2.基础信息栏次

扣缴义务人扣缴税款时，均需填写"基础信息栏"，本栏包括第1—7列，其中第6列"是否为非居民个人"栏，纳税人为非居民个人的填"是"，为居民个人的填"否"；第7列"所得项目"栏，同一纳税人取得多项或多次所得的，应分行填写。

3.居民个人工资、薪金所得的预扣预缴

主要填写"本月情况""累计情况""税款计算"栏次："本月情况"栏次，填写第8列、第10—18列、第21列，包括支付给纳税人的所得，以及按规定可以扣除的减除费用、专项扣除、其他扣除等。其中，第11列"减除费用"填写税法规定的减除费用标准，如2021年为5 000元/月。"累计情况"栏次，填写第22—31列，填写纳税年度内居民个人在本任职单位截至当前月份累计情况。其中，第25—30列填写累计专项附加扣除情况。如果扣缴义务人是通过扣缴客户端填写"个人所得税扣缴申报表"的，那么系统能实现数据累计汇总后自动填入本栏次，扣缴义务人仅需要确认结果即可。"税款计算"栏次，包括第34—40列，填写扣缴义务人当月扣缴个人所得税税款的计算情况，如果扣缴义务人使用扣缴客户端，将自动计算应纳税额。

4.劳务报酬、稿酬、特许权使用费所得

一般情况下填写第8—10列、第20—21列、第32—40列。预扣预缴居民个人劳务报酬所得、稿酬所得、特许权使用费所得个人所得税时，每次收入不超过4 000元的，费用填写800元；每次收入超过4 000元的，费用按收入的20%填写。扣缴非居民个人劳务报酬所得的个人所得税时，费用按收入的20%填写。第10列"免税收入"填写税法规定的免税收入金额，对稿酬所得的收入额减计30%的部分，填入本列。第20列"允许扣除的税费"与第21列"其他"填写与劳务报酬所得、稿酬所得、特许权使用费所得有关的扣除项目。第34列"应纳税所得额"填写本月（次）收入额减除可以扣除的税费、准予扣除的捐赠额后的余额。

5.其他栏次

"声明"：需由扣缴义务人签字或签章。"经办人"：由办理扣缴申报的经办人签字，并填写经办人身份证件号码。"代理机构"：代理机构代为办理扣缴申报的，应当填写代理机构统一社会信用代码，并由代理机构签章。

（五）年度纳税申报方式

纳税人可以采用远程办税端、邮寄等方式申报，也可以直接到主管税务机关申报。

纳税人可优先通过网上税务局（包括个人所得税APP）办理年度汇算，税务机关将按规定为纳税人提供申报表预填服务；不方便通过上述方式办理的，也可以通过邮寄方式或到办税服务厅办理。

四、实训注意事项

（一）专项扣除政策的享受途径

纳税人可以通过两种途径享受专项扣除政策：

（1）由单位按月发工资预扣税款时办理。除大病医疗以外，对其他六项扣除，纳税人可以选择在单位发放工资薪金时，按月享受专项附加扣除政策。

（2）自行在年度综合所得汇算清缴申报时办理。纳税人可以选择在次年3月1日至6月30日内，自行向汇缴地主管税务机关办理汇算清缴申报时进行专项附加扣除，税款多退少补；个人所得税专项附加扣除信息表随纳税申报表一并报送。

（二）纳税人专项扣除的审核

对纳税人的专项扣除需要进行严格的审核，具体审核内容：政策享受条件的审核、扣除标准和方式的审核、政策享受起止时间的审核、年度汇算可享受的补充扣除情形的审核、需留存备查资料的审核等。

五、实训任务

（一）综合所得申报——工资薪金所得

（1）纳税人及扣缴义务单位基本信息。

公司名称：浙江省某科技有限公司

电话：0571-56688000　邮编：330000

（2）2022年1月计算发放2021年12月工资薪金，并代扣代缴个人所得税。相关信息见表5-21和表5-22。

表5-21　　　　　　　　　纳税人个人信息汇总表

工号	姓名	性别	身份证号	受雇时间	联系电话	是否雇员	学历
0001	何天仁	男	230101198005040054	2016-02-01	15668090034	是	本科
0002	陈体国	男	370101196911080017	2016-02-05	18240063756	是	本科
0003	伊晟	男	46010119850715007X	2016-03-01	18723056453	是	本科
0004	赵瑞伟	男	230101197404150096	2016-04-01	15254170806	是	本科
0005	肖智	女	130183199001261701	2017-05-02	18153230036	是	本科
0006	杨李	男	23010119830619003X	2017-06-01	15666068808	是	本科
0007	叶美珍	女	130283199307038081	2017-08-09	15308190726	是	本科
0008	薛明	女	130425199401156129	2018-02-01	18092198023	是	本科
0009	林如海	女	130121199204041822	2018-03-01	15606350829	是	本科
0010	张霆	女	130582199203030026	2018-04-01	18124329009	是	本科

表 5-22　　　　　　　　　2021 年 12 月份工资薪金计算发放表　　　　　　　　单位：元

姓名	应发工资	养老保险	医疗保险	失业保险	住房公积金	代扣个人所得税	实发工资
何天仁	10 000.00	244.00	61.00	15.00	300.00		
陈体国	8 000.00	244.00	61.00	15.00	800.00		
伊晟	15 896.00	244.00	61.00	15.00	1 200.00		
赵瑞伟	12 563.21	244.00	61.00	15.00	1 200.00		
肖智	5 968.00	244.00	61.00	15.00	500.00		
杨李	9 861.36	244.00	61.00	15.00	900.00		
叶美珍	3 420.00	244.00	61.00	15.00	300.00		
薛明	4 310.25	244.00	61.00	15.00	400.00		
林如海	6 930.09	244.00	61.00	15.00	600.00		
张霆	4 692.30	244.00	61.00	15.00	300.00		

收到总经理何天仁提交的专项附加扣除信息表，家庭情况如下：妻子是家庭主妇苏如（身份证：23010119790619003X），家中独子何雨浩（身份证：130425200701156129）正在杭州建德中学上初二，何天仁也是家中独子，需赡养父亲何大勇（身份证：370101195609290019），母亲林如梅（身份证：340801196307020125）。

要求：根据企业和纳税人信息进行综合所得个人所得税代扣代缴申报。

（二）综合所得申报——劳务报酬所得

（1）纳税人及扣缴义务单位基本信息。

公司名称：浙江省某科技有限公司

电话：0571 - 56688000　邮编：330000

（2）综合所得申报——劳务报酬所得信息见表 5-23。

表 5-23　　　　　　　　纳税人劳务报酬所得信息汇总表　　　　　　　　单位：元

姓名	所得项目	收入额
洪艺芳	劳务报酬所得	126 930.56

要求：根据企业和纳税人信息进行综合所得个人所得税代扣代缴申报。

（三）综合所得申报——稿酬所得

（1）纳税人及扣缴义务单位基本信息。

公司名称：浙江省某科技有限公司

电话：0571 - 56688000　邮编：330000

（2）综合所得申报——稿酬所得信息见表 5-24。

表 5-24　　　　　　　　纳税人稿酬所得信息汇总表　　　　　　　　单位：元

姓名	所得项目	收入额
林芳	稿酬所得	8 692.69

要求：根据企业和纳税人信息进行个人所得税综合所得代扣代缴申报。

（四）综合所得申报——特许权使用费所得

1.纳税人及扣缴义务单位基本信息。

公司名称：浙江省某科技有限公司

电话：0571－56688000　邮编：330000

2.特许权使用费所得明细见表5-25。

表5-25　　　　　　　　　纳税人特许权使用费所得信息汇总表　　　　　　　　　单位：元

工号	姓名	所得项目	收入额
0018	杨子	特许权使用费所得	256 300.00

要求：根据企业和纳税人信息进行个人所得税综合所得代扣代缴申报。

六、任务解答

（一）综合所得申报——工资薪金所得

1.专项附加扣除信息表如图5-6所示。

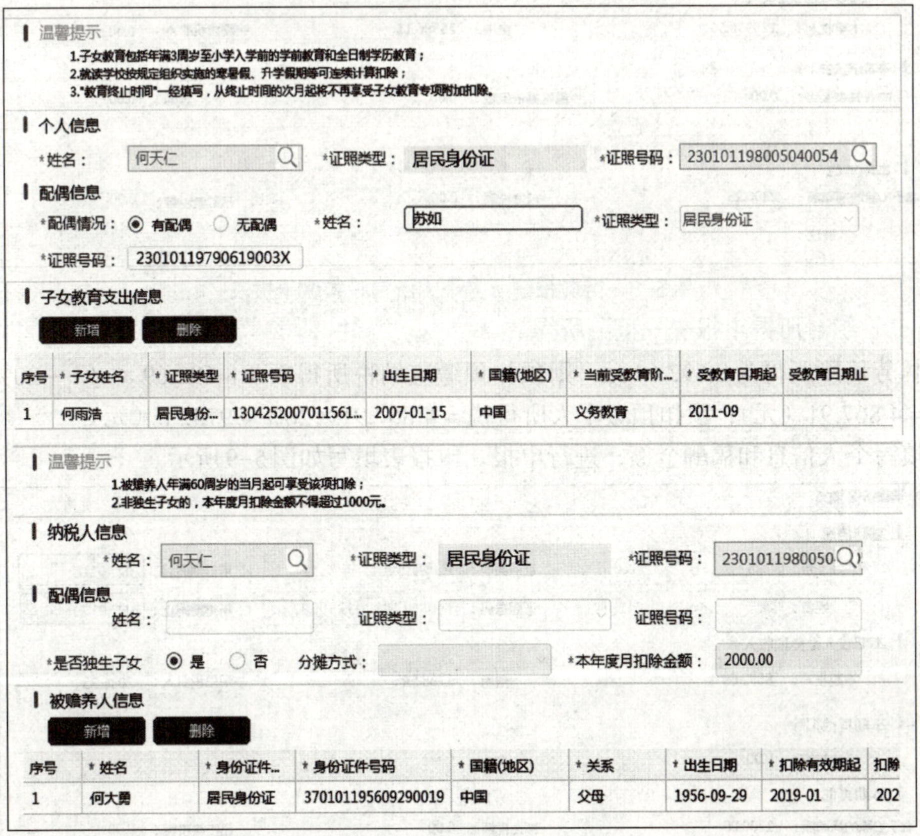

图5-6　专项附加扣除信息表

2.综合所得预扣预缴表——工资薪金所得如图5-7所示。

申报类型	申报状态						
正常申报	申报成功,未扣款					作废申报	更正申报
报表名称	纳税人数	累计收入额	应扣缴税额	已预缴税额	应补(退)税额	是否可申报	
综合所得预扣预缴表	10	81641.21	704.36	0.00	704.36	是	
正常工资薪金所得	10	81641.21	--	--	--	是	

图5-7　工资薪金所得个人所得税扣缴申报表

（二）综合所得申报——劳务报酬所得

洪艺芳劳务报酬所得为126 930.56元，则预扣预缴应纳税所得额 = 126 930.56 ×（1 − 20%） = 101 544.45（元），预扣预缴个人所得税 = 101 544.45 × 40% − 7 000 = 33 617.78（元）。

填写个人信息和劳务报酬金额，进行申报。申报表填写如图5-8所示。

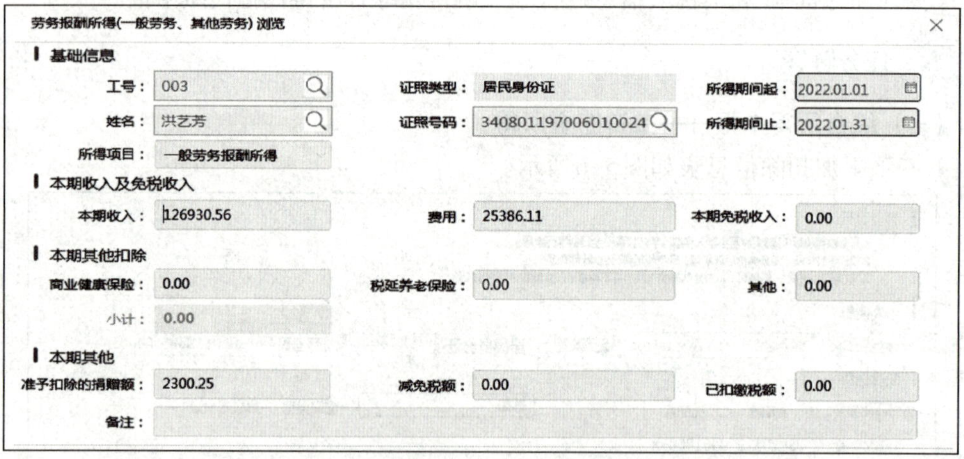
劳务报酬所得(一般劳务、其他劳务) 浏览

基础信息

工号：003　证照类型：居民身份证　所得期间起：2022.01.01

姓名：洪艺芳　证照号码：340801197006010024　所得期间止：2022.01.31

所得项目：一般劳务报酬所得

本期收入及免税收入

本期收入：126930.56　费用：25386.11　本期免税收入：0.00

本期其他扣除

商业健康保险：0.00　税延养老保险：0.00　其他：0.00

小计：0.00

本期其他

准予扣除的捐赠额：2300.25　减免税额：0.00　已扣缴税额：0.00

备注：

图5-8　劳务报酬所得个人所得税扣缴申报表

（三）综合所得申报——稿酬所得

林芳稿酬所得为8 692.69元，则预扣预缴应纳税所得额 = 8 692.69 ×（1 − 20%）× 70% = 4 867.91（元），预扣预缴个人所得税 = 4 867.91 × 20% = 973.58（元）。

填写个人信息和稿酬金额，进行申报。申报表填写如图5-9所示。

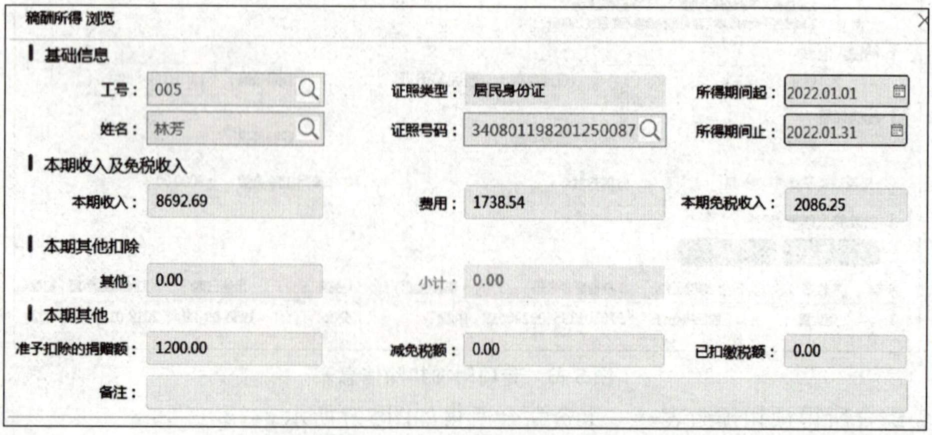
稿酬所得 浏览

基础信息

工号：005　证照类型：居民身份证　所得期间起：2022.01.01

姓名：林芳　证照号码：340801198201250087　所得期间止：2022.01.31

本期收入及免税收入

本期收入：8692.69　费用：1738.54　本期免税收入：2086.25

本期其他扣除

其他：0.00　小计：0.00

本期其他

准予扣除的捐赠额：1200.00　减免税额：0.00　已扣缴税额：0.00

备注：

图5-9　稿酬所得个人所得税扣缴申报表

（四）综合所得申报——特许权使用费所得

杨子特许权使用费所得为 256 300.00 元，则预扣预缴应纳税所得额 = 256 300 × （1 - 20%） = 205 040（元），预扣预缴个人所得税 = 205 040 × 20% = 41 008（元）。

填写个人信息和特许权使用费金额，进行申报。申报表填写如图 5-10 所示。

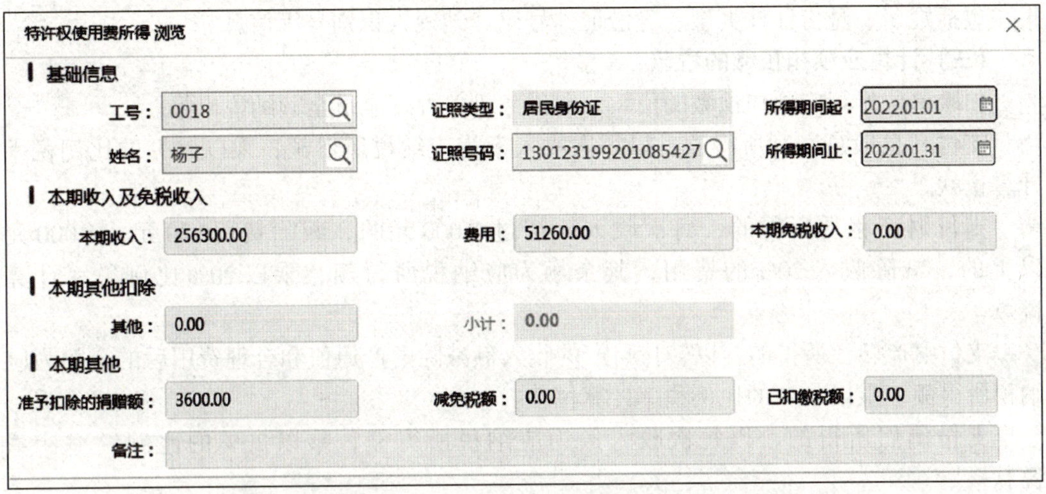

图 5-10　特许权使用费所得个人所得税扣缴申报表

任务十三　个人所得税纳税申报
——分类所得代扣代缴

一、实训目的

1. 能正确填写利息股息红利所得、财产租赁所得、财产转让所得、偶然所得的个人所得税申报表；

2. 培养学生依法纳税的意识，提高社会责任感。

二、实训材料

1. 纳税人及扣缴义务单位基本信息；

2. 个人所得税扣缴申报表。

三、实训内容和步骤

（一）确定申报表类别

个人所得税的纳税申报包括个人自行申报和代扣代缴两种方式。代扣代缴指的是扣缴申报，是指按照税法的规定负有扣缴义务的单位或者个人，在向个人支付应税款项时，应当依照个人所得税法的规定预扣或者代扣税款，按时向税务机关报送扣缴个人所得税报告表，并专项记载备查。

扣缴义务人根据扣缴税款的不同情形，填写并向税务机关报送"个人所得税扣缴申报表"（见表5-26）。

（二）信息采集

扣缴义务人扣缴税款时，需填写"基础信息"栏，所以前期需要进行人员信息采集，包括姓名、身份证件类型、身份证件号码、纳税人识别号等信息。

（三）计算应预扣预缴的税款

扣缴单位计算应预扣预缴的税款，向税务机关办理全员全额纳税申报。

支付利息股息红利所得的，以每次收入额为应纳税所得额，乘以20%的比例税率计算税款。

支付财产租赁所得的，每次收入不超过4 000元的，减除费用800元；4 000元以上的，减除收入20%的费用，其余额为应纳税所得额，乘以20%比例税率计算税款。

支付财产转让所得的，以转让财产的收入额减除财产原值和合理费用后的余额为应纳税所得额，乘以20%的比例税率计算税款。

支付偶然所得的，以每次收入额为应纳税所得额，乘以20%的比例税率计算税款。

（四）填写扣缴申报表

扣缴义务人根据扣缴税款的不同情形，填写"个人所得税扣缴申报表"的对应栏次，具体如下：

1.表头项目

税款所属期：填写扣缴义务人代扣税款当月的第一日至最后一日。例如，2022年3月20日发放工资时代扣的税款，税款所属期填写"2022年3月1日至2022年3月31日"。

扣缴义务人名称：填写扣缴义务人的法定名称全称。

扣缴义务人纳税人识别号（统一社会信用代码）：填写扣缴义务人的纳税人识别号或统一社会信用代码。

2.基础信息栏次

扣缴义务人扣缴税款时，均需填写"基础信息"栏，本栏包括第1—7列，其中第6列"是否为非居民个人"栏，纳税人为非居民个人的填"是"，为居民个人的填"否"；第7列"所得项目"栏，同一纳税人取得多项或多次所得的，应分行填写。

3.利息股息红利所得

一般情况下填写第8列、第10列、第32—40列。第34列"应纳税所得额"填写本月（次）收入额减除准予扣除的捐赠额后的余额。

表5-26

个人所得税扣缴申报表

税款所属期： 年 月 日 至 年 月 日

扣缴义务人名称：

扣缴义务人纳税人识别号（统一社会信用代码）： □□□□□□□□□□□□□□□□□□

金额单位：人民币元（列至角分）

列号	项目
1	序号
2	姓名
3	身份证件类型
4	身份证件号码
5	纳税人识别号
6	是否为非居民个人
7	所得项目
收入额计算	
8	收入
9	费用
10	免税收入
11	减除费用
本月（次）情况 — 专项扣除	
12	基本养老保险费
13	基本医疗保险费
14	失业保险费
15	住房公积金
其他扣除	
16	年金
17	商业健康保险
18	税延养老保险
19	允许扣除的财产原值
20	允许扣除的税费
21	其他
累计情况	
22	累计收入额
23	累计减除费用
24	累计专项扣除
累计专项附加扣除	
25	子女教育
26	继续教育
27	住房贷款利息
28	住房租金
29	赡养老人
30	3岁以下婴幼儿照护
31	累计其他扣除
32	减按计税比例
33	准予扣除的捐赠额
税款计算	
34	应纳税所得额
35	税率/预扣率
36	速算扣除数
37	应纳税额
38	减免税额
39	已缴税额
40	应补/退税额
41	备注

（表内第1行为空白数据行，末行为"合计"行。）

谨声明：本表是根据国家税收法律法规及相关规定填报的，是真实的、可靠的、完整的。

扣缴义务人（签章）： 年 月 日

经办人签字：

经办人身份证件号码：

代理机构签章：

代理机构统一社会信用代码：

受理人：

受理税务机关（签章）：

受理日期： 年 月 日

4.财产租赁所得

一般情况下填写第8列、第10列、第20—21列、第32—40列。第34列"应纳税所得额"填写本月（次）收入额减除可以扣除的税费、准予扣除的捐赠额后的余额。

5.财产转让所得

一般情况下填写第8列、第10列、第19—21列、第32—40列。第34列"应纳税所得额"填写本月（次）收入额减除财产原值、允许扣除的税费、准予扣除的捐赠额后的余额。

6.偶然所得

一般情况下填写第8列、第10列、第32—40列。第34列"应纳税所得额"填写本月（次）收入额减除准予扣除的捐赠额后的余额。

7.其他栏次

声明：需由扣缴义务人签字或签章。

经办人：由办理扣缴申报的经办人签字，并填写经办人身份证件号码。

代理机构：代理机构代为办理扣缴申报的，应当填写代理机构统一社会信用代码，并加盖代理机构印章。

（五）年度纳税申报方式

纳税人可以采用远程办税端、邮寄等方式申报，也可以直接到主管税务机关申报。

纳税人可优先通过网上税务局（包括个人所得税APP）办理年度汇算，税务机关将按规定为纳税人提供申报表预填服务；不方便通过上述方式办理的，也可以通过邮寄方式或到办税服务厅办理。

四、实训注意事项

1.扣缴义务人支付利息、股息、红利所得，财产租赁所得，财产转让所得或者偶然所得时，应当依法按次或者按月代扣代缴税款。

2.财产租赁所得，以一个月内取得的收入为一次。利息、股息、红利所得，以支付利息、股息、红利时取得的收入为一次。偶然所得，以每次取得的该项收入为一次。

3.对纳税人的专项附加扣除需要进行严格的审核，具体审核内容：政策享受条件的审核、扣除标准和方式的审核、政策享受起止时间的审核、年度汇算可享受的补充扣除情形的审核、需留存备查资料的审核等。

五、实训任务

（一）利息、股息、红利所得

纳税人及扣缴义务单位基本信息如下：

公司名称：浙江省某科技有限公司

电话：0571 – 56688000　邮编：330000

利息股息红利所得明细见表5-27。

表5-27　　　　　　　　　纳税人利息股息红利所得信息汇总表　　　　　　　　单位：元

姓名	所得项目	收入额	实际捐赠额	准予扣除的捐赠额
丁细平	利息股息红利所得	10 093.26	3 200.00	3 027.98
许智平	利息股息红利所得	6 930.26	1 500.00	1 500.00
林美海	利息股息红利所得	569.21	0.00	0.00

要求：根据企业和纳税人信息进行个人所得税利息股息红利所得代扣代缴申报。

（二）财产租赁所得

纳税人及扣缴义务单位基本信息如下：

公司名称：浙江省某科技有限公司

电话：0571 - 56688000　邮编：330000

财产租赁所得明细见表5-28。

表5-28　　　　　　　　　纳税人财产租赁所得信息汇总表　　　　　　　　单位：元

工号	姓名	所得项目	收入额	实际捐赠额	准予扣除的捐赠额	允许扣除的税费
0016	孟荣	财产租赁所得	5 300.00	0.00	0.00	2 560.00
0017	孟令思	财产租赁所得	3 500.00	0.00	0.00	600.00

要求：根据企业和纳税人信息进行个人所得税财产租赁所得代扣代缴申报。

（三）财产转让所得

纳税人及扣缴义务单位基本信息如下：

公司名称：浙江省某科技有限公司

电话：0571 - 56688000　邮编：330000

财产转让所得明细见表5-29。

表5-29　　　　　　　　　纳税人财产转让所得信息汇总表　　　　　　　　单位：元

工号	姓名	所得项目	收入额	实际捐赠额	准予扣除的捐赠额	允许扣除的税费
0014	马申	财产转让所得	526 930.00	162 500.00	150 371.10	25 693.00
0015	马磊	财产转让所得	256 930.00	7 300.00	7 300.00	1 236.00

要求：根据企业和纳税人信息进行个人所得税财产转让所得代扣代缴申报。

（四）偶然所得

纳税人及扣缴义务单位基本信息如下：

公司名称：浙江省某教育科技有限公司

电话：0571 - 56688000　邮编：330000

偶然所得明细见表5-30。

表5-30　　　　　　　　　纳税人偶然所得信息汇总表　　　　　　　　单位：元

姓名	所得项目	收入额	实际捐赠额	准予扣除的捐赠额
陈小勇	偶然所得	125 000.00	38 000.00	37 500.00
吴若泉	偶然所得	20 000.00	6 230.69	6 000.00

要求：根据企业和纳税人信息进行个人所得税偶然所得代扣代缴申报。

六、任务解答

(一) 利息、股息、红利所得

申请表填写如图5-11所示。

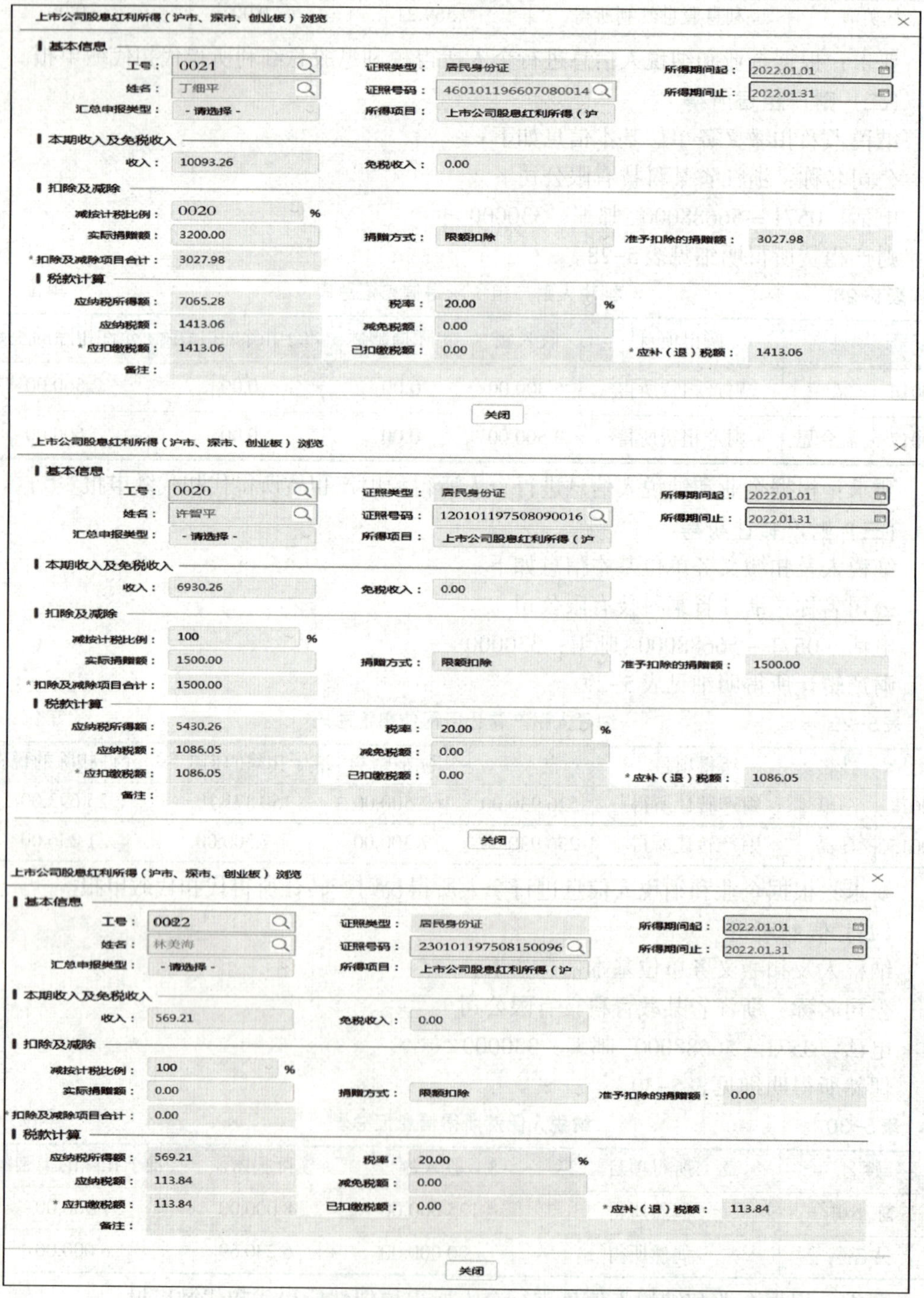

图5-11 利息股息红利所得个人所得税扣缴申报表

（二）财产租赁所得

申请表填写如图5-12所示。

其他财产租赁所得 浏览 ×

基本信息

| 工号： | 0016 | 证照类型： | 居民身份证 | 所得期间起： | 2022.01.01 |
| 姓名： | 孟荣 | 证照号码： | 130183199211261701 | 所得期间止： | 2022.01.31 |

本期收入及免税收入

收入： 5300.00 免税收入： 0.00

扣除及减除

允许扣除的税费： 2560.00 减除费用： 800.00

实际捐赠额： 0.00 捐赠方式： 限额扣除 准予扣除的捐赠额： 0.00

*扣除及减除项目合计： 3360.00

税款计算

应纳税所得额： 1940.00 税率： 20.00 %

应纳税额： 388.00 减免税额： 0.00

*应扣缴税额： 388.00 已扣缴税额： 0.00 *应补（退）税额： 388.00

备注：

关闭

其他财产租赁所得 浏览 ×

基本信息

| 工号： | 0017 | 证照类型： | 居民身份证 | 所得期间起： | 2022.01.01 |
| 姓名： | 孟令思 | 证照号码： | 13018319920805198X | 所得期间止： | 2022.01.31 |

本期收入及免税收入

收入： 3500.00 免税收入： 0.00

扣除及减除

允许扣除的税费： 600.00 减除费用： 800.00

实际捐赠额： 0.00 捐赠方式： 限额扣除 准予扣除的捐赠额： 0.00

*扣除及减除项目合计： 1400.00

税款计算

应纳税所得额： 2100.00 税率： 20.00 %

应纳税额： 420.00 减免税额： 0.00

*应扣缴税额： 420.00 已扣缴税额： 0.00 *应补（退）税额： 420.00

备注：

关闭

图5-12 财产租赁所得个人所得税扣缴申报表

（三）财产转让所得

申请表填写如图5-13所示。

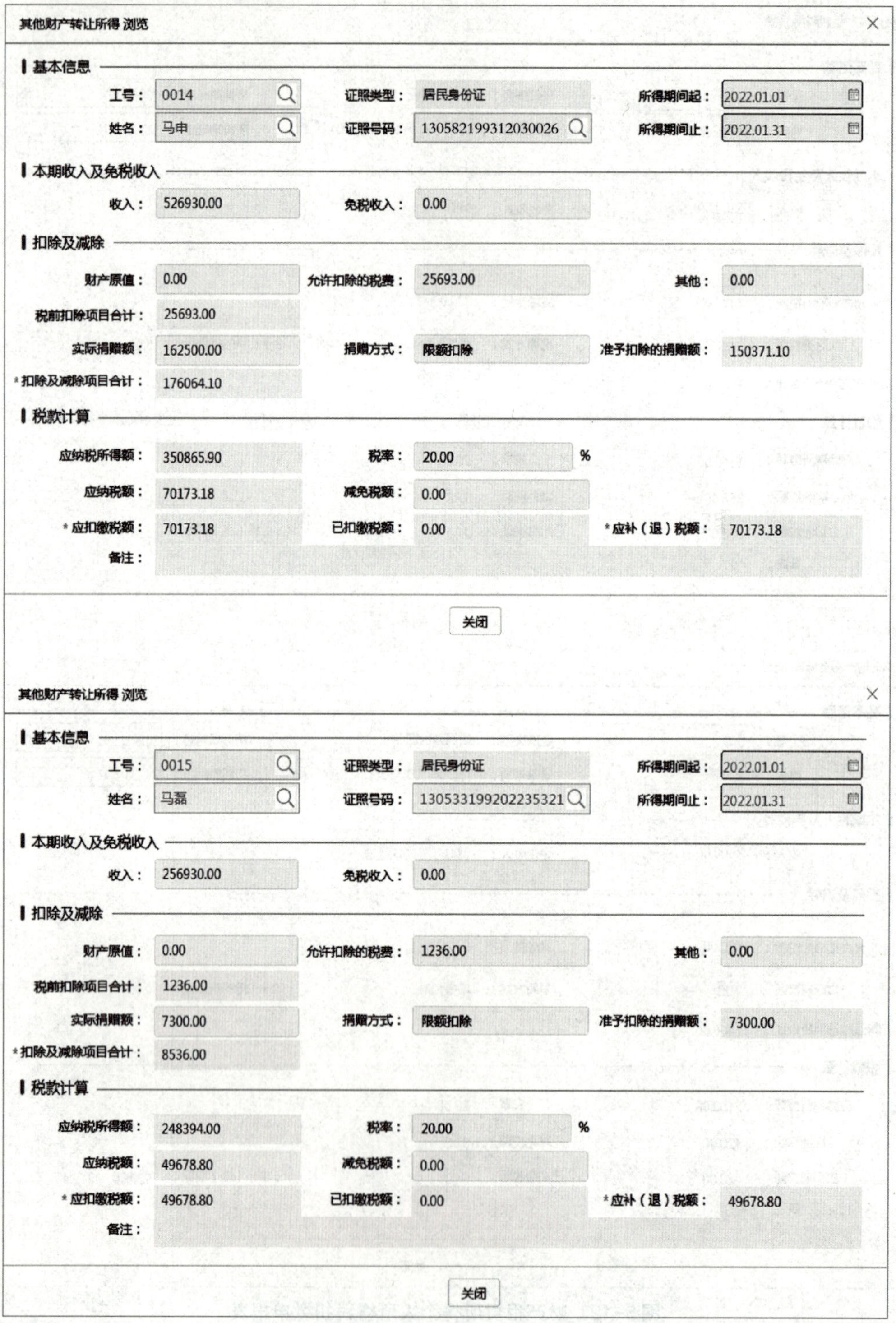

图5-13　财产转让所得个人所得税扣缴申报表

（四）偶然所得

申请表填写如图5-14所示。

其他偶然所得 浏览　　　　　　　　　　　　　　　　　　　　　　　　　×

▌ 基本信息

工号：	0027 🔍	证照类型：	居民身份证	所得期间起：	2022.01.01
姓名：	陈小勇 🔍	证照号码：	230101197605230017 🔍	所得期间止：	2022.01.31
所得项目：	其他偶然所得 ∨				

▌ 本期收入及免税收入

收入：	125000.00	免税收入：	0.00

▌ 扣除及减除

实际捐赠额：	38000.00	捐赠方式：	限额扣除	准予扣除的捐赠额：	37500.00
*扣除及减除项目合计：	37500.00				

▌ 税款计算

应纳税所得额：	87500.00	税率：	20.00	%
应纳税额：	17500.00	减免税额：	0.00	
*应扣缴税额：	17500.00	已扣缴税额：	0.00	*应补（退）税额：　17500.00
备注：				

关闭

其他偶然所得 浏览　　　　　　　　　　　　　　　　　　　　　　　　　×

▌ 基本信息

工号：	0028 🔍	证照类型：	居民身份证	所得期间起：	2022.01.01
姓名：	吴若泉 🔍	证照号码：	350402195202142013 🔍	所得期间止：	2022.01.31
所得项目：	其他偶然所得 ∨				

▌ 本期收入及免税收入

收入：	20000.00	免税收入：	0.00

▌ 扣除及减除

实际捐赠额：	6230.69	捐赠方式：	限额扣除	准予扣除的捐赠额：	6000.00
*扣除及减除项目合计：	6000.00				

▌ 税款计算

应纳税所得额：	14000.00	税率：	20.00	%
应纳税额：	2800.00	减免税额：	0.00	
*应扣缴税额：	2800.00	已扣缴税额：	0.00	*应补（退）税额：　2800.00
备注：				

关闭

图5-14　偶然所得个人所得税扣缴申报表

任务十四　个人所得税纳税申报
——经营所得申报

一、实训目的

（1）能正确填写个人所得税经营所得纳税申报表，进行经营所得预缴和汇算清缴申报；

（2）培养学生依法纳税的意识，提高社会责任感。

二、实训材料

（1）符合经营所得的纳税人及单位基本信息；

（2）个人所得税经营所得纳税申报。

三、实训内容和步骤

（一）经营所得纳税申报相关规定

纳税人取得经营所得，按年计算个人所得税，由纳税人在月度或季度终了后15日内，向经营管理所在地主管税务机关办理预缴纳税申报，并报送《国家税务总局关于修订部分个人所得税申报表的公告》（国家税务总局公告2021年第46号）修订后的"个人所得税经营所得纳税申报表（A表）"；在取得所得的次年3月31日前，向经营管理所在地主管税务机关办理汇算清缴，并报送"个人所得税经营所得纳税申报表（B表）"；从两处以上取得经营所得的，选择向其中一处经营管理所在地主管税务机关办理年度汇总申报，并报送"个人所得税经营所得纳税申报表（C表）"。

本实训将主要介绍"个人所得税经营所得纳税申报表（A表）"的申报内容及流程，汇算清缴流程与预缴流程大致相同。

（二）经营所得个人所得税月（季）度申报（A表）内容

现行个人所得税法规定：纳税人取得经营所得，按年计算个人所得税，由纳税人在月度或者季度终了后15日内向税务机关报送"个人所得税经营所得纳税申报表（A表）"，并预缴税款；在取得所得的次年3月31日前办理汇算清缴。

"个人所得税经营所得纳税申报表（A表）"（见表5-31）适用于查账征收和核定征收的个体工商业主、个人独资企业投资人、合伙企业个人合伙人、承包承租经营者个人以及其他从事生产、经营活动的个人在中国境内取得经营所得，办理个人所得税预缴纳税申报时，向税务机关报送。合伙企业有两个或者两个以上个人合伙人的，应分别填报A表。

表5-31   个人所得税经营所得纳税申报表（A表）

税款所属期：   年 月 日至   年 月 日

纳税人姓名：

纳税人识别号：□□□□□□□□□□□□□□□□□□   金额单位：人民币元（列至角分）

被投资单位信息	
名称	
纳税人识别号（统一社会信用代码）	

征收方式
□查账征收（据实预缴）   □查账征收（按上年应纳税所得额预缴） □核定应税所得率征收   □核定应纳税所得额征收 □税务机关认可的其他方式 _____

个人所得税计算		
项目	行次	金额/比例
一、收入总额	1	
二、成本费用	2	
三、利润总额（第3行＝第1行－第2行）	3	
四、弥补以前年度亏损	4	
五、应税所得率（%）	5	
六、合伙企业个人合伙人分配比例（%）	6	
七、允许扣除的个人费用及其他扣除（第7行＝第8行＋第9行＋第14行）	7	
（一）投资者减除费用	8	
（二）专项扣除（第9行＝第10行＋第11行＋第12行＋第13行）	9	
1.基本养老保险费	10	
2.基本医疗保险费	11	
3.失业保险费	12	
4.住房公积金	13	
（三）依法确定的其他扣除（第14行＝第15行＋第16行＋第17行）	14	
1.	15	
2.	16	
3.	17	
八、准予扣除的捐赠额	18	
九、应纳税所得额	19	
十、税率（%）	20	
十一、速算扣除数	21	
十二、应纳税额（第22行＝第19行×第20行－第21行）	22	
十三、减免税额（附报"个人所得税减免税事项报告表"）	23	
十四、已缴税额	24	
十五、应补/退税额（第25行＝第22行－第23行－第24行）	25	
备注		

谨声明：本表是根据国家税收法律法规及相关规定填报的，是真实的、可靠的、完整的。

纳税人签字：   年 月 日

经办人：
经办人身份证件类型：
经办人身份证件号码：
代理机构签章：
代理机构统一社会信用代码：

受理人：
受理税务机关（章）：

受理日期：   年 月 日

国家税务总局监制

1.表头项目

税款所属期：填写纳税人取得经营所得应纳个人所得税税款的所属期间，应填写具体的起止年月日。

纳税人姓名：填写自然人纳税人姓名。

纳税人识别号：有中国公民身份号码的，填写中华人民共和国居民身份证上载明的"公民身份号码"；没有中国公民身份号码的，填写税务机关赋予的纳税人识别号。

2.被投资单位信息

名称：填写被投资单位法定名称的全称。

纳税人识别号（统一社会信用代码）：填写被投资单位的纳税人识别号或者统一社会信用代码。

3.征收方式

根据税务机关核定的征收方式，在对应框内打"√"。采用税务机关认可的其他方式的，应在下划线处填写具体的征收方式。

4.个人所得税计算

第1行"收入总额"：填写本年度开始经营月份起截至本期从事经营以及与经营有关的活动取得的货币形式和非货币形式的各项收入总额，包括：销售货物收入、提供劳务收入、转让财产收入、利息收入、租金收入、接受捐赠收入、其他收入。

第2行"成本费用"：填写本年度开始经营月份起截至本期实际发生的成本、费用、税金、损失及其他支出的总额。

第3行"利润总额"：填写本年度开始经营月份起截至本期的利润总额。

第4行"弥补以前年度亏损"：填写可在税前弥补的以前年度尚未弥补的亏损额。

第5行"应税所得率"：按核定应税所得率征收方式纳税的纳税人，填写税务机关确定的核定征收应税所得率。按其他方式纳税的纳税人不填本行。

第6行"合伙企业个人合伙人分配比例"：纳税人为合伙企业个人合伙人的，填写本行；其他则不填。分配比例按照合伙协议约定的比例填写；合伙协议未约定或不明确的，按合伙人协商决定的比例填写；协商不成的，按合伙人实缴出资比例填写；无法确定出资比例的，按合伙人平均分配。

第7—17行"允许扣除的个人费用及其他扣除"："投资者减除费用"：填写根据本年实际经营月份数计算的可在税前扣除的投资者本人每月5 000元减除费用的合计金额。第9—13行"专项扣除"：填写按规定允许扣除的基本养老保险费、基本医疗保险费、失业保险费、住房公积金的金额。第14—17行"依法确定的其他扣除"：填写商业健康保险、税延养老保险以及其他按规定允许扣除项目的金额。

第18行"准予扣除的捐赠额"：填写按照税法及相关法规、政策的规定，可以在税前扣除的捐赠额，并按规定附报"个人所得税公益慈善事业捐赠扣除明细表"。

第19行"应纳税所得额"：根据相关行次计算填报。查账征收（据实预缴）：第19行＝（第3行－第4行）×第6行－第7行－第18行。查账征收（按上年应纳税所得额预缴）：第19行＝上年度的应纳税所得额÷12×月份数。核定应税所得率征收（能准确核算收入总额的）：第19行＝第1行×第5行×第6行。核定应税所得率征收（能准确核算成本费用的）：第19行＝第2行÷（1－第5行）×第5行×第6行。核定应纳税所得额征收：直接填写应纳税所得额；税务机关认可的其他方式：直接填写应纳税所得额。

第20—21行"税率"和"速算扣除数"：填写按规定适用的税率和速算扣除数。

第22行"应纳税额"：根据相关行次计算填报。第22行＝第19行×第20行－第21行。

第23行"减免税额"：填写符合税法规定可以减免的税额，并附报"个人所得税减免税事项报告表"。

第24行"已缴税额"：填写本年度在月（季）度申报中累计已预缴的经营所得个人所得税的金额。

第25行"应补/退税额"：根据相关行次计算填报。第25行＝第22行－第23行－第24行。

（三）经营所得个人所得税月（季）度申报客户端操作

1.进入客户端系统

打开"自然人税收管理系统扣缴客户端"，点击"2021年新税制申报"按钮进入。当单位类型是个体工商户、个人独资企业、合伙企业这三种类型之一时，办税人员登录系统后上方会显示生产经营申报通道，点击"生产经营"（如图5-15所示），点击左侧"预缴纳税申报"。

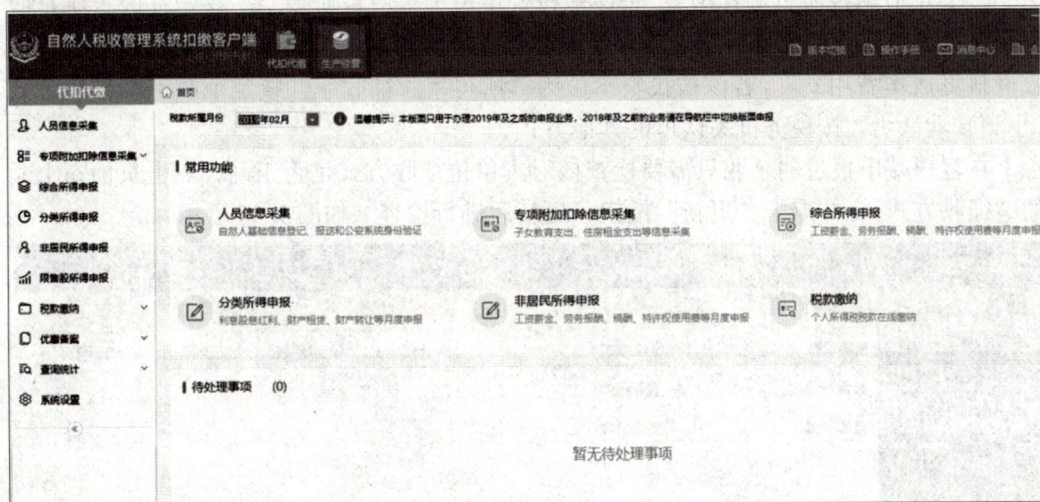

图5-15　自然人税收管理系统扣缴客户端"生产经营"主界面

2.单位相关信息获取

（1）基本信息

首次进入客户端进行申报经营所得的，进入系统后需要根据系统提示依次录入相关信息，主要包括纳税人识别号、单位名称、主管税务机关、法定代表人、财务负责人、所属行业、企业类型、企业地址等单位基本信息，确认申报信息后点击"提交"。

在客户端申报过的企业只需要检查核对本单位基本信息是否正确，点击"单位信息"中的"基本信息"，核对是否一致（如图5-16所示）。

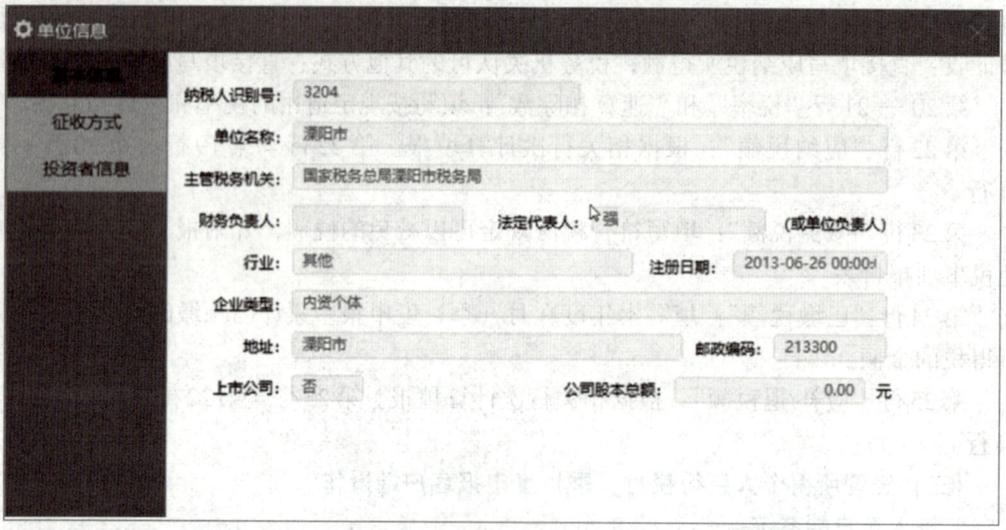

图5-16　自然人税收管理系统扣缴客户端单位信息——基本信息

（2）征收方式信息

首次进入客户端进行申报经营所得的，进入系统后需要根据系统提示依次录入单位征收方式信息。若该被投资单位为查账征收，则征收方式（小类）可下拉选择"据实预缴""按上年应纳税所得额预缴"。若该被投资单位为"应税所得率"核定征收，则征收方式（小类）可下拉选择"核定应税所得率征收（核算收入总额）"核定应税所得率征收（核算成本费用）"。若该被投资单位为"所得率、征收率"核定征收，则征收方式（小类）默认为"按税务机关认可的其他方式"。

在客户端申报过的企业只需要检查核对本单位征收方式是否正确，点击页面左上角的"征收方式"，并点击"更新"按钮，更新后进行检查（如图5-17所示）。

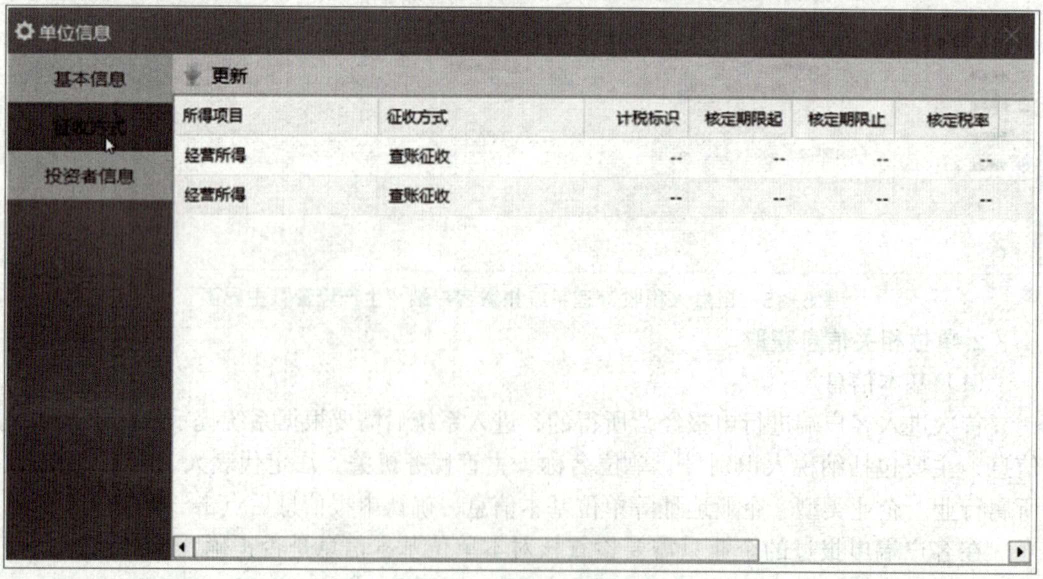

图5-17　自然人税收管理系统扣缴客户端单位信息——征收方式

（3）投资者信息

首次进入客户端进行申报经营所得的，进入系统后需要根据系统提示依次录入单位投资者信息，主要包括投资者姓名、证照类型、证照号码、分配比例等信息，在录入被投资单位统一社会信用代码后，相关信息自动带出。

在客户端申报过的企业只需要检查核对本单位投资者信息是否正确，点击页面左上角的"投资者信息"，并点击"更新"按钮，更新后进行检查（如图5-18所示）。

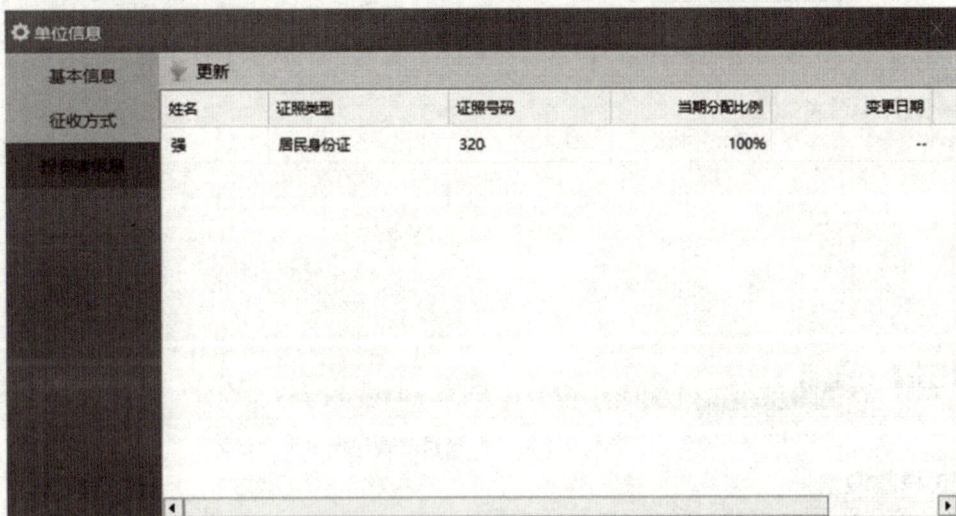

图5-18　自然人税收管理系统扣缴客户端单位信息——投资者信息

3.预缴纳税申报

进入"预缴纳税申报"进行申报表的填写，人员申报信息可以直接在列表中填写，也可以双击记录，打开报表填写界面填写。申报表填写无误后点击"保存"（如图5-19所示）。

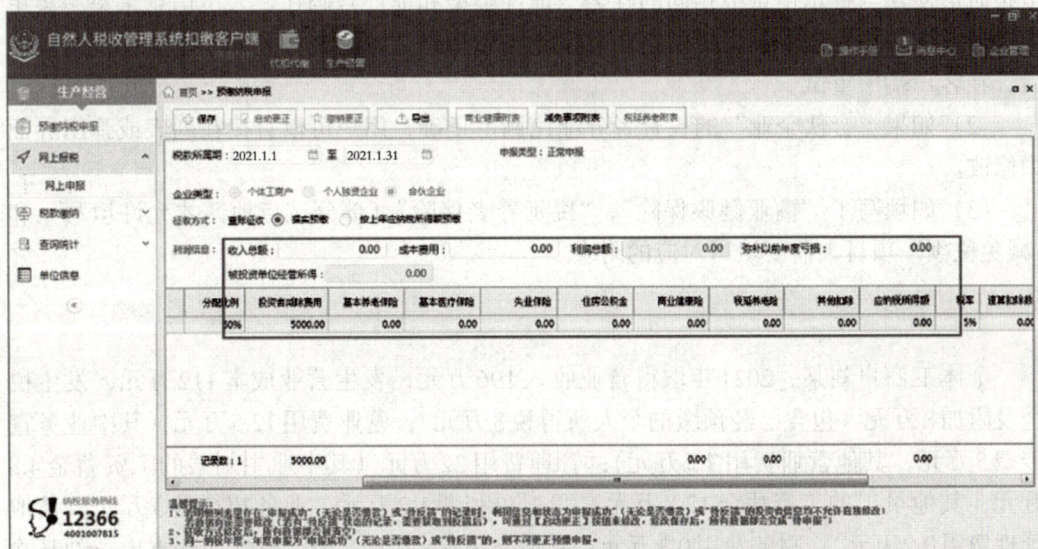

图5-19　自然人税收管理系统扣缴客户端预缴纳税申报

4.申报表报送

申报表填写完成并保存后，进行申报表报送。勾选需要报送的人员，先点击"发送申报"按钮，稍后点击"获取反馈"按钮获取申报结果（如图5-20所示）。

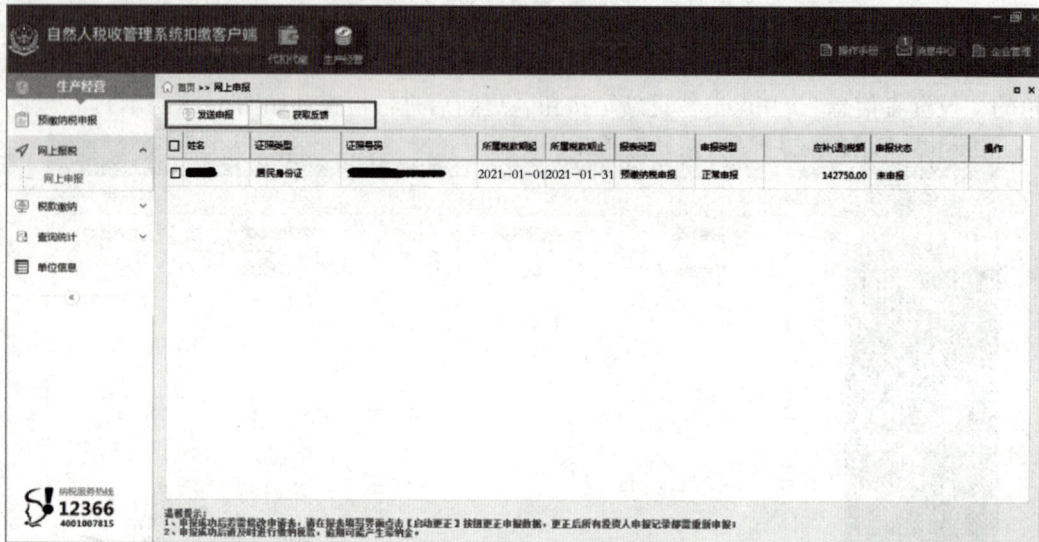

图5-20 自然人税收管理系统扣缴客户端申报表报送

5.税款缴纳

申报表报送成功后，从"税款缴纳"菜单下选择缴税方式进行缴款（部分地区只开通了"三方协议缴税"）。

四、实训注意事项

（1）经营所得纳税申报与综合所得代扣代缴申报一样，也需要"人员信息采集"。申报时请使用与提示信息中相同的姓名、证件类型和证件号码在"人员信息采集"菜单中进行登记，如无法登记，则需前往办税服务厅通过"变更税务登记"更新投资者信息后，在客户端中重试。

（2）如果"合伙企业"的投资者分配比例不正确，用户可以直接在列表或弹出界面中修改。

（3）如填写了"商业健康保险"、"税延养老保险"（部分试点地区才允许填写）和"减免税额"项目，需要填写对应的附表。

五、实训任务

个体工商户刘某，2021年取得营业收入196万元，发生营业成本112万元，发生税金及附加8万元（包含已经预缴的个人所得税3万元）；营业费用12.5万元（其中业务宣传费5万元，其他营业费用7.5万元）；管理费用22万元（其中业主刘某的工资薪金4.8万元，其他员工的工资薪金12.8万元，职工福利费1.2万元，业务招待费3万元，其他管理费用0.2万元）；财务费用0.3万元；其他支出0.5万元，为行政性罚款支出。刘某除以上经营所得外，未取得综合所得。

2021年，刘某费用减除标准为6万元；专项扣除为1.248万元（其中基本养老保险费0.96万元，基本医疗保险费0.288万元），专项附加扣除3.6万元（其中子女教育1.2万元，赡养老人1.2万元，住房贷款利息1.2万元）。

要求：根据实训资料计算个体工商户刘某经营所得个人所得税应纳税额并进行经营所得汇算清缴申报。

六、任务解答

（1）计算应补（退）税额。

经营所得利润总额 = 196 − 112 − 8 − 12.5 − 22 − 0.3 − 0.5 = 40.7（万元）

职工福利费调整：扣除限额 = 12.8 × 14% = 1.792（万元），实际发生额1.2万元，无须作纳税调整。

业务宣传费调整：扣除限额 = 196 × 15% = 29.4（万元），实际发生额5万元，无须作纳税调整。

业务招待费调整：3 × 60% = 1.8（万元），196 × 5‰ = 0.98（万元），调增 = 3 − 0.98 = 2.02（万元）。

不允许扣除的项目：（1）业主工资4.8万元；（2）行政性罚款支出0.5万元；（3）预缴个人所得税3万元。

应纳税所得额 = 40.7 + 2.02 + 4.8 + 0.5 + 3 − 6 − 1.248 − 3.6 = 40.172（万元）

应纳税额 = 40.172 × 30% − 4.05 = 8.0016（万元）

应补缴税额 = 8.0016 − 3 = 5.0016（万元）

（2）填写个人所得税经营所得纳税申报表（B表）（见表5-32）。

表5-32　　　　　　　　个人所得税经营所得纳税申报表（B表）

税款所属期：2021年01月01日 至 2021年12月31日

纳税人姓名：刘某

纳税人识别号：□□□□□□□□□□□□□□□□□□　　　　　金额单位：人民币万元

被投资单位信息	名称		纳税人识别号（统一社会信用代码）		
项目				行次	金额/比例
一、收入总额				1	196
其中：国债利息收入				2	
二、成本费用（3 = 4 + 5 + 6 + 7 + 8 + 9 + 10）				3	155.3
（一）营业成本				4	112
（二）营业费用				5	12.5
（三）管理费用				6	22
（四）财务费用				7	0.3
（五）税金				8	8
（六）损失				9	

续表

被投资单位信息	名称		纳税人识别号（统一社会信用代码）		
项目				行次	金额/比例
（七）其他支出				10	0.5
三、利润总额（11 = 1 - 2 - 3）				11	40.7
四、纳税调整增加额（12 = 13 + 27）				12	10.32
（一）超过规定标准的扣除项目金额				13	2.02
1.职工福利费				14	
2.职工教育经费				15	
3.工会经费				16	
4.利息支出				17	
5.业务招待费				18	2.02
6.广告费和业务宣传费				19	
7.教育和公益事业捐赠				20	
8.住房公积金				21	
9.社会保险费				22	
10.折旧费用				23	
11.无形资产摊销				24	
12.资产损失				25	
13.其他				26	
（二）不允许扣除的项目金额				27	
1.个人所得税税款				28	
2.税收滞纳金				29	
3.罚金、罚款和被没收财物的损失				30	
4.不符合扣除规定的捐赠支出				31	
5.赞助支出				32	
6.用于个人和家庭的支出				33	
7.与取得生产经营收入无关的其他支出				34	
8.投资者工资薪金支出				35	
9.其他不允许扣除的支出				36	
五、纳税调整减少额				37	
六、纳税调整后所得（38 = 11 + 12 - 37）				38	
七、弥补以前年度亏损				39	
八、合伙企业个人合伙人分配比例（%）				40	
九、允许扣除的个人费用及其他扣除（41 = 42 + 43 + 48 + 56）				41	
（一）投资者减除费用				42	
（二）专项扣除（43 = 44 + 45 + 46 + 47）				43	
1.基本养老保险费				44	
2.基本医疗保险费				45	

续表

被投资单位信息	名称		纳税人识别号（统一社会信用代码）		
项目				行次	金额/比例
3.失业保险费				46	
4.住房公积金				47	
（三）专项附加扣除（48＝49＋50＋51＋52＋53＋55）				48	3.6
1.子女教育				49	1.2
2.继续教育				50	
3.大病医疗				51	
4.住房贷款利息				52	1.2
5.住房租金				53	
6.赡养老人				54	1.2
（四）依法确定的其他扣除（56＝57＋58＋59＋60）				55	
1.商业健康保险				56	
2.税延养老保险				57	
3.				58	
4.				59	
十、投资抵扣				60	
十一、准予扣除的个人捐赠支出				61	
十二、应纳税所得额（62=38-39-41-60-61）或［62-（38-39）×40-41-60-61］				62	40.172
十三、税率（%）				63	30
十四、速算扣除数				64	4.05
十五、应纳税额（65＝62×63-64）				65	8.0016
十六、减免税额（附报"个人所得税减免税事项报告表"）				66	
十七、已缴税额				67	3
十八、应补/退税额（68＝65-66-67）				68	5.0016
备注					

谨声明：本表是根据国家税收法律法规及相关规定填报的，是真实的、可靠的、完整的。

纳税人签字：　　　　年　月　日

经办人： 经办人身份证件类型： 经办人身份证件号码： 代理机构签章： 代理机构统一社会信用代码：	受理人： 受理税务机关（章）： 受理日期：　　　年　月　日

国家税务总局监制

任务十五　个人所得税纳税申报
——综合所得汇算清缴

一、实训目的

（1）能正确办理年度纳税申报并结清应退或应补税款；
（2）培养学生依法纳税的意识，提高社会责任感。

二、实训材料

（1）纳税人及扣缴义务单位基本信息；
（2）个人所得税扣缴申报表。

三、实训内容和步骤

（一）年终汇算清缴相关规定

1.年终汇算清缴的概念

年度汇算指的是年度终了后，纳税人汇总工资薪金、劳务报酬、稿酬、特许权使用费等四项综合所得的全年收入额，减去全年的费用和扣除，得出应纳税所得额并按照综合所得年度税率表，计算全年应纳个人所得税，再减去年度内已经预缴的税款，向税务机关办理年度纳税申报并结清应退或应补税款的过程。简言之，就是在平时已预缴税款的基础上"查遗补漏，汇总收支，按年算账，多退少补"，这是2021年以后我国建立综合与分类相结合的个人所得税制的内在要求，也是国际通行的做法。

2.年终汇算清缴的办理方式

国家税务总局明确了办理年度汇算的三种方式：自己办、单位办、请人办。

一是自己办，即纳税人自行办理。纳税人可以自行办理年度汇算，税务机关将持续加强年度汇算的政策解读和操作辅导力度，通过多种渠道提供涉税咨询服务，完善网上税务局提示提醒功能，帮助纳税人顺利完成年度汇算。对于独立完成年度汇算存在困难的年长、行动不便等特殊人群，由纳税人提出申请，税务机关还可以提供个性化年度汇算服务。

二是单位办，即请任职受雇单位办理。考虑到任职受雇单位对纳税人的涉税信息掌握得比较全面、准确，与纳税人联系也比较紧密，由其代为办理有利于更好地帮助纳税人办理年度汇算。任职受雇单位除支付工资薪金的单位外，还包括按累计预扣法预扣预缴劳务报酬所得个人所得税的单位，主要是保险营销员、证券经纪人或正在接受全日制学历教育的实习生等情形。如纳税人向单位提出代办要求，单位应当办理，或者培训、辅导纳税人通过网上税务局自行完成年度汇算申报和退（补）税。税务机关将为单位提供申报软件，方便其为本单位人员集中办理年度汇算申报。

三是请人办，即委托涉税专业服务机构或其他单位及个人办理。纳税人可根据自己的情况和条件，自主委托涉税专业服务机构或其他单位、个人（以下称"受托人"）办理年度汇算。选择这种方式的，受托人需与纳税人签订委托授权书，明确双方的权利、责任和义务。

近年来，汇算确认不断扩充了电子方式，纳税人可通过电子邮件、短信、微信等进行确认，与书面方式有同等法律效力。为维护纳税人合法权益，国家税务总局还规定在纳税人确认前，单位不得为纳税人代办年度汇算。完成确认后，纳税人需要将除本单位以外的年度全部综合所得收入、扣除、享受税收优惠等信息资料如实提供给单位，并对信息的真实性、准确性、完整性负责。

本实训将主要介绍纳税人本人自行办理年终汇算清缴的申报流程。

（二）年终汇算清缴流程

办理年度汇算的三个渠道：网络办、邮寄办、大厅办。税务机关提供了高效、快捷的网络办税渠道，建议纳税人优先选择通过网上税务局办理年度汇算，特别是手机个人所得税 APP 掌上办税。在网上税务局，税务机关已把符合条件的纳税人的四项综合所得的预缴申报数据，全部直接预填到了申报表，纳税人办理年度汇算更加方便快捷。此外，为进一步提升纳税人境外所得申报的便利性，年度汇算还开放网上税务局（网页端）境外所得申报功能。

1.注册与登录

"个人中心"中包括个人信息、任职受雇信息、家庭成员信息、银行卡，建议全部完善后再进行后续操作（如图5-21所示）。

图5-21　个人所得税APP掌上办税"个人中心"

2.选择申报数据

标准申报共有两种形式：使用已申报数据和手工填写。

使用已申报数据，数据来源于自行申报及支付方扣缴申报；手工填写，纳税人不使用已有数据预填报，根据实际情况手工填写申报表。一般建议选择使用已申报数据填报。

个人所得税APP首页下部"综合所得年度汇算"模块。选择"使用已申报数据填写"，点击开始申报。阅读5秒"标准申报须知"后，点击"我已阅读并知晓"，系统自动跳转至标准申报的基本信息页面。

3.信息确认

对界面显示的个人基础信息、汇缴地、已缴税额进行查看、确认。

4.填报数据

根据实际情况填写综合所得收入以及扣除信息，检查预填的收入和扣除信息无误后，可直接点击"下一步"。

5.计算税款

数据系统将自动计算您本年度综合所得应补（退）税额。对应补（退）税额确认后，点击"提交申报"即可。

6.退（补）税

（1）若收入不足12万元且有应补税额，或者收入超出12万元但应补税额≤400元，申报提交后无须缴款。

（2）如存在多预缴税款，可选择"申请退税"。

（3）如存在少预缴税款，则需要补税，点击"立即缴税"，选择相应的缴费方式完成支付即可。

四、实训注意事项

（1）单位或者受托人代为办理年度汇算后，应当及时将办理情况告知纳税人。纳税人如果发现申报信息存在错误，可以要求其代办或自行办理更正申报。

（2）纳税人选择由单位代办年度汇算的，需在每年的4月30日前与单位进行确认。

五、实训任务

居民个人杨某2022年每月应发工资均为30 000元，每月减除费用5 000元，"三险一金"等专项扣除为4 500元，每月享受专项附加扣除2 000元，没有减免收入及减免税额等情况，已经预缴个税27 480元；10月份杨某分别取得劳务报酬30 000元和稿酬20 000元，已经分别预缴个税5 200元、2 240元。不考虑其他因素，请计算杨某汇算清缴多退少补的个人所得税税额。

要求：根据实训资料计算居民个人杨某个人所得税汇算清缴补退税额，并进行个人所得税汇算清缴申报。

六、任务解答

（1）计算应补（退）缴税额。

①全年收入额 = 3 × 12 + 3 × （1 － 20%） + 2 × （1 － 20%） × 70% = 39.52（万元）

②全年减除费用 = 0.5 × 12 = 6（万元）

专项扣除 = 0.45 × 12 = 5.4（万元）

专项附加扣除 = 0.2 × 12 = 2.4（万元）

扣除金额合计 = 6 + 5.4 + 2.4 = 13.8（万元）

③应纳税所得额 = 39.52 － 13.8 = 25.72（万元） = 257 200（元）

④全年应纳个人所得税税额 = 257 200 × 20% － 16 920 = 34 520（元）

⑤汇算清缴应补（退）税额 = 34 520 － 27 480 － 5 200 － 2 240 = － 400（元）

所以汇算清缴时应该退税400元。

（2）年终汇算清缴申报。

任务十六　个人所得税税收筹划
——选择所得形式

一、实训目的

1.能合理选择所得形式进行个人所得税税收筹划；

2.培养学生提高技能、参与管理、强化服务的意识。

二、实训材料

计算机、计算器、实训表单和《中华人民共和国个人所得税法》文本等。

三、实训内容和步骤

1.计算不同方案的个人应纳税所得额；

2.计算不同方案的个人应纳所得税额；

3.计算不同方案的个人税后净所得；

4.根据个人税后净所得选择合理方案。

四、实训注意事项

1.注意决策标准的不同会导致选择结果不一样；

2.实际决策中影响决策的因素会更多，需要综合考虑各因素的影响。

五、实训任务

甲是居民纳税义务人，预计2022年度可获得个人所得额12万元，现有两种实现形式，方案1是以劳务报酬的形式实现其所得额，方案2是以经营所得形式实现其所得额。假设不考虑其他所得以及各种扣除因素。

要求：填写表5-33相应项目，按照个人税后净所得大小确定采用哪一种所得形式实现其所得。

表5-33 　　　　　　　　　选择所得形式方案对比表 　　　　　　　单位：元

项目	劳务报酬	经营所得
应纳税所得额		
应纳所得税额		
税后净所得		
方案选择		

【思考】什么情况下选择经营所得更有利？

六、任务解答

分别计算不同所得形式的税后净所得，比较之后，选择税后净所得大的方案。具体见表5-34。

表5-34 　　　　　　　　　选择所得形式方案对比表 　　　　　　　单位：元

项目	劳务报酬	经营所得
应纳税所得额	120 000	120 000
应纳所得税额	9 480	13 500
税后净所得	110 520	106 500
方案选择	以个人税后净所得为决策标准，选择劳务报酬形式实现其所得	

任务十七　个人所得税税收筹划
——选择租金数额

一、实训目的

1.能合理选择租金数额进行个人所得税税收筹划；
2.培养学生提高技能、参与管理、强化服务的意识。

二、实训材料

计算机、计算器、实训表单和《中华人民共和国个人所得税法》文本等。

三、实训内容和步骤

1.计算不同方案的个人应纳税所得额；
2.计算不同方案的个人应纳所得税额；
3.计算不同方案的个人税后净所得；
4.根据个人税后净所得选择合理方案。

四、实训知识准备

《中华人民共和国个人所得税法》《中华人民共和国个人所得税法实施条例》等。

五、实训任务

乙是居民纳税义务人，将其商铺出租，出租过程中进行房屋维修，发生支出600元，租金约定可收取范围是4 000～4 010元，其他税费支出每月300元左右（计算应纳税所得额时可以扣除）。方案1每月收取租金4 000元，方案2每月收取租金4 010元。

要求：以发生维修支出当月情况，填写表5-35相应项目，按照个人税后净所得大小确定采用哪一个租金数额。

表5-35　　　　　　　　　　选择租金数额方案对比表　　　　　　　　　单位：元

项目	每月收取租金4 000元	每月收取租金4 010元
租金收入		
应纳税所得额		
应纳所得税额		
税后净所得		
方案选择		

【思考】租金提高到多少时，税后净所得与每月收取租金4 000元时税后净所得一样？

六、任务解答

分别计算不同租金数额的税后净所得，比较之后，选择税后净所得大的方案。具体见表5-36。

表5-36　　　　　　　　　　选择租金数额方案对比表　　　　　　　　　单位：元

项目	每月收取租金4 000元	每月收取租金4 010元
租金收入	4 000	4 010
应纳税所得额	2 300	2 488
应纳所得税额	460	497.60
税后净所得	3 540	3 512.40
方案选择	以个人税后净所得为决策标准，选择每月收取租金4 000元	

任务十八　个人所得税税收筹划
——选择投资对象

一、实训目的

1.能合理选择投资对象进行个人所得税税收筹划；
2.培养学生提高技能、参与管理、强化服务的意识。

二、实训材料

计算机、计算器、实训表单和《中华人民共和国个人所得税法》文本等。

三、实训内容和步骤

1.计算不同方案的个人应纳税所得额；
2.计算不同方案的个人应纳所得税额；
3.计算不同方案的个人税后净所得；
4.根据个人税后净所得选择合理方案。

四、实训知识准备

《中华人民共和国个人所得税法》《中华人民共和国个人所得税法实施条例》等。

五、实训任务

丙是居民纳税义务人，2022年打算将其积累的资金10万元用于投资，现有两个投资方案供其选择，方案1是投资于国债，利率为4.5%，方案2是投资于某公司债券，利率为5.5%。

要求：填写表5-37相应项目，按照个人税后净所得大小确定采用哪一个投资方案。

表5-37　　　　　　　　　　　　选择投资对象方案对比表　　　　　　　　　　　　单位：元

项目	国债	公司债券
年利息收入		
应纳所得税额		
税后净所得		
方案选择		

【思考】公司债券利率为多少时，两个方案税后净所得相同？

六、任务解答

分别计算不同投资对象的税后净所得，比较之后，选择税后净所得大的方案。具体见表5-38。

表5-38　　　　　　　　　　　　选择投资对象方案对比表　　　　　　　　　　　　单位：元

项目	国债	公司债券
年利息收入	4 500	5 500
应纳所得税额	0	1 100
税后净所得	4 500	4 400
方案选择	以个人税后净所得为决策标准，选择国债作为投资对象更有利	

思政专栏

薇娅被罚，要补的不只是税

2021年12月20日，税务部门发布通报，直播带货网络主播黄薇（网名：薇娅）偷逃税被罚共计13.41亿元。调查显示称，在2019年至2020年期间，黄薇通过隐匿其从直播平台取得的佣金收入虚假申报偷逃税款；通过设立上海蔚贺企业管理咨询中心、上海独苏企业管理咨询合伙企业等多家个人独资企业、合伙企业虚构业务，将其个人从事直播带货取得的佣金、坑位费等劳务报酬所得转换为企业经营所得进行虚假申报偷逃税款；从事其他生产经营活动取得收入，未依法申报纳税。税务局依据《中华人民共和国个人所得税法》《中华人民共和国税收征收管理法》等的规定，依法确认其偷逃税款6.43亿元，其他少缴税款0.6亿元，依法对黄薇作出税务行政处理处罚决定，追缴税款、加收滞纳金并处罚款，共计13.41亿元。

近年来，国家大力支持新经济新业态发展，平台经济、直播带货等一大批新业态新模式涌现，在助力疫情防控、保障人民生活、对冲行业压力、带动经济复苏等方面发挥了重要作用。然而随着直播带货成为电商平台最大的增长点，网络主播的收入水涨船高，但大部分主播没有承担与其收入和地位相匹配的社会责任，不仅没有自觉依法纳税，反而研究花式避税手段，甚至偷税漏税，违法犯罪。

【启示】税务部门作出的处理处罚决定体现了税法权威和公平公正，一方面坚持依法严查严处，坚决维护国家税法权威，促进社会公平正义；另一方面充分考虑当事人主动减轻违法行为危害后果的情节，反映税务部门宽严相济，促进新经济新业态在发展中规范，旨在警示网络直播从业人员，网络直播并非法外之地，要自觉依法纳税。高收入人群及相关行业公司和从业人员，更应重视自身税务合规管理，积极学习税务机关的法规政策，排查自身的税务风险，重新审视自身经营管理模式，必要时重构自身的业务模式，在承担巨大社会影响力的同时，更需树立好自身网络商业形象，帮助维护良好网络直播环境，在更深层次更高水平上促进行业良性发展。

资料来源：国家税务总局.国家税务总局坚决支持依法严肃查处黄薇偷逃税案件［EB/OL］.［2021-12-20］.http://www.chinatax.gov.cn/chinatax/n810219/c102025/c5171508/content.html.

项目六

财产和行为税

任务一 财产和行为税税款计算
——印花税

一、实训目的

1.能正确确定印花税的纳税人和征收项目及税收优惠；
2.能正确确定印花税税率；
3.能正确计算印花税税额；
4.培养学生诚实守信、坚持准则的职业道德。

二、实训材料

1.印花税涉税资料；
2.印花税税率表。

三、实训内容和步骤

（一）确定印花税的纳税义务人

（1）凡由两方或两方以上当事人共同书立的应税凭证，其当事人各方都是印花税的纳税人，应各就其所持凭证的计税金额履行纳税义务；

（2）纳税人以电子形式签订的各类应税凭证应按照规定征收印花税。

（二）确定印花税的税率

印花税采用比例和定额两种税率。印花税的比例税率有五档，即：千分之一、万分之五、万分之三、万分之零点五和万分之二点五。

（三）确定计税依据

（1）应税合同的计税依据，为合同所列的金额，不包括列明的增值税税款；

（2）应税产权转移书据的计税依据，为产权转移书据所列的金额，不包括列明的增值税税款；

（3）应税营业账簿的计税依据，为账簿记载的实收资本（股本）、资本公积合计金额；

（4）证券交易的计税依据，为成交金额。

（四）根据计税依据和税率，计算印花税

$$应纳税额 = 计税依据 \times 税率$$

四、实训注意事项

（1）注意合同不仅指具有正规格式的合同，也包括具有合同性质的单据、凭证；

（2）注意不同合同、凭证的项目范围的差异，订购单、订数单等属于买卖合同；

（3）注意电网与用户之间签订的供用合同不属于印花税列举征税的凭证，不征收印花税；

（4）一般的法律、会计、审计等方面的咨询不属于技术咨询，其所立合同不贴印花税票；

（5）注意商品房销售合同不属于买卖合同，应按照"产权转移书据"税目缴纳印花税；

（6）注意区分与专利有关的合同适用的印花税税目，其中专利申请权转让和非专利技术转让合同适用的税目是"技术合同"，不是"产权转移书据"；

（7）培养学生诚实守信、坚持准则的职业道德。

五、实训任务

（1）甲企业与某运输公司签订货物运输合同，记载装卸费20万元、保险费10万元、运输费30万元。

要求：判断甲企业按"运输合同"税目计算缴纳印花税的计税依据。

（2）某公司受托加工制作广告牌，双方签订的承揽合同中分别注明加工费40 000元，委托方提供价值60 000元的主要材料，受托方提供价值2 000元的辅助材料。

要求：计算该公司此项合同应缴纳的印花税金额。

六、任务解答

（1）运输合同计税依据为取得的运输费金额，但不包括所运货物的金额、装卸费用和保险费用等，故甲企业按"运输合同"税目计算缴纳印花税的计税依据为30万元。

（2）制作广告牌属于加工承揽行为，由委托方提供主要材料或原料，受托方只提供辅助材料的加工合同，无论加工费和辅助材料金额是否分别记载，均以辅助材料与加工费的合计数依"承揽合同"税目计税贴花。对委托方提供的主要材料或者原料金额不计税贴花。所以该公司此项合同应缴纳的印花税 ＝（40 000 ＋ 2 000）× 0.3‰ ＝ 12.6（元）。

任务二　财产和行为税税款计算
——房产税

一、实训目的

1.能正确确定房产税纳税义务人和征税范围；

2.能正确计算房产税；

3.培养学生诚实守信、坚持准则的职业道德。

二、实训材料

1.企业房产资料；

2.房产税计算表。

三、实训内容和步骤

（一）确定房产税的纳税义务人

房产税的纳税义务人是指征税范围内的房屋产权所有人，具体包括经营管理单位、集体单位和个人、房产承典人、房产代管人或使用人。

（二）确定房产税的税率

自有房产用于经营，税率是1.2%的规定税率；出租非居住的房产，税率是12%的规定税率；个人出租住房（不分出租后用途），税率是4%的优惠税率。

（三）确定计税方法

1. 从价计征

从价计征适用于自用的房产。

2. 从租计征

从租计征适用于出租的房产。

（四）确定计税依据

对于经营自用的房屋，是以房产的原值一次性减除10%至30%后的余值作为计税依据的，减除的比例将由各省在10%～30%的幅度内确定。如果没有房产原值作为依据，将由房产所在地的税务机关参考同类房产核定。对于出租的房屋，以租金收入作为计税依据。

（五）根据计税依据和税率，计算房产税

从价计征：年应纳税额＝应税房产原值×（1－原值减除比例）×1.2%

从租计征：应纳税额＝租金收入×12%

四、实训注意事项

（1）融资租赁的房产，由承租人自融资租赁合同约定开始日的次月起，依照房产余值缴纳房产税；

（2）对于出租房产，租赁双方签订的租赁合同约定有免收租金期间的，免收租金期间由产权所有人按照房产余值缴纳房产税；

（3）个人所有非营业用的房产，免征房产税；

（4）经营公租房的租金收入，免征房产税；

（5）纳税人将原有房产用于生产经营，从生产经营之月起缴纳房产税；

（6）纳税人自行新建房屋用于生产经营，从建成之次月起缴纳房产税；

（7）培养学生诚实守信、坚持准则的职业道德。

五、实训任务

（1）某企业2022年3月投资1 500万元取得5万平方米的土地使用权，用于建筑面积为3万平方米的厂房，建筑成本和费用为2 000万元，2022年4月底竣工验收并投入使用。

要求：判断对该厂房征收房产税时所确定的房产原值。

（2）某公司2016年购置的办公大楼的原值为30 000万元，2022年2月28日将其中部分闲置房间出租，租期2年。出租部分房产原值为5 000万元，租金每年1 000万元（不含增值税），当地规定房产原值减除比例为20%。

要求：计算2022年该公司应缴纳的房产税。

六、任务解答

（1）按房产原值计税的房产，无论会计上如何核算，房产原值均应包含地价、为取得土地使用权支付的价款、开发土地发生的成本费用等。

计征房产税的房产原值 = 1 500 + 2 000 = 3 500（万元）

（2）经营自用的房产从价计征房产税；出租的房产从租计征房产税。

应纳房产税 =（30 000 − 5 000）×（1 − 20%）× 1.2% + 5 000 ×（1 − 20%）×

1.2% × 2/12 + 1 000 × 10/12 × 12% = 348（万元）

任务三　财产和行为税税款计算
——车船税

一、实训目的

1. 能正确确定车船税纳税人、征税对象及优惠政策；
2. 能正确确定车船税税目与税率；
3. 能正确计算车船税；
4. 培养学生诚实守信、坚持准则的职业道德。

二、实训材料

（1）企业车船资料；
（2）车船税计算表。

三、实训内容和步骤

（一）确定车船税的纳税义务人

（1）按照 2012 年 1 月 1 日起实施的《车船税法》和《车船税法实施条例》，非机动车辆不属于车船税的征税范围。

（2）拖拉机不需要缴纳车船税。

（3）境内单位和个人租入外国籍船舶的，不征收车船税。境内单位和个人将船舶出租到境外的，应依法征收车船税。

（二）确定车船税的计税依据

（1）车船税计税依据按车船的种类和性能，分别确定为每辆、整备质量每吨、净吨位每吨和艇身长度每米。

（2）适用"整备质量每吨"计税单位的商用车包括半挂牵引车、挂车（客货两用汽车、三轮汽车和低速载货汽车等）。挂车按照货车税额的 50% 计算。

（3）适用"净吨位每吨"计税单位的拖船、非机动驳船分别按机动船舶税额的 50% 计算。

（三）确定车船税税率

车船税税率为定额税率。

（四）根据计税依据和税率，计算车船税

载客汽车、电车、摩托车：应纳税额 = 辆数 × 适用年税额

载货汽车、三轮汽车、低速货车：应纳税额＝自重吨位数×适用年税额

船舶：应纳税额＝净吨位数×适用年税额

拖船和非机动驳船的应纳税额＝净吨位数×适用年税额×50%

1.购置新车船的税额计算

（1）新车船购置当年的应纳税额自纳税义务发生的当月起按月计算。

（2）计算公式：

①应纳税额＝（年应纳税额÷12）×应纳税月份数

②应纳税月份数＝12－纳税义务发生时间（取得月份）＋1

2.被盗抢、报废、灭失的车船的税额计算

（1）在一个纳税年度内，已完税的车船被盗抢、报废、灭失的，纳税人可以凭有关管理机关出具的证明和完税证明，向纳税所在地的主管税务机关申请退还自被盗抢、报废、灭失月份起至该纳税年度终了期间的税款；

（2）已办理退税的被盗抢车辆，失而复得的，纳税人应当从公安机关出具相关证明的当月起计算缴纳车船税；

（3）已缴纳车船税的车船在同一纳税年度内办理转让过户的，不另纳税，也不退税。

四、实训注意事项

（一）税收优惠

（1）对捕捞、养殖渔船，免征车船税；

（2）对节能汽车，减半征收车船税；

（3）对新能源车船，免征车船税；

（4）对按照规定缴纳船舶吨税的机动船舶，自《车船税法》实施之日起5年内免征车船税；

（5）依法不需要在车船登记管理部门登记的机场、港口、铁路站场内部行驶或者作业的车船，自《车船税法》实施之日起5年内免征车船税。

（二）征收管理

（1）车船税纳税义务发生时间为取得车船所有权或者管理权的当月；

（2）车船税按年申报，分月计算，一次性缴纳；

（3）从事机动车第三者责任强制险业务的保险机构为机动车车船税的扣缴义务人，应当在收取保险费时依法代收车船税，并出具代收税款凭证。

（三）培养学生诚实守信、坚持准则的职业道德

五、实训任务

（1）某单位2022年4月3日购买奥迪轿车一辆。该省规定该排量乘用车每辆适用的车船税年税额为960元。

要求：计算该单位2022年度应缴纳的车船税。

（2）某企业2022年1月已缴纳5辆客车的车船税，其中一辆9月被盗，已办理车船税退还手续；11月由公安机关找回并出具证明，企业补缴了车船税，假定该类型客车年基准税额为480元/辆。

要求：计算该企业2022年实际缴纳的车船税。

（3）2022年度某运输公司拥有载客人数9人以下的小汽车20辆，载客人数9人以上的客车30辆，载货汽车15辆（每辆整备质量8吨），另有纯电动汽车8辆。小汽车适用的车船税年税额为每辆800元，客车适用的车船税年税额为每辆1 200元，货车适用的车船税年税额为整备质量每吨60元。

要求：计算该运输公司2022年度应缴纳的车船税。

六、任务解答

（1）该单位这辆轿车2022年应纳税月份数 = 12 − 4 + 1 = 9（个）；该辆轿车当年应缴纳的车船税 = 960 ÷ 12 × 9 = 720（元）。

（2）在一个纳税年度内，已完税的车船被盗抢、报废、灭失的，纳税人可以凭有关管理机关出具的证明和完税证明，向纳税所在地的主管税务机关申请退还自被盗抢、报废、灭失月份起至该纳税年度终了期间的税款。已办理退税的被盗抢车辆，失而复得的，纳税人应当从公安机关出具相关证明的当月起计算缴纳车船税。该企业2022年实缴的车船税总额 = 4 × 480 + 480 ÷ 12 × 10 = 2 320（元）。

（3）该运输公司应缴纳的车船税 = 800 × 20 + 1 200 × 30 + 8 × 60 × 15 = 59 200（元）

任务四　财产和行为税税款计算
——城镇土地使用税

一、实训目的

1.能正确确定城镇土地使用税纳税人、征税对象及运用优惠政策；
2.能正确计算城镇土地使用税；
3.培养学生诚实守信、坚持准则的职业道德。

二、实训材料

1.企业占地情况；
2.城镇土地使用税计算表。

三、实训内容和步骤

（一）确定城镇土地使用税纳税人和征税范围

（1）纳税义务人：城镇土地使用税是以开征区域内的国家所有和集体所有的土地为征税对象，对拥有土地使用权的单位和个人征收的一种税；

（2）征税范围：城镇土地使用税的征税范围，包括在城市、县城、建制镇和工矿区内的国家所有和集体所有的土地；

（3）计税依据：城镇土地使用税以纳税义务人实际占用的土地面积为计税依据。

（二）确定城镇土地使用税的税率

城镇土地使用税采用定额税率，每平方米土地的城镇土地使用税年税额标准规定如下：

（1）大城市 1.5 元至 30 元；（2）中等城市 1.2 元至 24 元；（3）小城市 0.9 元至 18 元；（4）县城、建制镇、工矿区 0.6 元至 12 元。

（三）确定计税依据

城镇土地使用税的计税依据为实际占用的土地面积。

（四）根据计税依据和税率，计算城镇土地使用税

全年应纳税额 = 实际占用应纳税土地面积（平方米）× 适用税率

四、实训注意事项

（一）注意与耕地占用税的关系

（1）纳税人新征用的耕地，自批准征用之日起满 1 年时开始缴纳城镇土地使用税；

（2）纳税人新征用的非耕地，自批准征用次月起缴纳城镇土地使用税。

（二）纳税期限

城镇土地使用税实行按年计算、分期缴纳的征收办法，具体纳税期限由省、自治区、直辖市人民政府确定。

（三）优惠政策

（1）企业办的学校、医院、托儿所、幼儿园，其用地能与企业其他用地明确区分的，免征城镇土地使用税。

（2）国家机关、人民团体、军队自用的土地免税，出租等非自用的不免税。

（3）对于在城镇土地使用税征税范围内单独建造的地下建筑用地，按规定征收城镇土地使用税。其中，已取得地下土地使用权证的，按土地使用权证确认的土地面积计算应征税款，并且单独建造的地下建筑用地暂按 50% 征收城镇土地使用税。

（四）培养学生诚实守信、坚持准则的职业道德

五、实训任务

（1）某企业 2022 年年初占用土地 20 000 平方米，其中幼儿园占地 400 平方米，其余为生产经营用地；6 月购置一栋办公楼，占地 300 平方米。该企业所在地城镇土地使用税年税额为 6 元/平方米。

要求：计算该企业 2022 年应缴纳的城镇土地使用税。

（2）某企业 2022 年度拥有位于市郊的一宗地块，其地上面积为 10 000 平方米，单独建造的地下建筑占地面积为 4 000 平方米（已取得地下土地使用权证）。该市规定的城镇土地使用税年税额为 2 元/平方米。

要求：计算该企业 2022 年度就此地块应缴纳的城镇土地使用税。

六、任务解答

（1）企业办的学校、医院、托儿所、幼儿园，其用地能与企业其他用地明确区分的，免征城镇土地使用税；该企业 2022 年应缴纳的城镇土地使用税 =（20 000 − 400）×

$6 + 300 × 6/12 × 6 = 118\ 500$（元）。

（2）对于在城镇土地使用税征税范围内单独建造的地下建筑用地，按规定征收城镇土地使用税。其中，已取得地下土地使用权证的，按土地使用权证确认的土地面积计算应征税款，并且单独建造的地下建筑用地暂按50%征收城镇土地使用税。该企业2022年度就此地块应缴纳的城镇土地使用税 $= 10\ 000 × 2 + 4\ 000 × 2 × 50\% = 24\ 000$（元）。

任务五　财产和行为税税款计算
——契税

一、实训目标

1.能正确确定契税征税对象；
2.能正确计算契税；
3.培养学生诚实守信、坚持准则的职业道德。

二、实训材料

1.企业购房资料；
2.契税税率表。

三、实训内容和步骤

（一）确定契税的征税对象、纳税义务人及计税依据

征税对象、纳税义务人及计税依据见表6-1。

表6-1　　　　　　　　征税对象、纳税义务人及计税依据

征税对象	纳税义务人	计税依据（不含增值税）
国有土地使用权出让	受让方	成交价
土地使用权出售		
房屋买卖	买方	
土地使用权赠与、房屋赠与	受赠方	征收机关参照市场价核定
土地使用权交换、房屋交换	付出差价方	等价交换免征契税；不等价交换，依交换价格差额征税

（二）确定契税的税率

契税实行3%～5%的幅度税率，各省、自治区、直辖市人民政府按本地区的实际情况在幅度内确定。

（三）根据账载金额和税率，计算契税

$$应纳税额 = 计税依据 × 税率$$

四、实训注意事项

（1）"营改增"后，成交价格等契税的计税依据不含增值税；税务机关核定的计税价格或收入也不含增值税。

（2）等价交换房屋、土地使用权与实物交换房屋、土地使用权不是等同概念。

（3）以划拨方式取得土地使用权，经批准转让房地产时，由房屋转让者补缴契税。计税依据为补缴的土地使用权出让费用或者土地收益。

（4）由于契税的纳税人是承受方，对承受国有土地使用权应支付的土地出让金，要征收契税，不得因减免出让金而减免契税。

（5）房屋的继承要分法定继承与非法定继承，法定继承不征契税，非法定继承属于契税的征税范围。

（6）契税优惠政策归纳见表6-2。

表6-2 契税优惠政策

个人购买住房	契税优惠政策
城镇职工按规定第一次购买公有住房	免征
个人购买的家庭唯一住房，面积为90平方米及以下的	减按1%征收
个人购买的家庭唯一住房，面积为90平方米以上的	减按1.5%征收
个人购买的第二套改善住房，面积为90平方米及以下的（北、上、广、深除外）	减按1%征收
个人购买的第二套改善住房，面积为90平方米以上的（北、上、广、深除外）	减按2%征收

（7）契税纳税义务发生时间为纳税人签订土地、房屋权属转移的当天，或者取得其他具有土地、房屋权属转移合同性质凭证的当天；纳税期限为纳税义务发生之日起10日内；纳税地点为土地、房屋所在地。

（8）培养学生诚实守信、坚持准则的职业道德。

五、实训任务

山东省某市居民张先生和太太2015年1月以50万元购买一套74平方米的住房作为结婚用房，2022年8月生子后，为改善住房条件，以94.5万元（发票注明价款90万元，增值税4.5万元）购买了第二套100平方米的住房。

要求：计算张先生一家两次共缴纳的契税金额。

六、任务解答

第一套90平方米及以下住房按照1%的税率征收契税；第二套改善性住房超过90平方米，按2%的税率征收契税。故张先生一家两次共缴纳的契税 = 50 × 1% + 90 × 2% = 2.3（万元）。

任务六 财产和行为税纳税申报
——印花税

一、实训目的

1.能正确填写财产和行为税纳税申报表进行印花税的申报；

2.培养学生依法纳税的意识，提高社会责任感。

二、实训材料

1.企业基本情况；

2.商标权登记汇总表；

3.专利权登记汇总表；

4.合同登记管理表。

三、实训内容和步骤

1.填写纳税申报表的表头；

2.填写印花税税源申请表；

3.填写财产和行为税纳税申报表。

四、实训注意事项

1."纳税人识别号（统一社会信用代码）"，填报税务机关核发的纳税人识别号或有关部门核发的统一社会信用代码；

2."纳税人名称"，填报营业执照、税务登记证等证件载明的纳税人名称；

3.印花税税源明细表需要区分按期申报和按次申报分别填写；

4.培养学生依法纳税的意识，提高社会责任感。

五、实训任务

北京洛伊服装有限公司（统一社会信用代码：911101000339294442）为增值税一般纳税人，该企业于2022年8月份发生以下业务：

（1）签订了1份易货合同；

（2）签订了1份买卖合同，但因不可抗力最后未能履行；

（3）签订了1份建筑工程合同，之后又将工程的部分项目转包给其他公司。

（4）合同管理登记表见表6-3。

表6-3　　　　　　　　　　　合同管理登记表

序号	合同名称	合同金额（元）	备注
1	建筑工程合同	10 000 000.00	总包合同
2	建筑工程合同	2 000 000.00	分包合同
3	买卖合同	2 300 000.00	因不可抗力最后未能履行
4	易货合同	—	以5 300 000元的建筑材料交换4 800 000元的建筑材料

要求：请代为申报印花税。（企业坐落于城市，申报时保留两位小数，属于同一税目的一律汇总申报，无减免税或抵扣的不必填写）

六、任务解答

印花税税源明细表见表6-4、财产和行为税纳税申报表见表6-5。

表6-4

印花税税源明细表

纳税人识别号（统一社会信用代码）：91110100033929442

纳税人名称：北京洛伊服装有限公司

金额单位：人民币元（列至角分）

按期申报

序号	税目	税款所属期限起	税款所属期限止	应纳税凭证编号	应纳税凭证书立（领受）日期	计税金额或件数	核定比例	税率	减免性质代码和项目名称
1									
2									
3									

按次申报

序号	税目	税款所属期限起	税款所属期限止	应纳税凭证编号	应纳税凭证书立（领受）日期	计税金额或件数	核定比例	税率	减免性质代码和项目名称
1	买卖合同	2022-08-01	2022-08-31	略	略	2 300 000.00		0.3‰	
2	买卖合同	2022-08-01	2022-08-31	略	略	10 100 000.00		0.3‰	
3	建筑工程合同	2022-08-01	2022-08-31	略	略	10 000 000.00		0.3‰	
4	建筑工程合同	2022-08-01	2022-08-31	略	略	2 000 000.00		0.3‰	

表6-5

财产和行为税纳税申报表

纳税人识别号（统一社会信用代码）：91110100033929442

纳税人名称：北京洛伊服装有限公司

金额单位：人民币元（列至角分）

序号	税种	税目	税款所属期起	税款所属期止	计税依据	税率	应纳税额	减免税额	已缴税额	应补（退）税额
1	印花税	买卖合同	2022年8月1日	2022年8月31日	12 400 000.00	0.3‰	3 720.00	0	0	3 720.00
2	印花税	建筑工程合同	2022年8月1日	2022年8月31日	12 000 000.00	0.3‰	3 600.00	0	0	3 600.00
3										
4										
合计	—				—	—	7 320.00	—	0	7 320.00

（1）买卖合同金额 = 2 300 000 + 5 300 000 + 4 800 000 = 12 400 000（元）（易货合同换出相当于销售，换入相当于采购）

（2）买卖合同本期应纳税额 = 12 400 000 × 0.3‰ = 3 720（元）

（3）建筑工程合同金额 = 10 000 000 + 2 000 000 = 12 000 000（元）

（4）建筑工程合同本期应纳税额 = 12 000 000 × 0.3‰ = 3 600（元）

任务七　财产和行为税纳税申报
——车船税

一、实训目的

1.能正确填写财产和行为税纳税申报表并进行车船税的申报；

2.培养学生依法纳税的意识，提高社会责任感。

二、实训材料

1.企业基本情况；

2.商标权登记汇总表；

3.专利权登记汇总表；

4.合同登记管理表。

三、实训内容和步骤

（一）填写纳税申报表的表头

（1）对首次进行车船税纳税申报的纳税人，需要申报其全部车船的主附表信息。此后办理纳税申报时，如果纳税人的车船及相关信息未发生变化，可不再填报信息，仅提供相关证件，由税务机关按上次申报信息生成申报表后，纳税人进行签章确认即可。对于车船或纳税人有关信息发生变化的，纳税人仅就变化的内容进行填报。已获取第三方信息的地区，税务机关可将第三方信息导入纳税申报系统，直接生成申报表由纳税人进行签章确认。

（2）税款所属期限：填报纳税年度的1月1日至12月31日。

（3）纳税人识别号（统一社会信用代码）：单位纳税人填报，自然人纳税人不必填报。

（4）纳税人身份证照类型：组织机构代码，居民身份证或临时居民身份证，有效军人身份证件，香港、澳门特别行政区居民身份证明，台湾地区居民身份证明，外国人护照或居留许可，外交部核发的外国驻华使馆、领馆人员、国际组织驻华代表机构人员的有效身份证，其他。

（5）纳税人身份证照号码：是单位的，填报含所属行政区域代码的组织机构代码；是个人的，填报身份证件号码。

（二）填写主表

1.征收品目

（1）1.0升（含）以下的乘用车；

（2）1.0升以上至1.6升（含）的乘用车；

（3）1.6升以上至2.0升（含）的乘用车；

（4）2.0升以上至2.5升（含）的乘用车；

（5）2.5升以上至3.0升（含）的乘用车；

（6）3.0升以上至4.0升（含）的乘用车；

（7）4.0升以上的乘用车；

（8）核定载客人数9人以上20人以下的中型客车；

（9）核定载客人数20人（含）以上的大型客车；

（10）货车；

（11）挂车；

（12）专用作业车；

（13）轮式专用机械车；

（14）摩托车；

（15）净吨位不超过200吨的机动船舶；

（16）净吨位超过200吨但不超过2 000吨的机动船舶；

（17）净吨位超过2 000吨但不超过10 000吨的机动船舶；

（18）净吨位超过10 000吨的机动船舶；

（19）艇身长度不超过10米的游艇；

（20）艇身长度超过10米但不超过18米的游艇；

（21）艇身长度超过18米但不超过30米的游艇；

（22）艇身长度超过30米的游艇。

2.计税单位

（1）乘用车、客车、摩托车子税目，填报辆；

（2）货车、挂车、专用作业车、轮式专用机械车、机动船舶子税目，填报吨（保留两位小数）；

（3）游艇子税目，填报米。

3.计税单位的数量

车辆按辆征收车船税的，填报辆数；车辆按整备质量以及船舶按净吨位征收车船税的，填报吨数；游艇按米征收车船税的，填报总长的米数。

4.单位税额

根据纳税地点所在省、自治区、直辖市车船税实施办法所附税目税额表相应的单位税额填报。

5.减免性质代码

按照国家税务总局制定下发的最新"减免性质及分类表"中的最细项减免性质代码填报。

四、实训注意事项

按照车船税纳税申报的要求进行填报，培养学生依法纳税的意识，提高社会责任感。

五、实训任务

某（船舶）公司经营范围为国际货运代理业务和外贸进出口业务，拥有货轮和拖船各一只。

要求：请于2022年1月代为申报2021年度的车船税。（拖船按照发动机功率每1千瓦折合净吨位0.67吨计算征收车船税，其中：1马力等于0.735千瓦。拖船、非机动驳船分别按照机动船舶税额的50%计算）

【提示】（1）一般是年初申报本年的车船税，年度中有新增车船的再另行补缴；（2）假设购买车船时，销售方没有代扣车船税，由企业自行申报；（3）企业坐落于城市，申报时保留两位小数，属于同一税目的一律汇总申报，无减免税或抵扣的不必填写；（4）减免性质代码：无。

六、任务解答

填写车船税税源明细表见表6-6、财产和行为税纳税申报表见表6-7。

（1）计税单位的数量在车船税税源明细表上查找，分别为5 000吨、984.9吨；

（2）年应纳税额 = 计税单位的数量 × 单位税额

$$= 5\ 000 × 5 + 984.9 × 4 × 50\% = 26\ 969.8（元）$$

任务八 财产和行为税纳税申报
——城镇土地使用税、房产税

一、实训目的

1.能正确填写财产和行为税纳税申报表，进行城镇土地使用税和房产税的纳税申报；

2.培养学生依法纳税的意识，提高社会责任感。

二、实训材料

1.企业基本情况；

2.房产资料；

3.地产资料。

表6-6

车船税税源明细表（船舶）

纳税人名称：

填表日期：

序号	船舶登记号	船舶识别号	船舶种类	中文船名	初次登记号码	船籍港	发证日期	取得所有权日期	建成日期	净吨位	主机功率	艇身长度（总长）	单位税额	减免性质代码和项目名称	纳税义务终止时间
1	29000700000046	2015D4789321	货船		22065646546		2021-01-03	2021-01-03		净吨位超过2 000吨但不超过10 000吨			5.00		
2	29000700000168	2015F4679189	拖船		33111212127632		2021-01-03	2021-01-03		净吨位超过200吨但不超过2 000吨			2.00		
3															
4															
5															
6															
7															
8															
9															
10															

申报船舶总数（艘）

表6-7

财产和行为税纳税申报表

纳税人识别号（统一社会信用代码）：91110108022119394

纳税人名称：天津市××船舶有限公司

金额单位：人民币元（列至角分）

序号	税种	税目	税款所属期起	税款所属期止	计税依据	税率	应纳税额	减免税额	已缴税额	应补（退）税额
1	车船税		2021年1月1日	2021年12月31日	5 000.00吨	5.00	25 000.00	0	0	25 000.00
2	车船税		2021年1月1日	2021年12月31日	984.90吨	2.00	1 969.80		0	1 969.80
3										
4										
5										
6										
7										
8										
9										
10										
11 合计	—	—	—	—	—	—	26 969.80	0	0	26 969.80

声明：此表是根据国家税收法律法规及相关规定填写的，本人（单位）对填报内容（及附带资料）的真实性、可靠性、完整性负责。

纳税人（签章）：

受理人：

经办人：

经办人身份证号：

代理机构签章：

代理机构统一社会信用代码：

受理税务机关（章）：

受理日期：　　年　月　日

三、实训内容和步骤

（一）填写税源明细表

1.填写城镇土地使用税税源明细表

（1）首次进行纳税申报的纳税人，需要填写全部土地的相关信息。此后办理纳税申报时，纳税人的土地及相关信息未发生变化的，可仅对已填报的信息进行确认；发生变化的，仅就变化的内容进行填写。

（2）城镇土地使用税税源明细表填报遵循"谁纳税、谁申报"的原则，只要存在城镇土地使用税纳税义务，就应当如实填报土地信息。

（3）每一宗土地填写一张表。同一宗土地跨两个土地等级的，按照不同等级分别填表。无不动产权证（土地使用权证）的，按照土地坐落地址分别填表。纳税人不得将多宗土地合并成一条记录填表。

（4）对于本表中的数据项目，有不动产权证（土地使用权证）的，依据证件记载内容填写，没有不动产权证（土地使用权证）的，依据实际情况填写。

2.填写房产税税源明细表

（1）从价计征房产税税源明细。首次进行纳税申报的纳税人，需要填写全部房产的相关信息，此后办理纳税申报时，纳税人的房产及相关信息未发生变化的，可仅对已填报的信息进行确认；发生变化的，仅就变化的内容进行填写。房产税税源明细表填报遵循"谁纳税、谁申报"的原则，只要存在房产税纳税义务，就应当如实填报房产明细信息。每一独立房产应当填写一张表，即同一不动产权证（房屋所有权证）有多幢（个）房产的，每幢（个）房产填写一张表。无不动产权证（房屋所有权证）的房产，每幢（个）房产填写一张表。纳税人不得将多幢房产合并成一条记录填表。对于本表中的数据项目，有不动产权证（房屋所有权证）的，依据证件记载的内容填写，没有不动产权证（房屋所有权证）的，依据实际情况填写。纳税人有出租房产的，应当先填写从价计征房产税税源明细，再填写从租计征房产税税源明细。

（2）从租计征房产税税源明细。每一独立出租的房产都应当填写一张表，即同一不动产权证有多幢房产的，每幢房产填写一张表。无不动产权证的房产，每幢房产填写一张表。纳税人不得将多幢房产合并成一条记录填表。

（二）填写财产和行为税纳税申报表主表

本期应纳税额根据"城镇土地使用税　房产税税源明细表""税源明细"中有关数据项自动计算生成。

1.城镇土地使用税

$$\text{本期应纳税额} = \sum 占用土地面积 \times 税额标准 \div 12 \times \left(\frac{所属期}{止月份} - \frac{所属期}{起月份} + 1 \right)$$

$$\text{本期减免税额} = \sum \frac{\text{"城镇土地使用税　房产税税源明细表"}}{\text{"城镇土地使用税税源明细"中月减免税额}} \times \left(\frac{所属期}{止月份} - \frac{所属期}{起月份} + 1 \right)$$

$$本期应补(退)税额 = 本期应纳税额 - 本期减免税额 - 本期增值税小规模纳税人减征额 - 本期已缴税额$$

2. 房产税

从价计征：$本期应纳税额 = 应税房产原值 \times \left(1 - 原值减除比例\right) \times 1.2\% \div 12 \times \left(所属期止月份 - 所属期起月份 + 1\right)$

从租计征：$本期应纳税额 = 月租金 \times 12\% \times \left(所属期止月份 - 所属期起月份 + 1\right)$

（三）填写财产和行为税减免税明细申报附表

根据税源明细表及享受减免税优惠政策填写此表。

四、注意事项

（1）2019年10月后房产税和城镇土地使用税统一按年征收、分期缴纳，于每季度终了后15日内申报；

（2）城镇土地使用税采用定额税率，按大、中、小城市和县城、建制镇、工矿区分别规定每平方米城镇土地使用税年应纳税额；

（3）培养学生依法纳税的意识，提高社会责任感。

五、实训任务

北京建航购物中心有限公司（统一社会信用代码：911101088022119394）拥有一地下商场的土地房屋产权证，该房产原值500万元，不动产权证号：201400167，房产自用，房产原值减除比例30%。

该公司土地等级为三级，商场占地面积3 000平方米，土地编号：茂国用（2014）02005147。每平方米税额为18元/平方米，土地坐落地点即公司通信地址：北京市东城区海运仓街道2号，减免性质代码：10129901。减免项目名称：地下建筑用地暂按50%征收城镇土地使用税。

要求：填写2022年第一季度城镇土地使用税 房产税纳税申报表。

六、任务解答

城镇土地使用税 房产税税源明细表见表6-8，财产和行为税减免税明细申报附表见表6-9，财产和行为税纳税申报表见表6-10。

（1）城镇土地使用税减免税土地面积 = 3 000 × 50% = 1 500（平方米）

（2）城镇土地使用税月减免金额 = 1 500 × 18 ÷ 12 = 2 250（元）

（3）城镇土地使用税第一季度应纳税额 = 3 000 × 18 ÷ 12 × 3 = 13 500（元）

（4）城镇土地使用税第一季度减免税额 = 2 250 × 3 = 6 750（元）

（5）房产税第一季度应纳税额 = 5 000 000 × （1 - 30%）× 1.2% ÷ 12 × 3 = 10 500（元）

表6-8

城镇土地使用税 房产税税源明细表

纳税人识别号（统一社会信用代码）：91110108022119394

纳税人名称：北京建航购物中心有限公司

金额单位：人民币元（列至角分）；面积单位：平方米

一、城镇土地使用税税源明细

项目	内容	项目	内容
*纳税人类型	土地使用权人□ 集体土地使用人□ 无偿使用人□ 代管人□ 实际使用人□（必选）	土地使用权人纳税人识别号（统一社会信用代码）	91110108022119394
		土地使用权人名称	
*土地编号	茂国用（2014）02005147	土地名称	
不动产单元号		宗地号	
		不动产权证号	
*土地取得方式	划拨□ 出让□ 转让□ 租赁□ 其他□（必选）	*土地用途	工业□ 商业□ 居住□ 综合□ 房地产开发企业的开发用地□ 其他□（必选）
		*土地性质	国有□ 集体□（必选）
*土地坐落地址（详细地址）	省（自治区、直辖市）北京市（区）东城 县（区）海运仓 乡镇（街道）2号（必填）		
*土地所属主管税务所（科、分局）	系统自动带出		
*土地取得时间	2014年4月	变更类型	信息项变更（土地面积变更□ 土地等级变更□ 减免变更□ 其他□） 纳税义务终止（权属转移□ 其他□）
地价	3 000	*土地等级	三级
*占用土地面积		变更时间	年 月
		*税额标准	18元/平方米

减免税部分	序号	减免性质代码和项目名称	减免起始时间 减免起始月份 年 月	减免终止时间 减免终止月份 年 月	减免税土地面积	月减免税金额
	1	10129901	2022年1月1日	2022年12月31日	1 500.00	2 250.00
	2					
	3					

续表

二、房产税税源明细

(一)从价计征房产税明细

*纳税人类型	产权所有人□ 经营管理人□ 承典人□ 房屋代管人□ 房屋使用人□ 融资租赁承租人□（必选）	所有权人纳税人识别号（统一社会信用代码）	所有权人名称
		系统赋予	
*房产权证号	201400167	房产名称	
		不动产权证号	
		不动产单元号	
*房屋坐落地址（详细地址）	北京市（区） 东城县（区） 海运仓乡镇（街道）2号		（必填）
*房产所属主管税务所（科、分局）	省（自治区、直辖市）		
房产所在土地编号	系统自动带出		
*房产取得时间	2014年5月		
变更类型	信息项变更□ 纳税义务终止（权属转移□ 其他□）其中：房产原值变更（房产原值变更□ 出租房产原值变更□ 原值变更□ 其他□）其中：申报租金收入变更（申报租金收入变更□ 变更□ 其他□） 减免税	变更时间	年 月
*房产用途	工业□ 商业及办公用房□ 住房□ 其他□		
建筑面积	3 000		
*房产原值	5 000 000	计税房产原值	系统自动带出
		计税比例	系统设定
		减免税房产原值	

减免税部分	序号	减免性质代码和项目名称	减免起始月份 年 月	减免终止月份 年 月	减免税房产原值	月减免税金额
	1					
	2					
	3					

(二)从租计征房产税明细

*房产编号		房产名称	
*房产所属主管税务所（科、分局）		承租方名称	
承租方纳税人识别号（统一社会信用代码）		*申报租金收入	
*出租面积	出租房产面积	*申报租金所属租赁期起	申报租金所属租赁期止
		减免起始月份 年 月	减免终止月份 年 月

减免税部分	序号	减免性质代码和项目名称	减免起始月份 年 月	减免终止月份 年 月	减免税租金收入	月减免税金额
	1					
	2					
	3					

表6-9　　　　　　财产和行为税减免税明细申报附表

纳税人识别号（统一社会信用代码）：91110108022119394

纳税人名称：北京建航购物中心有限公司　　　　　　　　　　　金额单位：人民币元（列至角分）

本期是否适用增值税小规模纳税人减征政策	□是　☑否	本期适用增值税小规模纳税人减征政策起始时间	本期适用增值税小规模纳税人减征政策终止时间
		年　月	年　月
合计减免税额			6 750.00

城镇土地使用税

序号	土地编号	税款所属期起	税款所属期止	减免性质代码和项目名称	减免税额
1	茂国用（2014）02005147	2022年1月1日	2022年3月31日	10129901	6 750.00
2	—				
小计	—	2022年1月1日	2022年3月31日	10129901	6 750.00

房产税

序号	房产编号	税款所属期起	税款所属期止	减免性质代码和项目名称	减免税额
1					
2					
小计	—			—	

车船税

序号	车辆识别代码/船舶识别码	税款所属期起	税款所属期止	减免性质代码和项目名称	减免税额
1					
2					
小计	—			—	

印花税

序号	税目	税款所属期起	税款所属期止	减免性质代码和项目名称	减免税额
1					
2					
小计	—			—	

续表

资源税

序号	税目	子目	税款所属期起	税款所属期止	减免性质代码和项目名称	减免税额
1						
2						
小计	—	—			—	

耕地占用税

序号	税源编号		税款所属期起	税款所属期止	减免性质代码和项目名称	减免税额
1						
2						
小计	—	—			—	

契税

序号	税源编号		税款所属期起	税款所属期止	减免性质代码和项目名称	减免税额
1						
2						
小计	—	—			—	

土地增值税

序号	项目编号		税款所属期起	税款所属期止	减免性质代码和项目名称	减免税额
1						
2						
小计	—	—			—	

环境保护税

序号	税源编号	污染物类别	污染物名称	税款所属期起	税款所属期止	减免性质代码和项目名称	减免税额
1							
2							
小计	—	—	—			—	

声明：此表是根据国家税收法律法规及相关规定填写的，本人（单位）对填报内容（及附带资料）的真实性、可靠性、完整性负责。

纳税人（签章）：　　　　　　　　年　月　日

经办人：

经办人身份证号：

代理机构签章：

代理机构统一社会信用代码：

受理人：

受理税务机关（章）：

受理日期：　　　年　月　日

表6-10

财产和行为税纳税申报表

纳税人识别号（统一社会信用代码）：911101088022119394

纳税人名称：北京建航购物中心有限公司

金额单位：人民币元（列至角分）

序号	税种	税目	税款所属期起	税款所属期止	计税依据	税率	应纳税额	减免税额	已缴税额	应补（退）税额
1	城镇土地使用税		2022年1月1日	2022年3月31日	3 000平方米	18元/平方米	13 500.00	6 750.00	0	6 750.00
2	房产税		2022年1月1日	2022年3月31日	3 500 000.00	1.2%	10 500.00	0	0	10 500.00
3										
4										
5										
6										
7										
8										
9										
10										
11	合计	—	—	—	—	—	118 500.00	6 750.00	0	111 750.00

声明：此表是根据国家税收法律法规及相关规定填写的，本人（单位）对填报内容（及附带资料）的真实性、可靠性、完整性负责。

纳税人（签章）：　　　年　月　日

经办人：

经办人身份证号：

代理机构签章：

代理机构统一社会信用代码：

受理人：

受理税务机关（章）：

受理日期：年月日

思政专栏

知其然，知其所以然

2021年10月，第十三届全国人民代表大会常务委员会第三十一次会议决定，授权国务院在部分地区开展房地产税改革试点工作。27日，全国财政工作会议在总结2021年财政工作时提到"做好房地产税试点准备工作"。

中国财政科学研究院研究员、原副院长白景明12月29日在中新社主办的"中新财经2021年会"上表示，房地产税是共同富裕中实现"房住不炒"在存量方面的必要手段。他指出，房地产税是一个新税种，所以要研究立法，要试点。过去关于房地产的税是和土地沾边的税，如城镇土地使用税、房产税、耕地占用税、土地增值税等。现在，房地产税要进入试点阶段，试点方案草案已经有了。可以看出，在房地产税立法改革上，中国采取了稳中求进的推进方式，是兼顾公平和效率的。试点期是五年，在摸索经验的基础上上升到法律，是积极稳妥的。

他强调，房地产税涉及面广，技术上要求也高。从国际经验来看，住房保有税是按评估值课税。评估值的核定非常复杂，比如：北京的二手房，差一条街就不是一个价，税务部门要进行核定。而且，房地产税还涉及中央、地方的利益关系。

【启示】我们要密切关注税收政策的变化，理解政策变化的原因。我国收入分配的差距越来越大，房地产市场也体现得尤为明显，而房价上涨又进一步拉大了贫富差距。房地产税要成为共同富裕中实现"房住不炒"、保证房地产调控在存量方面必要的手段。征收房地产税一方面可以调节财富分配，实现社会公平；另一方面土地和房产也是重要的社会资源，征税可以促使高收入者减少房地产的需求，实现社会资源的节约。

资料来源：庞无忌，白景明：房地产税是共同富裕中实现"房住不炒"的必要手段［EB/OL］.［2021－12－29］.https://www.chinanews.com.cn/cj/2021/12－29/9640498.shtml.